高等职业教育“十四五”规划教材
甘肃省高等学校创新创业示范专业建设成果

宠物店经营与管理

吴孝杰　石丰运　主编

中国农业大学出版社
·北京·

内 容 简 介

本教材以培养宠物养护与驯导专业高素质技术技能人才为目标，以宠物店经营与管理岗位所必需的知识和技能为主线，按照“课岗结合、理实一体”的教学方式，基于工作岗位，以模块、任务为切入点，内容包含宠物店规划、宠物店开店筹备、宠物店员工管理、宠物店客户管理、宠物店商品经营管理、宠物店财务管理、宠物店推广等项目。每个项目设定学习目标、学习任务、知识拓展和考核评价 4 个单元，将知识讲授、自我评价、课后练习有机结合，期望通过“校企合作、工学结合”的形式，实现教师和学生、师傅和徒弟、课程与岗位、就业与创业的“四合一”教学改革目标，以期更好地体现职业教育的时代特征。

本教材编排合理、实用性强、通俗易懂，职教特色明显，既可作为高等职业院校开展“现代学徒制”和“企业新型学徒制”人才培养模式的特色教材，又可作为企业技术人员的培训教材，还可作为相关宠物美容店工作者短期培训、技术服务和继续学习的参考用书。

图书在版编目(CIP)数据

宠物店经营与管理 / 吴孝杰，石丰运主编. --北京：中国农业大学出版社，2024.2(2025.8重印)

ISBN 978-7-5655-3116-3

Ⅰ.①宠… Ⅱ.①吴…②石… Ⅲ.①宠物－专业商店－经营管理－高等职业教育－教材 Ⅳ.①F717.5

中国国家版本馆 CIP 数据核字(2023)第 234066 号

书　　名 宠物店经营与管理

作　　者 吴孝杰　石丰运　主编

策划编辑	康昊婷	**责任编辑**	康昊婷
封面设计	郑　川　李尘工作室		
出版发行	中国农业大学出版社		
社　　址	北京市海淀区圆明园西路 2 号	**邮政编码**	100193
电　　话	发行部 010-62733489,1190		
	编辑部 010-62732617,2618		出版部 010-62733440
网　　址	http://www.caupress.cn	**E-mail**	cbsszs@cau.edu.cn
经　　销	新华书店		
印　　刷	涿州市星河印刷有限公司		
版　　次	2024 年 2 月第 1 版　　2025 年 8 月第 2 次印刷		
规　　格	185 mm×260 mm　　16 开本　　14 印张　　347 千字		
定　　价	43.00 元		

图书如有质量问题本社发行部负责调换

编审人员

主　编	吴孝杰	甘肃畜牧工程职业技术学院
	石丰运	徐州生物工程职业技术学院
副主编	迟　兰	徐州生物工程职业技术学院
	张锦梅	山东畜牧兽医职业学院
	陈军胜	平凉职业技术学院
参　编	杨敏敏	甘肃畜牧工程职业技术学院
	汪洋洲	甘肃畜牧工程职业技术学院
	刘艳冬	贵州农业职业学院
	陈泠汐	宠娘教育科技(北京)有限公司
	丁杨杨	宠娘教育科技(北京)有限公司
审　稿	张登辉	甘肃畜牧工程职业技术学院
	郭志明	甘肃畜牧工程职业技术学院

前　言

为了大力推进我国高等职业教育教学改革的深入，认真贯彻落实《中华人民共和国职业教育法》《关于推动现代职业教育高质量发展的意见》《职业教育提质培优行动计划(2020—2023年)》《国家职业教育改革实施方案》《教育部关于深化职业教育教学改革全面提高人才培养质量的若干意见》《教育部关于高等职业教育创新发展行动计划(2015—2018年)》等文件精神，以积极探索研究现代职业教育“产教融合、校企合作、工学结合、知行合一”的人才培养模式为目标，尤其是探索建立“学生(学校)→学徒(学校＋企业)→准员工(企业跟岗)→员工(企业顶岗)”为一体化的“现代学徒制”人才培养机制，突出教学过程的实践性、开放性和职业性，切实做到课程内容与职业标准对接、教学过程与生产过程对接，结合宠物专业的职业活动和工作岗位需求，培养学生宠物店经营与管理的能力。

习近平总书记在二十大报告中提出，深化教育领域综合改革，加强教材建设和管理，完善学校管理和教育评价体系，健全学校家庭社会育人机制。本教材认真贯彻习近平总书记关于教材建设的重要指示精神，把立德树人融入教材建设各个环节，围绕立德立志、增智健体、成才用才推进改革。教材编写过程中，除了培养学生专业技能外，还注重提升学生的政治素质，培养学生的敬业奉献精神，激发学生的创新活力，促进学生德、智、体、美、劳全面发展。

几年来，编写团队借助高等学校创新创业机遇，在大量理论和实践探索的基础上，基于工学结合和信息化教学编写了本教材，期望为宠物行业培养高素质技术技能人才提供良好的支撑。

本教材以培养高素质技术技能人才为目标，遵循“理论够用”“技能突出”“技术实用”的教学原则，教学内容、方法和手段充分关注了学生对知识的理解思考、兴趣爱好和分析问题、解决问题的能力，并尽可能采用以“项目导向、任务驱动”为主要形式，开展“教、学、做”一体化的教学模式，让学生置身于现场工作情景、模拟岗位及仿真环境中学习，体现学习与实际工作的一致性。在教材使用过程中，要充分关注学生的个性、态度、兴趣习惯、品质等方面的职业素养，促使其职业技能达到从事相应职业岗位工作所必需的要求和标准。

本教材由吴孝杰、石丰运担任主编，编写分工为：项目一、项目四由吴孝杰编写，项目二、项目三、项目六由汪洋洲编写，项目五、项目七、附录由石丰运编写。迟兰、陈军胜、张锦梅、刘艳冬、杨敏敏完成教材校对及附录整理工作。陈冷汐、丁杨杨提供照片、文档等资料。

承蒙甘肃畜牧工程职业技术学院张登辉教授、郭志明副教授对本教材进行了认真审定，并提出了宝贵意见；编写过程中也得到编写人员所在学校的大力支持，在此一并表示感谢。作者参考著作的有关资料，不再一一述及，谨对所有作者表示衷心的感谢！

由于编者水平所限，书中错误和不妥之处在所难免，深切地希望读者在使用本教材过程中能够提出批评和建议，以备再版时修改。

编　者

2023 年 6 月

目 录

上篇 宠物店规划与筹备

下篇　宠物店管理

上　篇

宠物店规划与筹备

项目一

宠物店规划

学习目标

知识目标：了解宠物店开店常识，掌握市场调查与分析、市场定位、经营模式与经营项目等基本知识。

能力目标：培养具有市场调查与分析的能力，提高解决问题的能力。

素质目标：养成良好的人际沟通能力与职业素养。

学习任务

规划是指对人或事物的长期发展制定的全面计划，规划的主体可以是人，可以是组织，也可以是城市或项目。通过对影响事物发展走向的内部因素和外部因素进行分析，明确事物发展的方向和目标，确定行动的路线和方针。

宠物店是商业社会的一种组织形式，和所有的组织一样，它面临资金、技术、员工等内部因素问题，也面临客户、供应商、竞争对手等外部因素问题。招聘优秀人才、争取优质供应商，在维持稳定的客源和收入的基础上，不断将组织发展壮大，是每一个宠物店经营者所希望的。

无论是刚刚涉足宠物相关领域，还是在筹划扩大经营，或者只是在运营一家平稳发展的宠物店，宠物店规划对经营者来说都是一项必备的技能。了解宏观和微观经济状况、洞悉行业发展态势、对竞争对手了如指掌，是参与商业社会竞争的基础。在竞争激烈、信息高度发达的社会中，无论你是否拥有资源或者拥有竞争优势，自由成长、随意发展、盲目出击都是不可取的。因为商业社会是动态的，环境瞬息万变，竞争优势此消彼长，每个参与者都如同身在汪洋中的小舟，很难找准自己的位置。

宠物店在建立之初要进行全面规划，包括市场调研、市场定位、营销目标、设计商业模式、选择经营策略、选址与建设、组织机构设计与人员招募等。在宠物店开业后相当长的一段时间里，经营者都要经常检核当初规划的方向是否正确，必要时需要及时进行修正。当宠物店达到营收平衡，步入平稳经营阶段时，经营者仍然要定期检核规划，确保当前规划在3～5年内仍适用。当宠物店经营进入滞涨期或涨跌临界点时，经营者必须重新进行规划，以谋求突破、蜕变或逆袭的途径。

缺乏专门管理人才是规划无法落实的首要因素。请专业的咨询机构或业内擅长规划的人士咨询都是可行的。经营宠物店和经营人生是一样的，只有自己才最清楚自己想要什么。所以，经营者在参与宠物店的规划过程中通过学习和训练获得一定的技能，尝试自己进行规划也是可行的。

任务一　开店常识

经营一家宠物店并不简单，要对自己有足够的认识，要具备充分的创业素质和创业知识，熟知行业常识，了解相应的财务常识及法律常识。

一、开店应懂的行业常识

宠物是指人们为了精神目的，而不是为了经济目的而豢养的动物。其中，宠物犬和宠物猫无论是在家庭拥有率、规模还是消费者偏好方面都占据大部分市场。

宠物行业在发达国家已有百余年的历史，与宠物相关的产业也已经成为一个独立的产业，市场细分越来越精细。

宠物行业覆盖宠物生老病死、衣食住行、学习训练、休闲娱乐等活动，一般包括宠物产品和宠物服务，如图 1-1 所示。

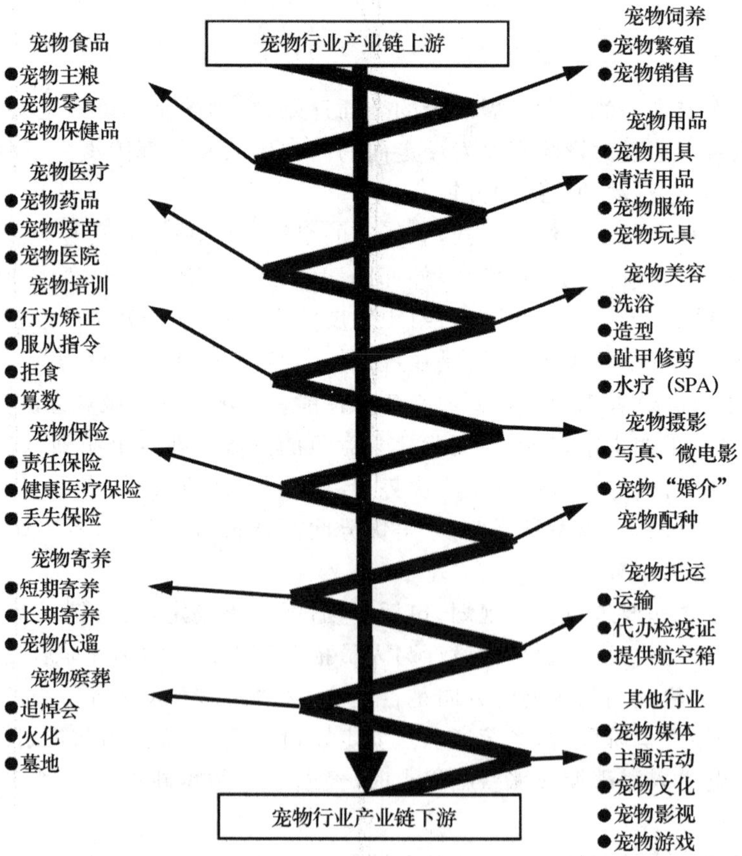

图 1-1　宠物行业产业链

1. 宠物产品

随着人们生活水平的提高和观念的转变，越来越多的家庭开始饲养宠物，根据统计数据显示，我国宠物犬和宠物猫数量逐年增加，宠物行业迅猛发展。

宠物产品（图 1-2）是指能够供给市场，被宠物使用和消费，并能满足其某种需求的事物。主要包括以下几类。

图 1-2　宠物产品

（1）宠物食品。宠物食品是专门为宠物提供的介于人类食品与传统畜禽饲料之间的食品，其作用是为宠物提供所需的营养物质，具有营养全面、消化吸收率高、配方科学、饲喂方便以及可预防某些疾病等优点。

宠物食品按照功能可分为 3 类，如表 1-1 所示。

表 1-1　宠物食品的分类

分类	具体说明
宠物主粮	按照产品的形态和加工方式不同，可以分为干粮和湿粮两类，主要用来提供宠物日常维持体能的能量和营养成分。
宠物零食	包括肉干、肉条、咬胶、洁齿骨等，一般是在宠物休闲的时候，宠物主人用来吸引宠物注意力或者调节宠物口味的食物，帮助宠物主人加深与宠物之间的情感，增强与宠物之间的互动。
宠物保健品	根据宠物的生理状况等制作的调理品，使宠物摄入适当的营养成分，有利于宠物的健康发育和成长；同时，可作为辅助治疗食品，用于患病宠物的恢复

（2）宠物用品。宠物用品一般定义为仅供宠物使用的直接购买给宠物的相关用品。

常见的宠物用品见表 1-2。

表 1-2 宠物用品的分类

分类	具体说明
宠物用具	常见的用具主要有窝笼、窝垫、爬架、食具、饮水器等，主要是为了提高宠物的生活品质。一款好的宠物用品应当功能齐全、造型美观、价格实惠等。
清洁用品	主要有宠物沐浴液、宠物洗耳液、美容剪、梳子、洁牙膏、牙刷、宠物喷雾等，可减少宠物疾病的发生，防治体内外寄生虫，保持毛色的光泽。
宠物服饰	包括衣帽、鞋、项圈、牵引绳等，除起到保护皮肤和抵御严寒的作用外，也反映宠物主人的审美品位。兼具实用性和趣味性的服饰更易获得宠物主人的青睐。
宠物玩具	包括球类玩具、磨牙玩具、发声玩具、训练玩具等，可以娱乐宠物，防止宠物破坏家具、衣物，也可以增强宠物主人与宠物的互动。玩具种类讲究丰富多样，并且结实、耐用，不会被宠物误食。

2. 宠物服务

宠物服务是指向宠物主人和宠物提供满足其日常生活和心理需求的服务。越来越多的宠物主人愿意支付费用，为他们的宠物提供如人一样的生活方式，也因此催生出更多的个性化服务。随着饲养宠物的数量激增，宠物服务行业潜在的市场容量逐渐变大。

(1)宠物医疗。宠物医疗一般包括宠物医院(图 1-3)、宠物药品和宠物疫苗。宠物药品的研发投入大、周期长，国产的宠物药品目前面临品类少、质量低的困境。在宠物疫苗方面，外资企业的市场份额达到 90%以上，国产疫苗在产品效果和消费者习惯等方面，都缺乏竞争优势。因此短期来看，宠物药品和疫苗将继续依赖进口。宠物医院目前以个体私营为主，服务质量与水平良莠不齐，大型的连锁宠物医院正在兴起。

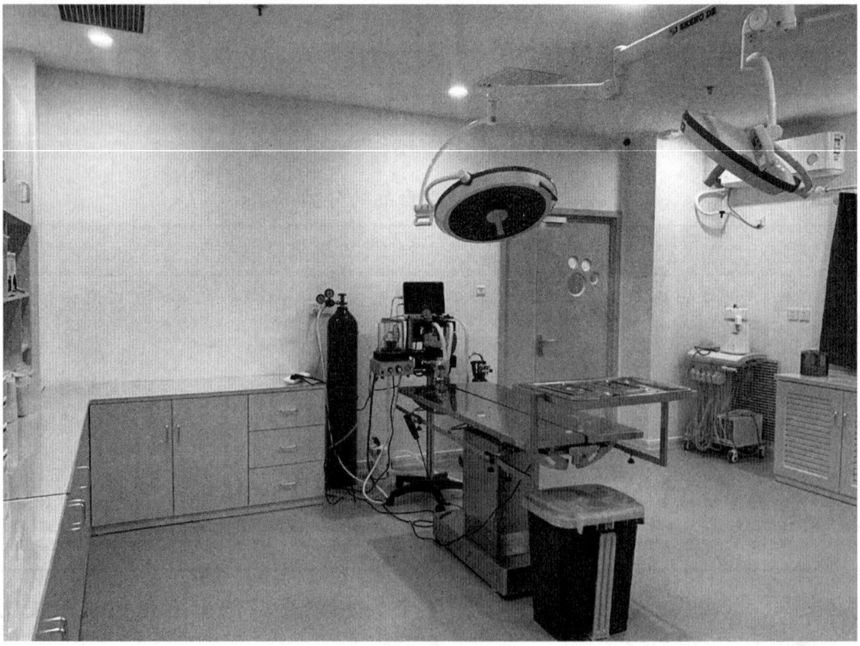

图 1-3 宠物医疗

(2)宠物美容。宠物美容是指为宠物遮掩缺失、增添美感,从而达到让宠物和宠物主人身心愉悦的效果。主要包括宠物洗浴、造型、趾甲修剪、水疗(SPA)等(图1-4)。宠物美容除对宠物的健康大有益处外,也是一种时尚的体现。

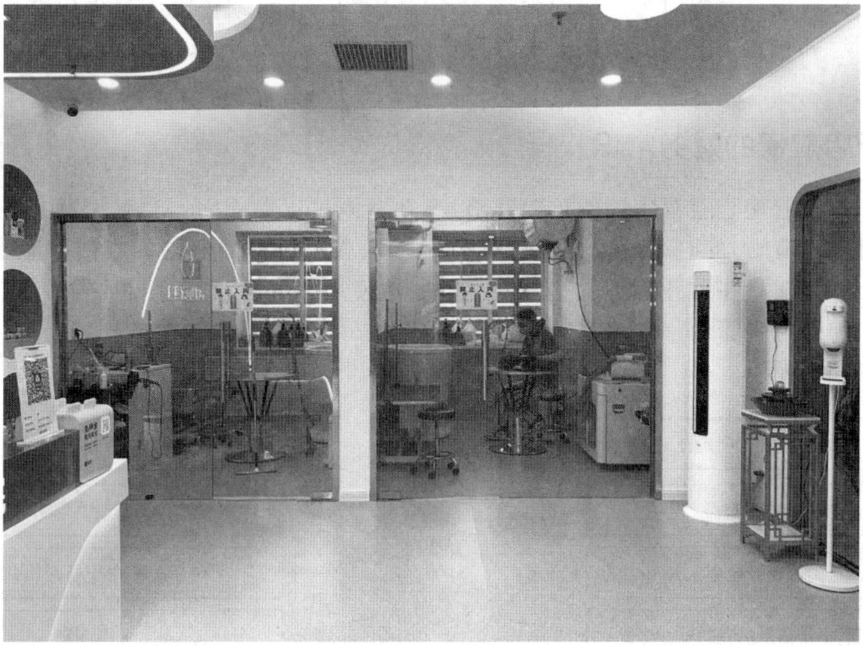

图1-4　宠物美容

(3)宠物培训。宠物培训服务的目的在于把宠物的习性调整到最佳程度。整套的服从训练包括行为矫正、服从指令、拒食、算数等内容,根据客户要求的训练内容,收费差异较大。

(4)宠物摄影。由专业的宠物摄影团队为宠物及宠物主人进行写真、微电影等拍摄,为宠物主人与宠物一起创造和记录美好回忆。宠物摄影的拍摄难度大,价格偏高。

(5)宠物保险。宠物保险主要包括健康医疗保险、责任保险、丢失保险,宠物保险不仅保障宠物本身,也针对投保人因宠物造成损失而进行的经济赔偿。目前宠物保险存在供给主体不足、险种单一、保单限制条款过于严格等问题。

(6)宠物"婚介"。宠物数量的增加及宠物主人对宠物交配的时间、品种、体型等方面要求严格,催生了宠物"婚介"行业。单纯依靠"婚介"收入是难以支撑门店或网店的,因此宠物"婚介"店一般也提供一些类似"婚礼摄影"等附加服务。

(7)宠物寄养。由于节假日、出差等原因不能照顾宠物,越来越多的人选择宠物寄养。宠物寄养需求具有天然的"潮汐效应",春节和小假期是寄养高峰期。宠物寄养包括短期寄养、长期寄养、宠物代遛等。目前国内宠物寄养还处于萌芽阶段,很多宠物寄养互联网平台兴起,但是平台尚不规范。低频次与低客单价是制约行业发展的主要因素。

(8)宠物殡葬。宠物殡葬包括宠物火化、灵堂布置、墓地等,有安葬宠物、安慰宠物主人、保护环境的作用。目前宠物殡葬行业在我国还处于初期阶段。据报道,北京1年约有22万只宠物离世,但只有10%的宠物主人选择火化,进行无公害处理。

(9)宠物托运。宠物托运是指按照国家法律规定,对宠物进行远距离、中距离、近距离的护送运输,包括运输、代办检疫证、提供航空箱等业务。但当前的宠物托运市场尚无统一标准,运输途中伤亡事故较多。

(10)其他行业。伴随着宠物行业的发展,一些宠物周边行业逐渐兴起,如宠物媒体、宠物主题活动、宠物文化、宠物影视、宠物游戏等。

宠物产业的特点表现为子行业门类众多,但其中一些子行业本身的市场规模相对较小,不容易培养客户黏性。其中,宠物食品和宠物医疗是宠物行业中最大的两个细分领域,占比较高。

二、开店应懂的财务常识

店铺的财务管理是经营店铺的重要环节,该环节既可以使表面上杂乱无章、千头万绪的店铺生意变得条理清晰,同时还可以尽可能避免店铺生意中的各种弊端。店铺生意所有的管理活动基本上都是建立在财务管理的基础之上的。想使店铺的经营管理更加合理,走上正轨,经营者就必须加强财务管理,而要做到这些,其自身就必须具有基本的财务知识。开店应懂的财务常识如图 1-5 所示。

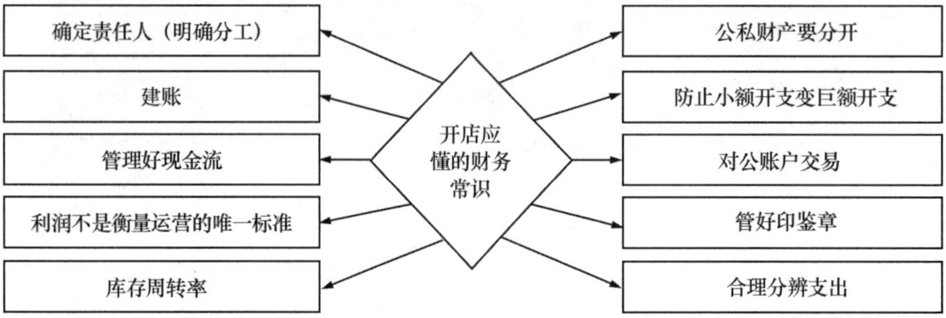

图 1-5 开店应懂的财务常识

1. 确定责任人(明确分工)

千万不要因为店铺小,就不重视财务工作。无论是连锁公司还是路边小店,财务人员都很重要。店铺经营需要有人负责资金和财务管理,这个人不一定是专职,但一定要有这样一个岗位。

2. 建账

很多创业者认为建账没有做商业计划、与客户沟通等重要。实则不然,做好财务记录是非常重要的。

比如,当要报税或要向银行提交报告时,如果没有之前的记录,缺少相关的资料,就会比较麻烦。因此,最好在创业之初就做好相关准备。在聘请的专业人士未到岗之前,可以自己采用手工账的形式进行简单的账务管理。

3. 管理好现金流

资金周转不灵往往是企业倒闭的主要原因之一。现金流是经营一个企业首先要学会管理的最重要财务指标。通俗来说,经营者要知道自己的钱从哪里来,到哪里去。认真做预算,核算出下个月的支出,按预算执行对创业者是非常重要的。

4. 利润不是衡量运营的唯一标准

对于刚开始创业的人,利润并不是预测公司实际运营情况的最佳指标。事实上,最初的利润指标往往令人失望。

如果业务繁忙，会发现实际现金储备消耗得比预期要快很多，利润可能会比较低，但这也许是好事，预示着业务增长十分迅速；相反，通过计算店铺业务的增长率，也可以确定店铺是否经营有道。

5. 库存周转率

货物留在店铺货架上的时间越长，这些资产的回报率就越低，而这些存货的价格也更加容易下跌。这也是经营者为什么希望自己的库存不断流动或“周转”的原因。

经营者要留意库房里很久没动过的产品，及时采取措施，消化库存，以充足的资金流来支持店铺的运营。

6. 公私财产要分开

现在创业者独自经营的店铺较多，往往会出现财务公私不分的问题。

假设店铺的现金周转、利润水平都处于相对理想的状态，但如果公私财产混淆，个人的高消费将会严重影响店铺的财务状况，很难使店铺正常发展。

7. 防止小额开支变成巨额开支

有时候许多小额费用加起来也会是一笔较大的费用。正确的做法应该是把这些项目综合起来，判断这些开支是否值得。如果答案是否定的，就需要从这些项目对公司的综合影响来判断，考虑超过一定数额的费用花得是否值得，而不是只看相互分离、彼此互不联系的购买项目。

8. 尽量使用对公账户进行交易

所有交易应力求用对公账户完成。因为通过银行账户付款是有一定流程的，只要把印鉴章管好，一个人是无法把钱转走的。同样，收款也要通过银行，尽量不要让店员经手现金。

尽量做到不收现金，不付现金（小额费用可以安装 POS 机），这样年底即使不做账，通过对账单流水也能掌握企业现金流，保证数据的真实性。

9. 管好印鉴章

公司章、财务章要分别交给可靠的人。财务章对应的是钱，公司章对应的是责任和风险。所以盖章一定要登记，通过登记表，可以侧面了解今年做了哪些事情，责任人是谁。

10. 合理分辨支出

创业之初，需要严格把控支出。

比如，装修高档的办公室、花费高昂却不能得到立竿见影效果的营销活动，这类的支出可以暂时搁置，某些高价的软件也可以寻找代替品。

但是一份商业计划书，一次市场调查，一场目标明确、效果明显的营销活动以及一个好的税务财务顾问，这些开销是不能省的。

三、开店应懂的法律常识

如果想创业，就一定要了解我国的基本法律环境，对于经营者来说，应从以下几个方面了解与开店有关的法律知识。

1. 了解办理登记手续

设立店铺从事经营活动，必须到注册地市场监督管理局办理登记手续，领取营业执照，如果从事特定行业的经营活动，还须事先取得相关主管部门的批准文件。

2. 工商管理法规

如果将店铺注册成企业的话，还需了解《中华人民共和国市场主体登记管理条例》等法律规定的相关法律法规。

3. 地方优惠政策

近年来，政府给予小微企业很多优惠政策，支持小微企业的发展，并尽可能地减轻小微企业的负担。

属于特定行业的企业，还应了解不同产业园区的法规、规章以及相关地方规定，这样有助于经营者选择经营地点，享受税收等优惠政策。

4. 税务登记程序

店铺设立后，经营者需要进行税务登记，需要会计人员处理财务，其中涉及税法和财务制度，经营者不仅需要了解店铺需要缴纳的税种，还需要了解哪些支出可以算进成本，开办费、固定资产怎么摊销等。

5. 劳动合同

如需要聘用员工，其中涉及劳动法和社会保险问题，经营者需要了解劳动合同、试用期、服务期、商业秘密、竞业禁止、工伤、养老金、住房公积金、医疗保险、失业保险等诸多规定。

6. 知识产权

了解知识产权相关知识，既能保证不侵犯他人的知识产权，又可以根据需要建立自己的知识产权保护体系，因此经营者还需要了解著作权、商标、域名、商号、专利、技术秘密等领域的保护方法。

7. 民法常识

此外还要了解《中华人民共和国民法典》《中华人民共和国票据法》等基本法律以及行业管理法律法规。我国实行法定注册资本制，如果不是以货币资金出资，而是以实物、知识产权等无形资产或股权、债券等出资，还需要了解有关出资、资产评估等法律规定。

以上只是简单列举创业常用的法律，在实际的运作中会遇到专业的法律问题，还是要请律师来帮忙处理。

四、开店应具备的基本条件

当前宠物行业的发展前景越来越好，想开宠物店的人也越来越多。但是在开店前，最好了解一下，自己是否具备以下基本条件，这关系着店铺的正常运营。

1. 要有经营管理的头脑

开宠物店首先要学习的就是店铺的经营和管理，否则店铺开起来以后，不懂得经营和管理，又怎么能盈利呢？

2. 要掌握相关的知识

要想开宠物店，经营者应具备一些宠物基本知识，比如，能识别宠物的品种，具备一定的宠物医疗相关知识，会喂养及护理宠物，懂得不同宠物的美容方法等。经营者只有懂得这些知识，才能更好地为顾客服务，解决顾客的需求，这是最基本也是最重要的。

3. 要具备专业的技术

开宠物店需要具备专业的技术能力，其中包括宠物修剪、宠物用品销售、宠物训练、宠物饲养等知识，这些都是开宠物店必须具备的条件，是经营者需要掌握的技术。

宠物店的投资者或管理者应该用扎实的专业技术来吸引顾客，让其成为宠物店的忠实顾客。

4. 要有好的进货渠道

只有好的进货渠道，才能够保证产品的品质和款式，才能吸引并留住顾客。

5. 要对产品非常了解

当顾客进到店里想给宠物买用品的时候，肯定会问这款产品怎么样，这时候店员应该给顾客进行详细介绍，赢得顾客的信任。如果不能把自己的产品完整地介绍给顾客的时候，顾客下一次可能就不会来了，所以对产品的了解也是重中之重。

6. 要热爱各种宠物

经营宠物店一定会和各种宠物打交道，所以说经营一家宠物店，首先要自己喜欢宠物，如果自己都不喜欢宠物，开店后每天需要面对非常多的宠物，时间长了便会感觉厌烦，会对工作造成负面影响，导致顾客体验度降低，慢慢地就会失去顾客，导致经营失败。

7. 具备耐心和决心

开一家宠物店还应具备一定的耐心和决心。要想让宠物店走向成功，不是一段时间把宠物店经营好就完事了，需要不断的努力，不断地获得消费者的认可，不断地完善，才能迎来宠物店的成功经营。在宠物店的经营过程中，势必会有一个瓶颈期，需要创业者们去适应、去面对、去坚持，所以经营一家宠物店，要具备耐心和决心。

五、开店应具备的职业道德

从事一定职业的人在特定的工作中所应遵循的固定行为规范，称为职业道德。职业道德就是保证同行之间公平竞争，保护从业者的共同利益，提高行业整体水平以及诚信服务，尊重客户的合法权益。职业道德水平是衡量社会精神文明发展程度的重要标志。良好的职业道德规范，有利于促进行业良性竞争和稳步健康发展，有利于促进社会生活稳定和经济的发展。

宠物行业属于服务行业，对创业者来说，开一家宠物店应遵循以下职业道德（图 1-6）。

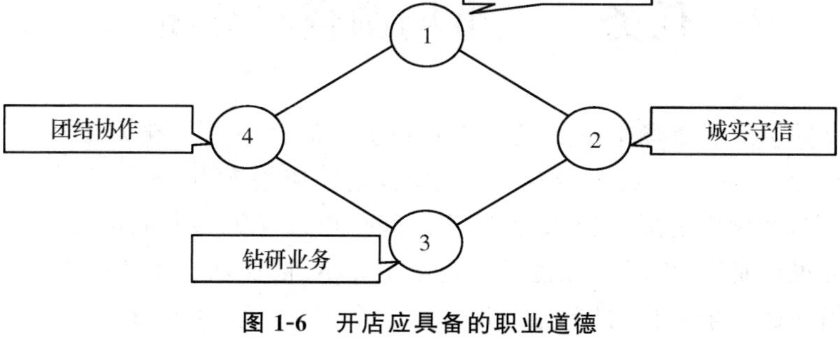

图 1-6　开店应具备的职业道德

1. 爱岗敬业

爱岗敬业是职业道德的核心和基础。无论从事哪一项职业，都要爱岗敬业。爱岗和敬业是紧密联系在一起的。爱岗就是干一行，安心本职工作，热爱自己的工作岗位。敬业是爱岗意识的升华，是爱岗情感的表达。它通过对工作的责任心、对技术精益求精的精神，以乐业、勤业、精业的工作态度表现出来，如图 1-7 所示。

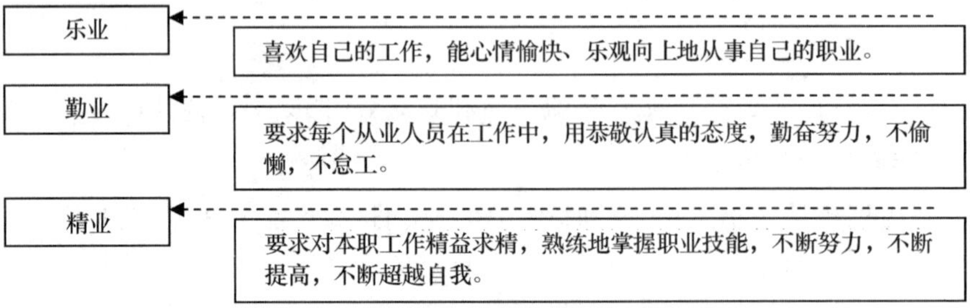

图 1-7 爱岗敬业的表现

2. 诚实守信

诚实守信是中华民族的传统美德。对从业者而言，它是“立人之道，修业之本”。因此，从业者在职业生涯中应诚实待人、信守诺言、表里如一、言行一致。表现在业务工作中，就是不偷工减料、不蒙混欺骗、不违背契约，坚信“一分耕耘，一分收获”的朴素的劳动价值观。以诚实的劳动、良好的专业技能、优质的服务来实现自身的劳动价值。

3. 钻研业务

随着科学技术的进步，宠物造型和美容工具及技术不断地更新。因此宠物店从业人员必须努力钻研业务，更新知识，及时掌握新技术，提高自己的技术水平，以适应时代发展的需要。

4. 团结协作

现代化的宠物行业已逐步摆脱小规模家庭作坊式的经营模式。宠物行业作为一个劳动密集型行业，分工越来越细，每一个从业人员在整体工作中可能只能负责其中一道工序，而每一道工序的质量都会直接影响整体工作。所以只有各工序紧密协作，有着共同的敬业愿望，团结一致，才能做好工作。

具备良好的职业道德是对每个从业人员的要求。没有良好的职业道德，不可能成为一个合格的从业者，这也是社会发展趋势的必然要求。

任务二 市场调查与分析

市场是交易的场所。市场中不是只有买方和卖方那么简单。在人才领域，人的劳动力是商品，人是卖方，企业是买方；在宠物店服务领域，宠物店是卖方，宠物主人是买方；在物资领域，供应商是卖方，宠物店是买方；有时宠物店之间也可以互为买方或卖方。有买卖就有竞争，存在竞争对买方也许是好事，对卖方也不一定全是坏事，商业社会竞争是无法避免的。宠物店在市场立足凭借的是竞争优势，打造竞争优势是一个复杂、漫长的过程。市场调查和分析是打造竞争优势的准备工作。

需要指出的是，市场是个大环境，每个宠物店受它身处其中的小环境的影响比较大，通常情况下大环境的影响有限，所以宠物店经营者应该留意大环境且重点关注小环境。宠物店的小环境是指通常能够对宠物店产生影响的客户和竞争对手构成的局部市场，它的范围并非一成不变。宠物店的辐射半径通常与店的规模、晓誉度有关。小型宠物店的辐射半径较小，中大型宠物店则有较大的辐射半径，同等规模的宠物店中市场晓誉度良好的宠物店辐射半径更大。

近年来，我国宠物行业发展较快，伴随着宠物行业的发展，线下宠物门店也随之发展。截至 2020 年 6 月，我国一线及新一线城市宠物店数量共 40 951 家，上海以 5 635 家高居榜首，其次是北京、成都、重庆(图 1-8)。宠物店突破 2 000 家的城市有 8 个，这些城市养宠人群多且经济较发达，是品牌商经营拓展的重点区域。

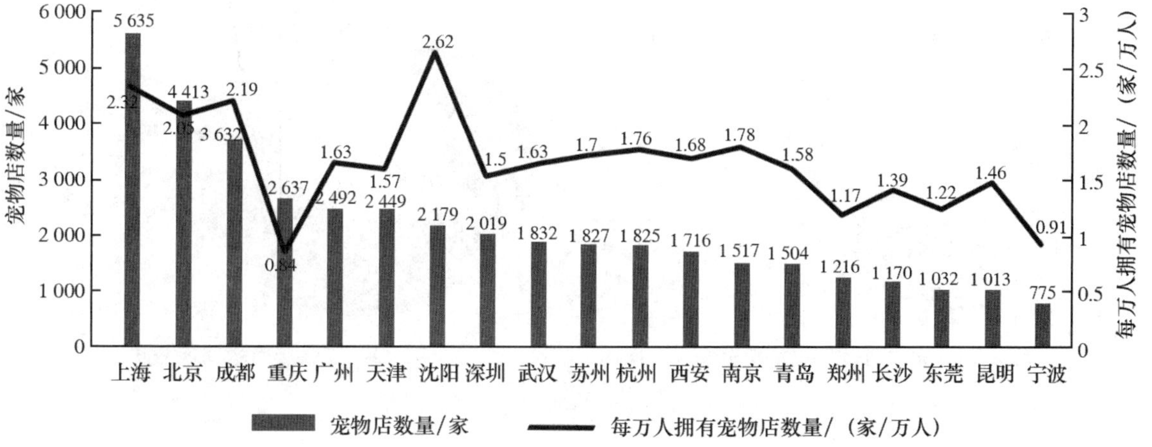

图 1-8　我国一线及新一线城市宠物店数量及密度分布

从店铺成立时间来看，22%的宠物店开店时间不到 1 年，60%的宠物店开店时间在 3 年以内，宠物行业新店较多，侧面说明了有大量新从业者涌入宠物行业(图 1-9)。

从店铺规模来看，59%的宠物店规模在 100 m^2 以下，其中 51～100 m^2 的店铺占比高达 45%，这说明现阶段我国宠物店以中型及中小型店铺为主(图 1-10)。

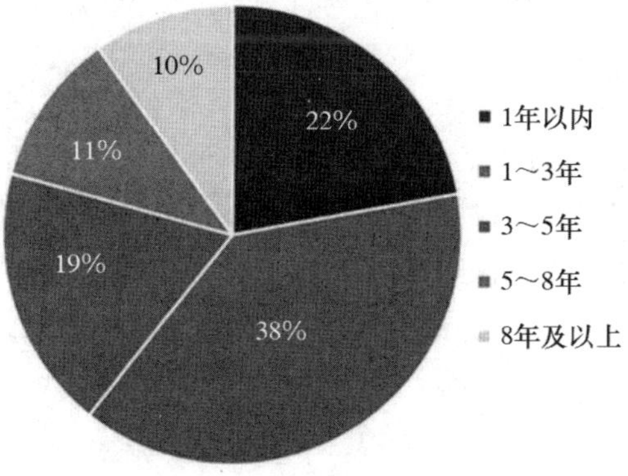

图 1-9　宠物店开店时间的分布

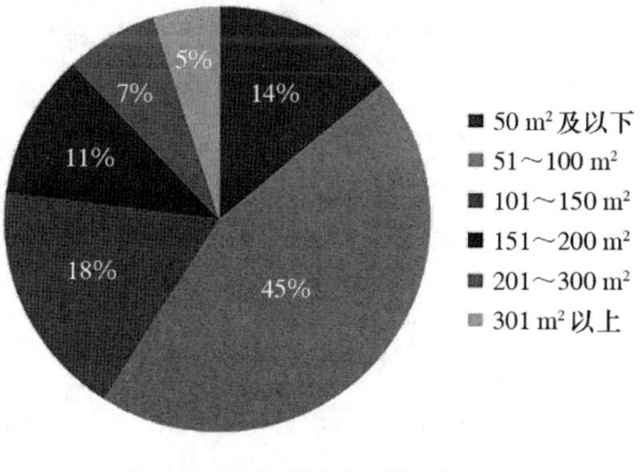

图 1-10　宠物店规模的分布

从营收上来看，63%的宠物店月营收在5万元以内，可见宠物店总体营收水平较低。线下零售从店面铺货、经营理念、客户维护、商品选购等环节都会影响销售情况，再加上我国宠物行业新入行从业者较多，从业经验匮乏，营收还有较大提升空间(图1-11)。

从店铺回本周期来看，仅21%的宠物店回本周期在1年以内，更多的店铺回本周期较长。对于线下店铺来说，早期快速发展的品牌投资回收期会比较短，据报道优秀的店铺回本周期是3～5个月，正常一般在8～10个月，现在开店的回本周期一般在7～12个月。宠物店仅21%的回本周期在1年以内，8%的宠物店经营者不清楚回本周期，可见很多门店的经营方式较为粗放，对店铺的营收缺少明确的规划。对标其他线下店，宠物店较长的回本周期，说明宠物店经营能力及效率有待提高(图1-12)。

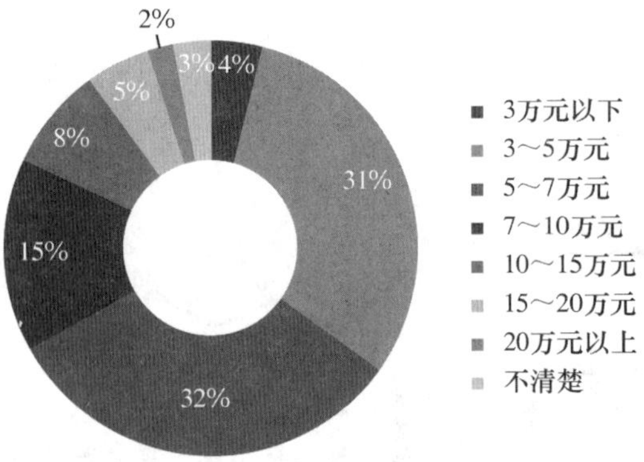

图1-11 宠物店月营收情况分布

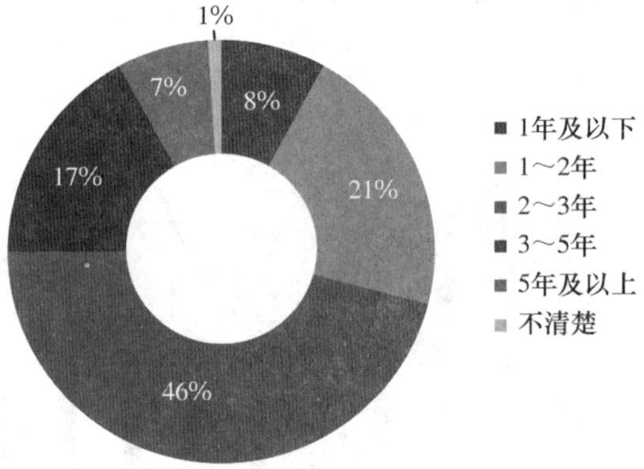

图1-12 宠物店回本周期分布

(考虑开店时间不足1年的店铺，由于时间较短，难以评估回本周期，样本已剔除新店的影响)

近年来，虽然我国宠物门店发展较快，但是整体上还处于初步发展阶段，存在经营方式粗放、行业从业者经验不足、整体盈利能力有待提高、回本周期长等问题。

单体店是我国宠物店的主要形态，占比达85%以上，以夫妻店为主，目前我国直营连锁店以区域性小规模连锁店为主，数量大都在10家以内，暂未出现全国性及区域性连锁巨头。国内缺少宠物线下零售上市公司，市场上对宠物店的研究也相对较少。

目前我国的宠物店，因为定位的差异，有些不会成为正面竞争对手；有些不可避免地会出现同一区域内的宠物店之间形成直接竞争关系。

开宠物店不能贸然，做好市场调查是很有必要的。经营者从做这个决定开始，就要考虑自己要将宠物店开在哪里，首先考虑的肯定不是那里离家近不近，房租贵不贵，而是那里有几家宠物店。如果那是一个全新的社区，当然可以先入为主，抢占商机。如果那里已经有了两家宠物店，那么还要进一步评估社区内有多少宠物，有没有可能容纳第三家店。

如何获取这些信息呢？除了行政管理部门或行业机构的统计数据，还可以通过观察、走访、调查问卷等方式获得直接数据。

☞ **一转**

实践当中，经营者有个误区就是开店先选址，这种做法并不科学。因为一个社区可能只需要一家宠物店，但适合做宠物店的场所不止一处。一旦先选定社区，场所可以慢慢物色，前提是一定有合适的场所可以用作经营宠物店。

受城市环境压力限制，有些社区，比如城市中心商圈、行政办公区、水源地附近是不允许开办宠物店的。宠物店的建设审批和环境影响评价审批日益严格，一旦中途搬迁，所有手续都要重新办理，如果新址审批不能通过，就不得不面临再次选址。

所以选定社区时要充分了解社区及周边商圈，淘汰有可能出现禁止、关停宠物店的社区。

☞ **二问**

大致选定社区后，还要尽可能咨询城市规划部门、城市管理部门、卫生监督部门和工商管理部门，了解该社区是否属于近期规划建设区域，是否对行业有经营限制，是否限制颁发新的宠物饲养许可证以及办理营业执照的要求等。

☞ **三看**

初步选定社区后，经营者就要观察社区内有几家宠物店、各自的辐射半径是多少，有没有避开现有店铺的辐射半径区域，了解社区内居住人口、人口构成、大致消费水平等。社区人口密度可以通过观察楼房的数量、层数推算，人口构成和消费水平可以通过社区周边的配套生活设施推断。

☞ **四数**

家庭喂养宠物对时间和金钱的投入有一定要求，年龄层次和收入层次越高的社区家庭，喂养宠物的概率越大。社区里有多少宠物，每天有多少宠物出入宠物店，是需要经营者用心观察的。

☞ **五访**

社区居民经常带宠物去哪个宠物店？现有宠物店有多大规模？几个美容师？工作量是否饱和？这些信息不仅要靠经营者观察，还要经过大量访问才能获得。

☞ **六测**

如果经营者的心里已经有了初步判断，不妨设计一套调查问卷，通过他人佐证你的判断。可以设计一些问题，如你会定期给宠物做美容吗？你会为宠物洗牙吗？你在网上购买猫粮的理由是什么？全家出游时宠物怎么办？你习惯给宠物染色、做 SPA 吗？

☞ **七分析**

调查的目的是分析，经营者进行市场分析一定要结合宏观数据和行业形势进行。分析要从经营者持有何种资源开始，资源决定能做什么样的事情以及能够实现什么样的目标。资源指资金、人才、技术、经销商、客户等，资金和人才是所有资源中最重要的，既属于稀缺资源，也是可以开发其他资源的资源。资金无法形成真正的壁垒，但是可以获取人才，人才打造技术和市场壁垒的同时，也可以获取资金。

任务三　市场定位

在开办宠物店之初，每个经营者都有自己的理想，但理想不等同于目标。理想不是基于现实的，就像“不想当将军的士兵不是好士兵”一样。目标是现实的，具有可衡量性、可实现性、挑战性、时效性等特点。市场调查与分析的目的是为宠物店进行准确定位和制订一个可预期的阶段性目标做准备。把理想目标分解成多个阶段性目标，才是行之有效的途径。准确定位是获得竞争优势的起点。

市场定位也称“营销定位”，是指为使产品在目标消费者心目中相对于竞争产品而言占据清晰、特别和理想的位置而进行的安排。经营者根据竞争者现有产品在市场上所处的位置，针对消费者或用户对该产品某种特征或属性的重视程度，强有力地塑造出本产品与众不同的、给人印象鲜明的个性或形象，并把这种个性或形象生动地传递给顾客，从而使该产品在市场上确定适当的位置。

一、定位目的

市场定位并不是对一件产品本身做些什么，而是在潜在消费者的心中做些什么。市场定位的实质是使此宠物店与其他宠物店严格区分开来，使顾客明显感觉和认识到这种差别，从而在顾客心中占有特殊的位置。

市场定位的目的是使宠物店的产品和形象在目标顾客的心中占据一个独特、有价值的位置。

二、定位分类

市场定位可分为对现有产品的再定位和对潜在产品的预定位。

对现有产品的再定位可能导致产品名称、价格和包装的改变，但是这些外表变化的目的是保证产品在潜在消费者的心中留下值得购买的形象。

对潜在产品的预定位，要求营销者必须从零开始，使产品特色确实符合所选择的目标市场。

三、定位步骤

市场定位的关键是要设法在自己的商品上找出比竞争者更具优势的特性。竞争优势一般分为两种：一是价格优势，就是在同样的条件下比竞争者定出更低的价格，这就要求经营者采取一切努力来降低单位成本；二是偏好优势，即能提供确定的特色来满足顾客的特定偏好，这就要求经营者在商品特色上下功夫。宠物店市场定位的全过程可以通过 3 个步骤来完成，如图 1-13 所示。

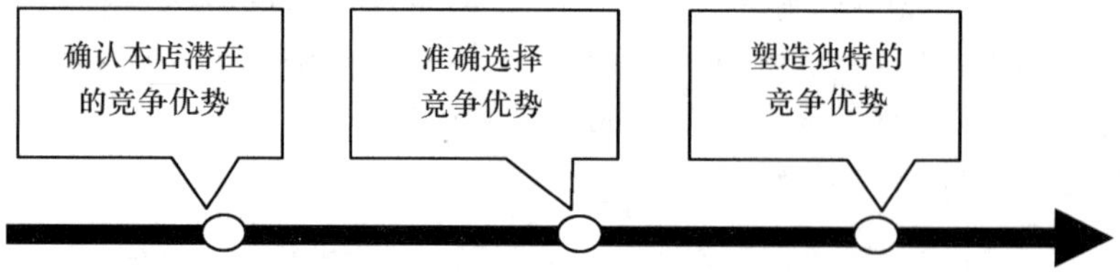

图 1-13 市场定位的步骤

(一)确认本店潜在的竞争优势

创业者可采取如图 1-14 所示的 3 个措施来分析目标市场的现状，从而确认店铺潜在的竞争优势。

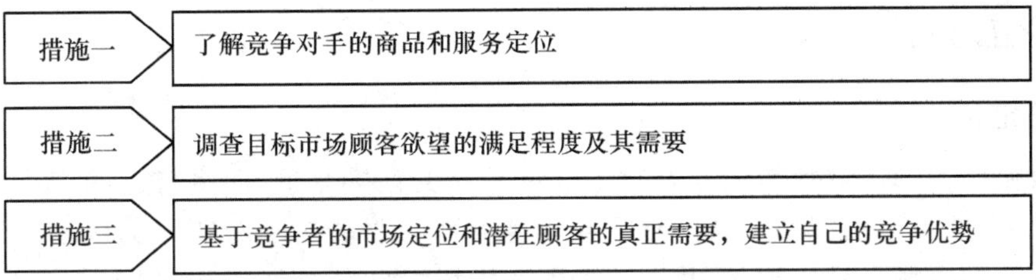

图 1-14　确认本店潜在竞争优势的措施

(二)准确选择竞争优势

准确选择竞争优势，才能对目标市场初步定位。竞争优势是体现经营者能够胜过竞争对手的能力。选择竞争优势实际上就是宠物店经营者与竞争者各方面实力相比较的过程。要与竞争者宠物店进行比较，分析宠物店有哪些强项、哪些弱项，借此选出最合适本店的优势项目，初步确定宠物店在目标市场上所处的位置。宠物店经营者可选择的竞争优势的范围如图 1-15 所示。

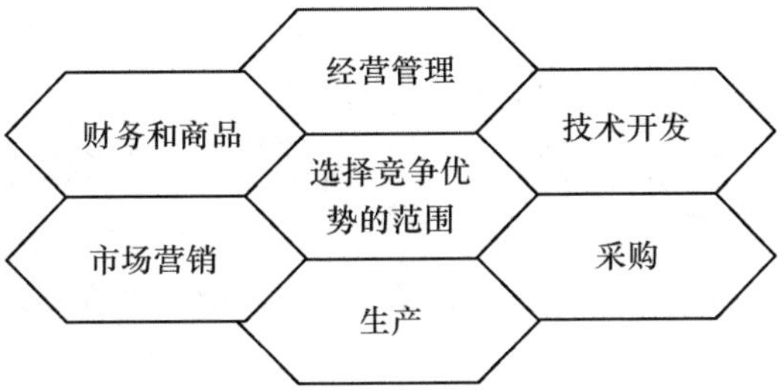

图 1-15　选择竞争优势的范围

(三)塑造独特的竞争优势

经营者要通过一系列的宣传促销活动，将自己独特的竞争优势准确地传播给潜在顾客，并在顾客心中留下深刻印象，具体措施如图 1-16 所示。

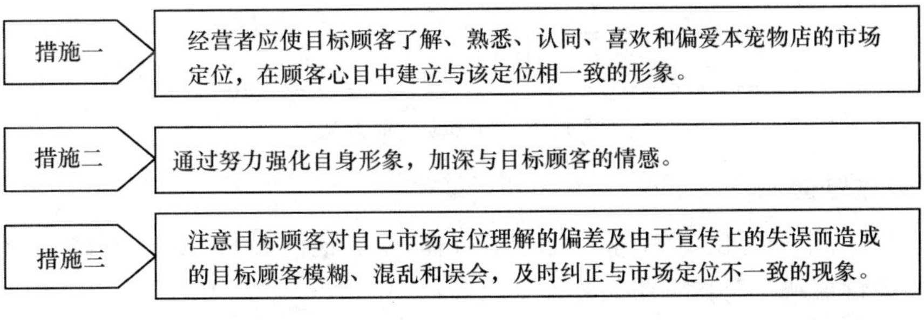

图 1-16　塑造独特竞争优势的措施

四、定位方式

1. 避强定位

这种策略是宠物店避免与强有力的竞争对手发生直接竞争，而将自己的产品定位在另一市场的区域内，使自己的产品在某些特征或属性方面与强势对手有明显的区别。这种策略可以使自己迅速在市场上站稳脚跟，并在消费者心中树立良好形象。由于这种做法风险较小，成功概率较高，常被多数宠物店采用。

2. 迎头定位

这种策略是宠物店根据自身的实力，为占据较佳的市场位置，不惜与市场上占支配地位、实力最强或较强的竞争对手发生正面竞争，从而使自己的产品进入与对手相同的市场位置。由于竞争对手强大，这一竞争过程往往相当引人注目，宠物店及其产品能较快地被消费者了解，达到树立市场形象的目的。这种策略可能引发激烈的市场竞争，具有较大的风险。因此，宠物店必须知己知彼，了解市场容量，正确判定凭自己的资源和能力是不是能比竞争者做得更好，或者能不能平分秋色。

3. 重新定位

这种策略是宠物店对销路少、市场反应差的产品进行二次定位。初次定位后，如果由于顾客的需求偏好发生转移，市场对此宠物店产品的需求减少，或者由于新的竞争者进入市场，选择与此宠物店相近的市场定位，这时就需要宠物店对其产品进行重新定位。一般来说，重新定位是宠物店摆脱经营困境，寻求新活力的有效途径。此外，宠物店如果发现产品新的市场范围，也可以进行重新定位。

五、定位方法

宠物店定位成功的标志，就是树立宠物店在顾客心目中的形象，这是无形的价值。那么在开店前，到底要如何进行市场定位呢？可从图 1-17 所示的几个方面来考虑。

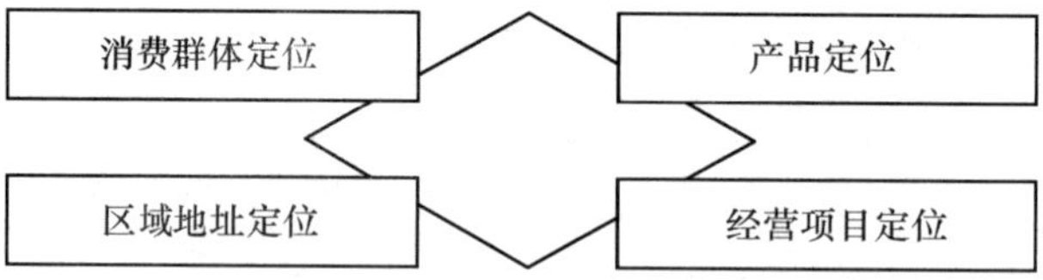

图 1-17 市场定位的方法

1. 消费群体定位

宠物店要进行市场定位，要了解目标消费群体，掌握他们对宠物的消费需求、消费行为、消费心理，他们的价值观与宠物店业务的关联度等。

宠物店只有界定目标消费群体，了解他们的特点和需求，才能够实现宠物店业务与消费群体需求的准确对接，推动宠物店的发展。

2. 区域地址定位

经营宠物店要做好店铺地址定位，创业者在选择宠物店地址的时候，要清楚宠物店主要针对的消费群体。做好消费者定位,并以此作为选择宠物店位置的标准。

3. 产品定位

因为宠物店消费人群的消费能力和消费意识的不同,所以在给宠物店进行产品定位时,一定要了解宠物店周边人群的消费能力和消费意识。另外,还要了解产品的利润以及宠物店的投入成本。

4. 经营项目定位

能让宠物店持续盈利的项目才是最适合的项目。以宠物医疗为例,宠物医疗项目一般来讲具有很大的利润空间,但是很多地方的宠物医疗项目,人们消费的频率并不高,而且宠物医疗项目的风险也大。因此,宠物店在选择经营项目时要注意符合人们的消费频率,这样宠物店才可以持续盈利。

任务四　经营模式与经营项目

一、宠物店美容项目经营模式

对于从事宠物美容业的人来讲,除拥有扎实的技术功底和高昂的创业激情之外,选择合理的经营模式也是创业成功不可缺少的关键因素。

(一)依附宠物医院开店

这种经营模式的特点有以下两点。

(1)有充足的客源,并为顾客提供便捷、可信赖的服务。

(2)省去选址、找客源、待认可等诸多发展阶段,同时宠物主人也会把对宠物医院的信任转移到美容业务上,使美容业务量逐渐提升。

(二)加盟宠物连锁机构

加盟连锁是盈利比较快的模式。宠物市场是一个处于上升期的市场,众多的投资者正准备进入这一行业。

一般而言,好的宠物美容连锁品牌不仅具有较高的知名度和影响力,而且在技术、管理和加盟服务方面也有保障。目前国内已有运作成熟的宠物美容加盟品牌,不但可以为加盟商提供周密的开店计划,而且也会为其提供人员、技术和管理上的支持。

1. 加盟连锁的形式

目前加盟连锁包括直营连锁、特许经营两种形式,具体如图 1-18 所示。

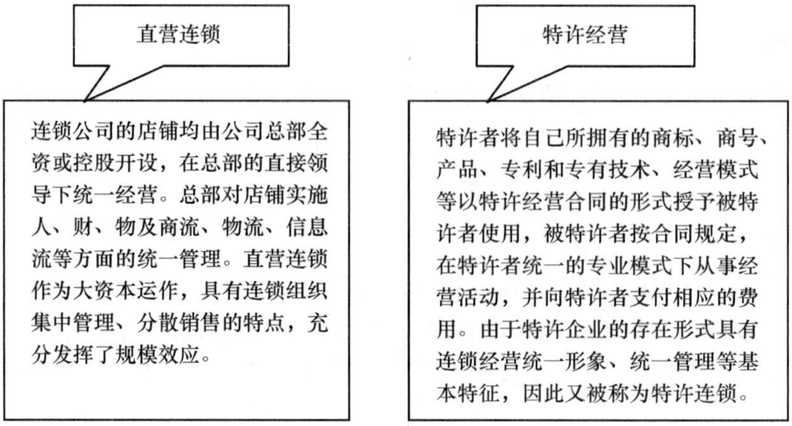

图 1-18　加盟连锁的两种形式

2. 加盟品牌的选择

创业加盟选择品牌很重要，选择的品牌要被大家熟知，而且有一定的知名度，当然做宠物美容加盟的话专业技能一定要到位，这样自然就会有客源，加盟品牌的选择要领如图 1-19 所示。

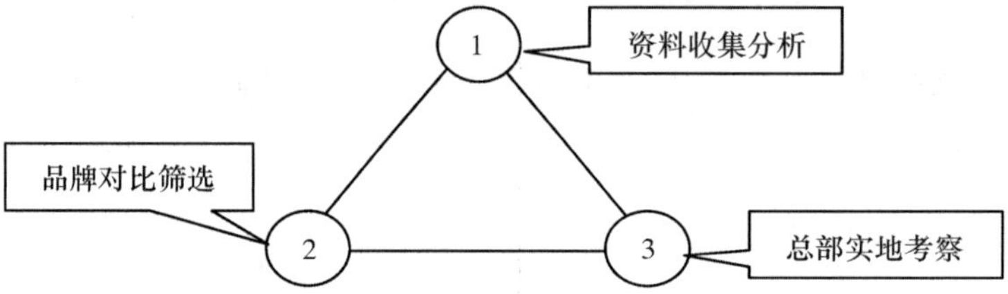

图 1-19　加盟品牌的选择要领

（1）资料收集分析。对于投资者而言，仅有激情与梦想是远远不够的，还要练就“火眼金睛”的本领，谨防加盟的陷阱。首先了解自己将要加盟的宠物连锁店品牌，然后通过多种渠道收集相关的品牌信誉度与该品牌运营公司的信誉度。

比如，在品牌加盟网站浏览评论，或对已加盟该品牌的商家进行市场调研，都是不错的方法。

（2）品牌对比筛选。一些宠物店加盟品牌虽然在总部或者其他个别省份较成功，但如果进入一个新的地域，可能就会出现一段“水土不服”时期，投资者应避免选择一些名不见经传的小品牌。

专业的宠物美容连锁机构，应有经过严格训练的专业化队伍，配以标准化的施工流程和专业化的服务，才能充分显示品牌形象，确保客户安心接受服务。

（3）总部实地考察。筹备宠物加盟店的朋友还应谨记市场运营有风险，一定要实地调查研究，把加盟商提供的加盟方案与自己的现实情况结合起来，做到拥有自己特色的加盟方式。

另外，需要了解该品牌的宣传力度，了解该品牌的市场走向以及相关产品的报价，做到心中有数，实时关注项目的相关资讯。

比如，宠物美容行业因为其市场运作特性，较适合品牌加盟代理这种运作模式，借此迅速扩大品牌形象，开拓市场区域，对品牌总店以及加盟者而言属于双赢的运营模式。

3. 加盟的流程

宠物店加盟招商一般都有一定的流程。综合宠物行业最新信息，加盟的一般流程如图 1-20所示。

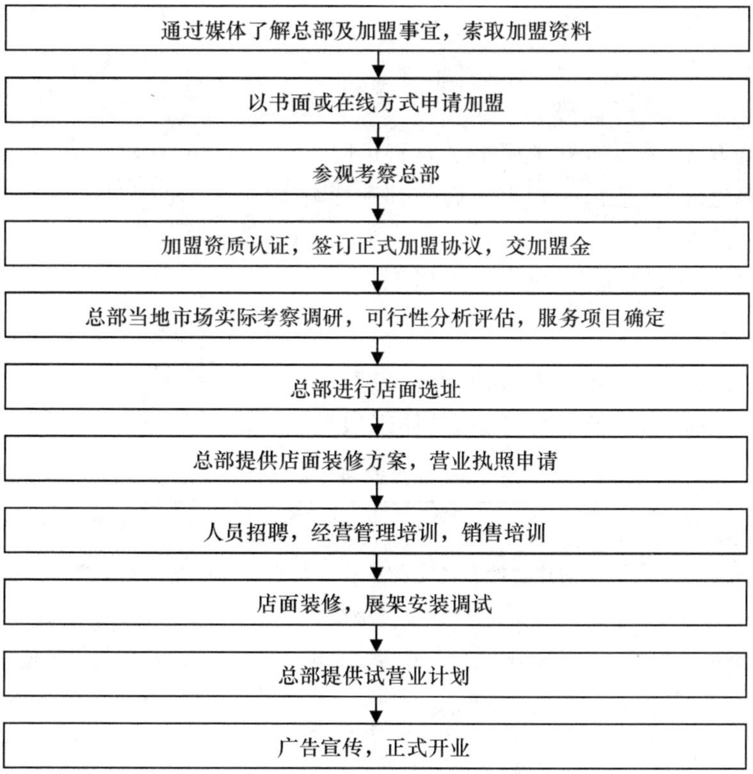

图 1-20　加盟的一般流程

当然，不同的连锁品牌，其加盟的流程也不一样，某宠物品牌加盟流程如图 1-21 所示。

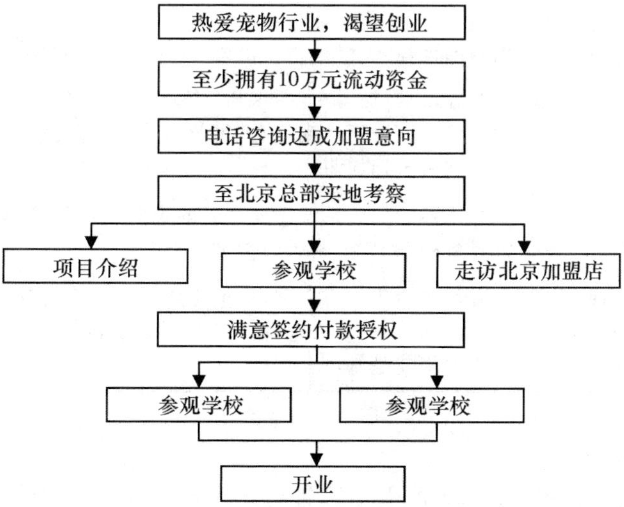

图 1-21　某宠物品牌加盟流程

对于加盟店经营者来说,流程的前期阶段非常重要,包括电话咨询、索取资料、加盟洽谈、协议讨论等。在这一过程中,加盟者除清楚自己所处地位、权利和义务,确定是否有巨大商机外,还必须明确加盟店的以下事项。

(1)是否有政策优势。

(2)服务项目怎样,是否有新、特、齐、高等品质特色。

(3)技术力量是否雄厚。

(4)是否有投资、供货等优势。

(5)成本效益怎样,是否有效地降低了投资风险。

(6)品牌优势怎样,在业内是否有极高商誉和影响力。

(7)经营管理是否科学。

(8)关于品牌、服务、竞争力、风险等有何承诺。

4. 加盟前期考察事项

选择一家优良的加盟商是投资者成功的关键,投资者必须把握好这一关。作为宠物店经营者,在加盟宠物连锁店前,要做好考察,具体事项见表 1-3。

表 1-3　加盟前期考察事项

序号	事项类别	具体内容
1	特许经营资质	向连锁经营的宠物美容公司索要并审查其备案资料,以防上当受骗。
2	评估品牌知名度	选择知名度高、品牌形象好的连锁经营公司,这是创业成功的必要条件。
3	考察其发展历史	一般来说,应选择较长历史的连锁经营公司,因为公司发展越成熟,承担的风险就越低。不过,这也不是一个绝对的参照标准。
4	已运营直营店、加盟店	在选择良好的连锁经营的公司时,应充分了解其直营店和加盟店的经营状况是否良好、有无稳定营业利润、利润前景及是否具有后续发展性等。
5	经营管理组织结构体系	优良的连锁经营公司应有组织合理、职能清晰、科学高效的经营管理组织,使各连锁店能高效运转,如是否具有健全的财务管理系统、完善的人力资源管理体系、整体营运管理与督导体系等。
6	提供开业全面支持	一般来说,连锁经营公司提供的开业全面支持应包括以下内容:地区市场商圈选择、人员配备与招募、开业前培训、开业准备。
7	加盟契约、手册	加盟者可从"加盟契约、手册"资料中了解连锁经营公司的公平性、合理性、合法性、费用承受性、地域性限制、时效性、可操作性等方面的内容,决定是否选择加盟。
8	加盟店成功率	一个成熟的加盟系统需要经验的长期积累和管理系统的不断完善,在正常经营的情况下,关店的情况并不多。
9	加盟费用是否合理	考察加盟费用是否合理,最重要的是要看投资回报率。可以参照其他加盟店的回报率,如果觉得此品牌加盟店的回报率达到自己的要求,那么加盟费用就是基本合理的。

(三)独立经营开店

如果资金、实力足够扎实,入行较早,又有商铺运作经验,则可以选择独立经营开店。但即使经验丰富,开店之前也需要做细致、深入的调查。独立经营开店对选址有较高的要求,位置的好坏甚至可以直接影响店铺的生存。一个具有竞争力的宠物店还要有成熟的经营理念与管理手段。

(四)开网店

将宠物店开在网上，是较为时尚而且简单的经营方式，可以通过技能展示视频、美容效果图让顾客认识和了解美容师，然后电话预约，上门服务。这种模式节省了房租、水电等管理费用，价格相对低廉，时间较灵活。

二、经营方式

资深人士认为，若所开设的店面与创业者过去工作经验有关，或创业者曾担任经营管理职务，可考虑独立开店。但若无经验，选择合适的加盟体系，从中学习管理技巧，也不失为降低经营风险的好方法。

(一)个人全资经营

个人全资经营是指由一个自然人投资，全部资产为投资人所有的营利性经济组织，其典型特征是个人出资、个人经营、个人自负盈亏和个人承担风险。

1. 个人全资经营的特征

个人全资经营的特征见表 1-4。

表 1-4　个人全资经营的特征

序号	特征	具体说明
1	投资主体方面的特征	个人独资企业仅由一个自然人投资设立。这是独资企业在投资主体上与合伙企业和公司的区别所在。我国合伙企业法规定的普通合伙企业的投资人尽管也是自然人，但人数为两人以上；公司的股东通常为两人以上，而且投资人不仅包括自然人，还包括法人和非法人组织。当然，在一人有限责任公司的场合，出资人也只有一个人。
2	企业财产方面的特征	个人独资企业的全部财产为投资人个人所有，投资人(也称业主)是企业财产(包括企业成立时投入的初始出资财产与企业存续期间积累的财产)的唯一所有者。基于此，投资人对企业的经营与管理享有绝对的控制与支配权，不受任何其他人的干预。个人独资企业就财产方面的性质而言，属于私人财产所有权的客体。
3	责任承担方面的特征	个人独资企业的投资人以其个人财产对企业债务承担无限责任。这是在责任形态方面独资企业与公司(包括一人有限责任公司)的本质区别。投资人以其个人财产对企业债务承担无限责任，包括以下 3 层意思： (1)企业的债务全部由投资人承担； (2)投资人承担企业债务的责任范围不限于出资，其责任财产包括独资企业中的全部财产和其他个人财产； (3)投资人对企业的债权人直接负责。换言之，无论是企业经营期间还是企业因各种原因解散时，对经营中所产生的债务如不能以企业财产清偿，则投资人须以其个人所有的其他财产清偿。
4	主体资格方面的特征	个人独资企业不具有法人资格。尽管独资企业有自己的名称或商号，并以企业名义从事经营行为和参加诉讼活动，但它不具有独立的法人地位。 独资企业本身不是财产所有权的主体，不享有独立的财产权利；独资企业不承担独立责任，而是由投资人承担无限责任。

个人独资企业不具有法人资格，但属于独立的法律主体，其性质属于非法人组织，享有相应的权利能力和行为能力，能够以自己的名义进行法律行为。

2. 个人全资经营的优点

由个人全资拥有，投资人对宠物店的任何事务具有绝对决策权，同时也需要承担无限责任。一般而言，个人全资经营宠物店有 3 个优点，如图 1-22 所示。

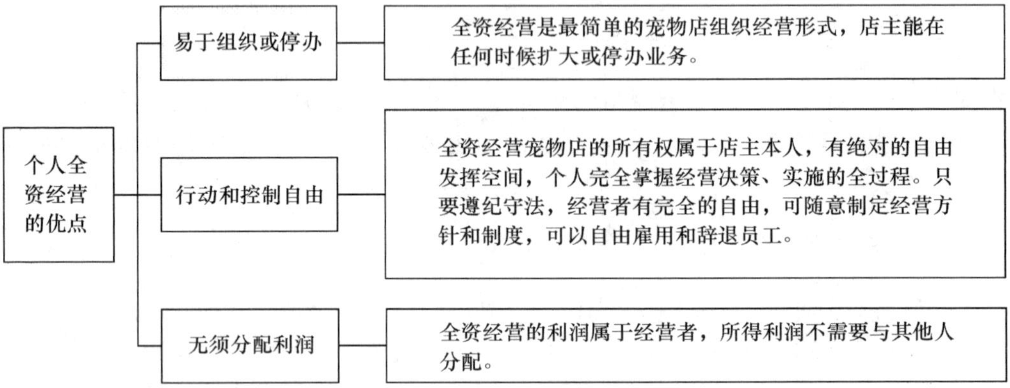

图 1-22　个人全资经营的优点

3. 个人全资经营的缺点

一般而言，个人全资经营宠物店有 3 个缺点，如图 1-23 所示。

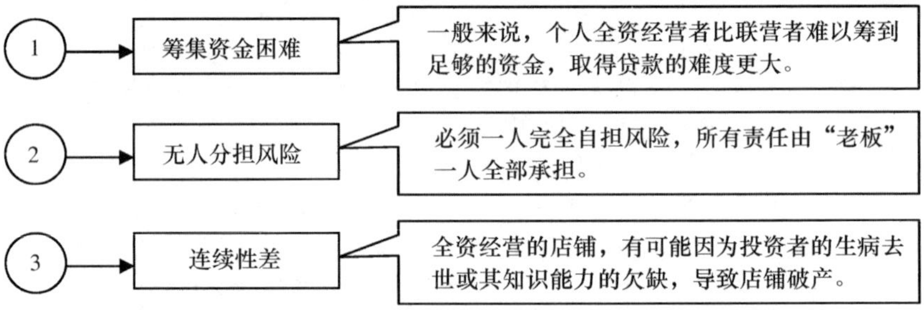

图 1-23　个人全资经营的缺点

(二)合伙经营

合伙经营是由两个以上自然人订立合伙协议，共同出资、共享收益、共担风险，按照协议各自提供资金、实物、技术等，共同劳动的经营方式。

1. 合伙经营的优点

合伙经营的优点，如图 1-24 所示。

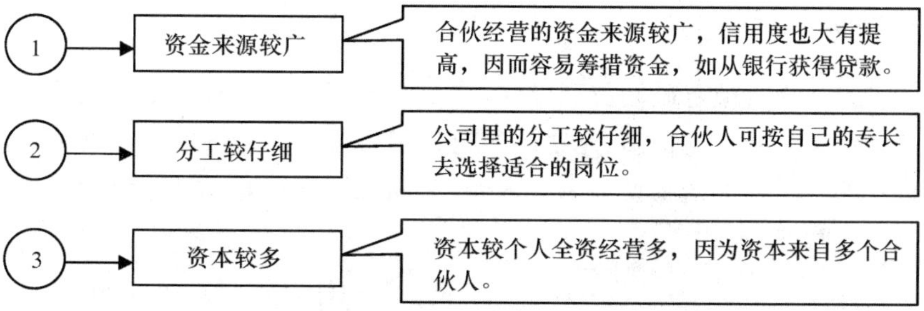

图 1-24　合伙经营的优点

2. 合伙经营的缺点

合伙经营的缺点，如图 1-25 所示。

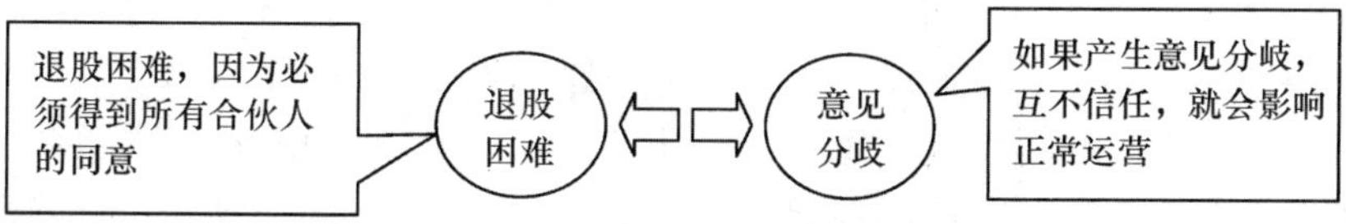

图 1-25　合伙经营的缺点

3. 合伙经营的注意事项

采取合伙经营时，创业者要注意的事项，如图 1-26 所示。

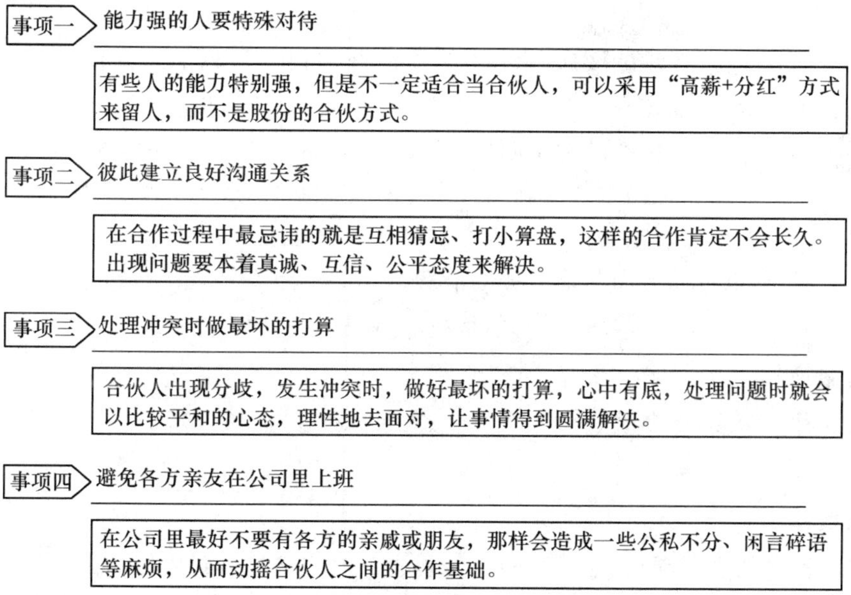

图 1-26　合伙经营的注意事项

三、经营项目

人们满足日常生活，即需要满足衣、食、住、行、用等多方面的需求，宠物也是一样的，经营者可根据市场的不同，从不同层次、多角度来考虑宠物店的经营项目。

(一)宠物交易

宠物交易作为宠物店最基础的盈利方式,从营业初期的平民化向多样化和高端化方向发展。随着人们消费能力的不断提高,宠物店的宠物多为来自世界各地的名贵品种,而这与宠物的市场价值是有关的。名贵宠物大多来自国外,一般人很难获取,所以能够找到合适的宠物商渠道将能够保留客观的利润空间。

(二)宠物寄养

人们因工作或生活等原因无法保证对宠物全天候的照顾,宠物往往生活自理能力有限,这就形成了宠物寄养市场。宠物寄养可以分为常规性和特殊性两种,常规性寄养一般是指人们由于上班原因将宠物以天为单位寄养在宠物店,早上将宠物交给宠物店,其间宠物店需要提供宠物饮食和日常护理的服务,晚上再由宠物主人带回家,这样的寄养方式一般具有简易性、规律性和稳定性的特点,价格也不是很高,每天 20～30 元,是一种比较稳定的盈利方式。特殊性寄养一般是指主人有事需要离开一段时间而将宠物全天候地寄养在宠物店,如宠物主人旅游、出差,而此时宠物店除需要提供宠物的饮食以外,还要照顾宠物的日常活动,保证宠物的卫生健康等,这种寄养方式具有临时性、突发性和反复性的特点,当然这类寄养的收费也是要高一些的,一般为每天 50～100 元,寄养条件好的寄养费用甚至更高,宠物店可以在短时间内赚到一笔不菲的寄养费。

(三)宠物用品

对于宠物主人来说,宠物就像他们的孩子一样,除了保证宠物的日常饮食,宠物主人还会为自家宠物准备用于娱乐的玩具,因此各种各样的宠物玩具应运而生。以犬粮为例,价格从十几元到几百元不等,因为宠物的品种不同,其需要的犬粮品种也是不一样的。但无疑宠物食品是一笔不小的开销。抓住宠物主人的高消费水平和对宠物的溺爱心理,宠物用品的利润空间自然是有保障的。单纯地卖宠物用品一般可以保证 30%以上的利润率,当然也可以通过降低利润率来吸引客户,以带动店内其他服务的消费。

宠物用品的种类繁多,大致可分为衣、食、住、行、玩五大类。

1. 宠物服饰

宠物服饰种类繁多,如冬装、夏装、个性装、唐装、运动休闲装、帽子、领巾、项圈等,可自行设计,也可量身定做。

2. 宠物食品

这是宠物消费的主要项目,店铺在经营宠物食品时应选择质量上乘、品牌悠久的食品,供应不同口味、不同规格的产品,同时要不断更新。根据顾客需要提供宠物的专用粮或处方粮,以及各种零食、饼干、罐头等。

3. 宠物保健用品

宠物保健用品适合高消费宠物群体,店铺可根据周边客户消费潜力设置不同种类,如补钙产品、亮毛产品、关节保护产品等。

4. 宠物住、行方面的用品

如床(窝)、牵引绳、运输箱、各种出行背包等。

5. 各种宠物玩具

如发声玩具、毛绒玩具、结绳玩具、漏食球等。

(四)宠物训导

人们养宠物的一个重要原因就是休闲娱乐,他们希望宠物可以在自己下班的时候在家等自己,在烦恼的时候听自己倾诉,在无聊的时候陪自己娱乐,但更多的时候也想开发一下宠物的潜力。为了更好地与宠物交流,人们希望自己的宠物能够更加乖巧、机智、多才多艺,这也催生了宠物培训。宠物培训一般包括基本的生活习惯培训,如上卫生间、与人互动、理解口令、独特技能(后空翻等)。当然随着培训难度的增加,培训的费用也从几百元增长到几千元,甚至上万元,而很多宠物主人也愿意为宠物"一掷千金"。

(五)宠物美容

电影《剪刀手爱德华》中爱德华给宠物做造型的情景,现在这已经不再是电影中的桥段了,宠物美容已经开始走入寻常百姓家,越来越多的宠物主人希望把自己的宠物打扮得美美的,或者是独具个性的。比如,将宠物犬打扮成熊猫的样子,这也就催生了宠物美容师这一行业。别小看简单的宠物造型,不但难度大而且收费高,一般的宠物毛发修剪动辄百元。

目前,宠物美容已经发展到包括修剪趾甲、清洁耳道、清洗眼睛、口腔护理、药浴、SPA、解毛结、洗浴修剪、美容套装、品种宠物美容造型和比赛宠物美容造型等多个方面。

(六)宠物保险

随着人们对宠物的喜爱持续升温和宠物高昂的医疗费用,给宠物买一份保险已经成为不少爱宠人士的选择,日均几角钱的投保金额和高达百万元的保险赔偿金也将使宠物保险得到不断推广。当然,宠物店一般不会独立地开发宠物保险业务,而更多地选择与当地的保险公司合作,取得保险公司的部分代理权,收取保费的部分佣金。虽然不能带来大的盈利空间,但是能够为人们提供"一站式"服务也将有利于店铺的整体发展。

(七)宠物护理

宠物护理既可以使用不同手法,也可选用宠物按摩器或理疗仪,对健康或患病宠物各部位肌肉和关节进行按摩。

另外,宠物怀孕时最难照料,许多宠物主人会因为自己的宠物有了身孕而无所适从,这时宠物店的专业人员可以提供一流的产前及产后服务,不仅可以保证"产妇"的营养,还可以帮助"产妇"顺利生产,并对"新生宝宝"进行无微不至的照料。

(八)宠物摄影

宠物摄影是一个时尚的宠物项目,它包括宠物生活摄影、宠物纪念摄影和宠物婚纱摄影等。宠物店可根据不同宠物个体设计拍摄写真、艺术照、家庭生活照等业务,有些宠物照片也可用于商业推广或宣传。

经营者以居家照相室或者宠物店为基础，或者将所有这些联合起来提供全套服务，通过专业的化妆、造型设计和摄影，给宠物留下不同时期的靓影。

（九）宠物“婚丧嫁娶”

主要包括殡葬与配种业务。宠物店可在动物检疫部门或卫生部门许可的前提下开展殡葬业务，如土葬、火葬及网上设置灵堂等形式。

（十）其他项目

宠物店也可根据需要开设预约服务、宠物疫苗接种和接送服务。另外，还要有广告宣传意识。可以利用电子霓虹灯、文字招牌、电子显示屏等宣传工具，注意一定要做得十分显眼，同时把联系方式写清楚。

知识拓展

拓展一　常州市宠物店调研分析

一、连锁品牌

常州市主要有 4 个连锁品牌：派多格（10 家）、圣宠（1 家）、道格（2 家）、倔萝卜（1 家）、宠物世家（1 家），常州市排名前 10 的宠物店中，只有 2 个连锁品牌（图 1-27）。

1. 宠物世家

目前在钟楼区拥有 1 家门店，以宠物交易为主，商品品类齐全，价格偏高，洗护环境干净透明、设备齐全。

2. 圣宠宠物

加盟品牌，目前在新北区、钟楼区共拥有 1 家门店，私人小店，无管理。

3. 派多格

加盟品牌，目前在天宁区、钟楼区共拥有 10 家门店，私人小店，无管理。

二、服务特色

1. 洗护价格

差异明显，寄养价格整体偏低，大多数门店没有犬猫分区。

此次接触到的常州市的宠物店，整体感觉比较落后，洗护环境整体比较差，洗护区一般不可见；收费整体偏低，30 元起；洗护产品比较低端。中高端门店（图 1-28、图 1-29）收费价格略高些，差异明显。

图 1-27　某网站 12 月 21 日常州市宠物店评价评分排行榜

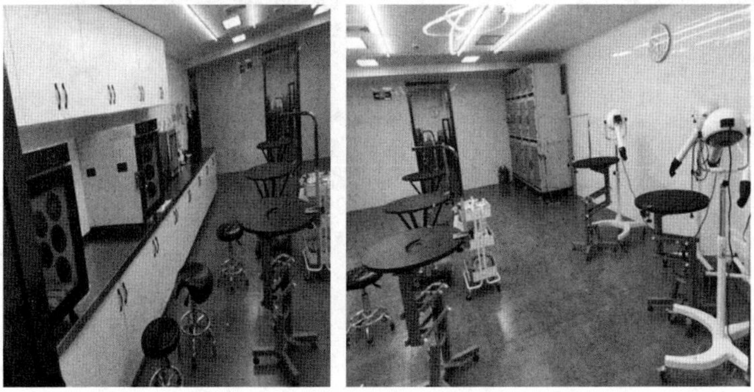

图 1-28　宠物世家——美容区

图 1-29　空中阁宠物会所洗护兼美容区

寄养环境整体较差，传统的笼子堆叠在一起，犬猫寄养没有明显区分。价格普遍为每天40～50元，春节翻倍。一些新开的宠物店对猫咪寄养，都增加了新式的猫柜或者玻璃房，收费一样（图1-30）。

图1-30　调查宠物店中宠物寄养环境

2. 耗材设备

烘干箱是宠物店标配（图1-31），一半的门店配有SPA缸。

图1-31　宠物店配有烘干箱

三、服务定价

1. 宠物犬洗护价格

通过调查，常州市宠物犬洗护价格汇总见表1-5。

表 1-5　常州市宠物犬洗护价格

宠物犬	常州市宠物犬洗护价格
<5 kg 短毛	30～40 元
5～10 kg 短毛	40～50 元
10～15 kg 短毛	50～60 元
15～25 kg 短毛	70～80 元
25～35 kg 短毛	100～120 元
35～45 kg 短毛	120～140 元
<5 kg 长毛	30～45 元
5～10 kg 长毛	45～60 元
10～15 kg 长毛	60～80 元
15～25 kg 长毛	100～120 元

2. 宠物猫洗护价格

通过调查，常州市宠物猫洗护价格汇总见表 1-6。

表 1-6　常州市宠物猫洗护价格

宠物猫	常州市宠物猫洗护价格	备注
<4 kg 短毛	60～80 元	此体重为幼猫
<4 kg 长毛	80～100 元	此体重为幼猫
4～10 kg 短毛	80～120 元	属常州最高价
4～10 kg 长毛	120～160 元	属常州最高价

3. 宠物犬猫美容套餐(含洗护)

通过调查，常州市宠物犬猫美容套餐(含洗护)价格汇总见表 1-7。

表 1-7　常州市宠物犬猫美容套餐(含洗护)价格

宠物犬猫	常州市宠物犬猫美容套餐(含洗护)价	备注
<5 kg 长毛犬	80～120 元	
5～10 kg 长毛犬	120～150 元	
10～15 kg 长毛犬	150～180 元	
15～25 kg 长毛犬	250～300 元	
25～45 kg 长毛犬	360～480 元	顾客群比较小
<4 kg 长毛猫剃毛	120～150 元	建议和洗护一起调整
4～10 kg 长毛猫剃毛	200～240 元	建议和洗护一起调整

4. 宠物犬猫寄养

通过调查，常州市宠物犬猫寄养价格汇总见表 1-8。

表 1-8 常州市宠物犬猫寄养价格

项目	常州市宠物犬猫寄养价格
犬小间	40 元
犬大间	50 元
猫独立	50 元

拓展二 如何处理合伙分红争议

如果合伙人之间因为分红而起争议，可采取以下方法处理。

1. 法律依据

根据《中华人民共和国民法典》，合伙人应当对出资数额、盈余分配、债务承担、入伙、退伙、合伙终止等事项，订立书面协议。当事人之间没有书面合伙协议，但具备合伙的其他条件，有两个以上无利害关系人证明的口头合伙协议或者有其他证据证明的，可以认定为合伙关系。

2. 利润分配

个人合伙利润的分配，可以是平均分配，也可以按出资比例分配，双方可以自主协商确定。比如，各自提供资金、实物、技术等，合伙经营、共同劳动，可以撇开工资不谈，商定一个分配的比例，如“三七分”。但如果合伙前没有达成协议，那就很难长期合作下去。

3. 法律规定

如果宠物店经市场监督管理局登记为合伙企业，则权利义务适用《中华人民共和国合伙企业法》的规定。《中华人民共和国合伙企业法》第三十三条规定：“合伙企业的利润分配、亏损分担，按照合伙协议的约定办理；合伙协议未约定或者约定不明确的，由合伙人协商决定；协商不成的，由合伙人按照实缴出资比例分配、分担；无法确定出资比例的，由合伙人平均分配、分担。合伙协议不得约定将全部利润分配给部分合伙人或者由部分合伙人承担全部亏损。”

4. 合伙或债权关系

如果宠物店经市场监督管理局登记为个体工商户，则营业执照上的经营者是谁，可以说宠物店就是谁的。如果经营者的姓名为对方，且对方把另一方的出资当作借款，则另一方与对方只有债权债务关系，宠物店的经营与另一方没关系，而且还承担经营风险，因此是合伙关系中最需要注意的。

拓展三 常见宠物犬品种

1. 贵宾犬

贵宾犬也称为“贵妇犬”，原产于法国，AKC 分类属于玩具犬组。该犬聪明、活泼，性情温和，易接受训练，是非常忠实的犬种。

贵宾犬的形体特征见表 1-9。

表 1-9 贵宾犬的形体特征

序号	部位	特征
1	眼睛	纯种的贵宾犬眼睛很黑，呈椭圆形，眼神机灵敏锐。
2	耳朵	耳朵下垂且紧贴着头部，耳根位置等于或低于眼睛的水平线，长长的耳郭较宽，表面覆盖浓密的毛。
3	鼻子	口鼻长而直，大小适中，轮廓清晰，不尖细；牙齿坚固、呈剪状咬合。
4	尾巴	尾巴是直的，位置高且向上翘。
5	形体	贵宾犬的颈部比例匀称，修长而结实，咽喉部的皮毛非常柔软，颈部的毛浓密。胸部宽阔而舒展，肋骨富有弹性。平滑的肌肉与头部、肩部相连。腰短而宽，结实且强壮，肌肉匀称。
6	被毛	被毛呈羊毛状，有两种毛型，粗毛自然、质地粗糙，软毛紧凑、平滑，胸部、身体、头部和耳朵等部位的毛较长。
7	毛色	毛色多为单色，毛色均匀，有纯白色、黑色、香槟色和红棕色，通常耳朵和颈部的毛色深一些。

2. 金毛寻回猎犬

金毛寻回猎犬原产于英国，AKC 分类属于运动犬组，是为了猎物的寻回而培养出来的犬种，游泳能力极佳，任何气候下都能在水中游泳寻回猎物，深受猎手的喜爱。经过多年的演变，它具有外貌整洁、性格温柔、友善、可靠、忠诚、聪明、活泼等特点，逐步发展成广受欢迎的家庭犬。

金毛寻回猎犬的形体特征见表 1-10。

表 1-10 金毛寻回猎犬的形体特征

序号	部位	特征
1	眼睛	眼睛大小适中，间距宽，深陷，眼神友善，聪慧，最佳眼色为深棕色。
2	耳朵	耳根高，耳小，下垂，紧贴面颊。
3	鼻子	鼻黑色或棕黑色；牙齿呈剪状咬合。
4	尾巴	尾长垂过跗关节，呈水平或适度地上扬曲线。
5	形体	属于中大型犬，体形匀称、强壮。颈中等长，胸深，胸骨延伸至肘部；背线强壮，水平，从马肩隆至微倾的臀部；肋骨长、曲率良好，很好地延伸至后躯；腰短、强健，宽而深，轻微收缩；臀部丰满，略下斜。
6	被毛	双层被毛，外层被毛硬、有弹性，既不粗糙也不过分柔软，毛直或略呈波浪状；内层毛浓密、柔软，有防水功能；前腿后部和身体下部有羽状饰毛，颈前部、大腿后部和尾下侧的羽状饰毛丰厚。
7	毛色	毛色呈有光泽的金黄色，羽状饰毛比其他部位色泽略淡。

3. 西伯利亚雪橇犬

西伯利亚雪橇犬原产于西伯利亚地区，又称哈士奇，AKC 分类属于工作犬组。哈士奇性格多变，有的极端胆小，有的极端暴力；进入家庭的哈士奇，都比较温顺，是全球流行的宠物犬之一。

西伯利亚雪橇犬的形体特征见表 1-11。

表 1-11 西伯利亚雪橇犬的形体特征

序号	部位	特征
1	眼睛	眼睛有纯棕色和纯蓝色，也有的一只眼睛为棕色，另一只眼睛为蓝色。
2	脸型	通常有十字脸型、桃脸型、三把火脸型（三把火指的是额头上的三道白色痕迹，看起来像三把燃烧的火苗）、地中海脸型 4 种。
3	耳朵	耳朵呈三角形，毛发浓密，外耳毛色多与体表毛色相近，内耳多为白色，大小适中，正常直立，兴奋的时候耳朵会向后贴住脑袋。
4	尾巴	尾巴像狐狸尾巴一样，位于背线下方，当其在静态时，则通常尾巴是自然下垂的。当其注意力集中时，尾巴以优美的镰刀形曲线背在背上，举尾时不卷向身体的任何一侧，也不是平放在背上。
5	鼻子	口吻宽度适中，逐渐变细，鼻镜与体色相协调（灰色、棕褐色或黑色犬的鼻镜为黑色，古铜色犬的鼻镜为肝色）。
6	体形	属于中型犬。雄犬重 20～27 kg，雌犬重 16～23 kg；雄犬肩高 53～58 cm，雌犬肩高 51～56 cm。颈长度适中，拱形，胸深，强壮，肋骨充分扩张，侧面扁平，背直而强壮，略微呈拱形，腰部收紧，倾斜。
7	被毛	毛发由两层组成：浓密的下层毛，以及长、较粗糙且短、直的上层毛。
8	毛色	毛发颜色大致分为黑色、灰色、棕色（浅棕色又被称为梦幻色）、纯白色（极少）4 种，当然这些颜色通常都是夹杂着白色毛发。

4. 拉布拉多猎犬

拉布拉多猎犬原产于加拿大纽芬兰岛，AKC 分类属于运动犬组。拉布拉多猎犬智商高、性情温和、聪明听话、服从指挥、容易训练、活泼好动、忠于主人，经常被选作导盲犬或其他工作犬，也是非常受欢迎的家庭犬。但因该犬需要大运动量才能保证其正常成长，所以无法满足其每日跑动锻炼的家庭不适合饲养。

拉布拉多猎犬的形体特征见表 1-12。

表 1-12 拉布拉多猎犬的形体特征

序号	部位	特征
1	头部	线条分明，宽阔的头顶使脑袋看起来较大。
2	耳朵	耳朵适度垂挂在头部两侧，略靠后。
3	眼睛	眼睛大小适中，颜色多为棕色、黄色或黑色。
4	颈部	颈部长度适中，不太突出。
5	形体	肋骨扩展良好，两肩较长，稍具斜度。胸部厚实，宽度和深度良好。前脚自肩膀以下至地面挺直，趾头密实拱起。后脚踝适度弯曲，四肢长度适中，与身体各部位均衡配合。
6	被毛	拉布拉多的皮毛是双层的，而且十分神奇，一层柔软的绒毛，使它们能够在寒冷的水中保持温度；一层厚硬的外层毛，具有防水功能。拉布拉多的被毛短而密实，无卷毛现象。
7	毛色	毛色多为黑色、黄色和巧克力色。

5. 博美犬

博美犬原产于德国，AKC 分类属于玩具犬组。它与萨摩耶犬、松狮犬、挪威猎麋犬都有血缘关系，而且最初属于工作犬或看护犬，直到欧洲文艺复兴时期才真正转为适合家庭饲养的伴侣犬，不过因为原始的天性，博美犬仍然具备看家护院的本领。

博美犬具有警惕的性格、轻快的举止和好奇的天性，体型小巧可爱，适合作为伴侣犬。博美犬友善、亲切、活泼、调皮，非常容易融入家庭。

博美犬的形体特征见表1-13。

表1-13　博美犬的形体特征

序号	部位	特征
1	头部	头部相当短小，头盖宽广且平，形状像狐狸头。
2	眼睛	眼睛大小中等，古铜色，略呈椭圆形，两眼间距适中，黑色眼眶。
3	鼻子	鼻端部较细，呈楔形，鼻子和被毛同色。
4	耳朵	耳朵小，两耳间距较近，多为直立耳，似狐狸的耳朵。
5	形体	胸部厚实，身躯紧凑。前腿笔直而且相互平行。大腿肌肉适度发达。腕部直而结实，足爪呈拱形，紧凑，不向内或向外翻转。
6	尾巴	羽毛状的尾巴是博美犬的独特之处，尾巴又粗又长，向上翘起到背上。
7	被毛	双层被毛：上层被毛长、竖直；下层被毛短、厚、棉线样。头、耳、前后腿的前侧以及脚均覆盖有短、厚(柔软的)毛发。躯体其他部分有长且丰富的被毛。不卷曲、呈波浪状或绳状，不在背上分开。颈和肩被有粗鬃毛，前腿后侧的饰毛良好，后腿从臀部至飞节处有丰富的饰毛。
8	毛色	(1)大型博美犬：黑色、褐色、白色。 (2)中型博美犬：黑色、褐色、白色、橙色、暗灰色、其他颜色。 (3)小型博美犬：黑色、褐色、白色、橙色、暗灰色、其他颜色。 (4)玩具博美犬：黑色、褐色、白色、橙色、暗灰色、其他颜色。

6. 萨摩耶犬

萨摩耶犬原产于俄罗斯，AKC分类属于工作犬组，是狐狸犬家族的一员，因是萨摩耶族培育出的犬种而得名。萨摩耶犬有着非常引人注目的外表，有“微笑天使”之称，是犬中非常漂亮的品种。萨摩耶犬身体强壮，奔跑速度快，是出色的守卫犬，因其活泼、温和、友善、忠诚，而受到很多家庭的喜欢。

萨摩耶犬的形体特征见表1-14。

表1-14　萨摩耶犬的形体特征

序号	部位	特征
1	耳朵	耳直立且厚，呈三角形，尖端略圆，耳距宽。
2	眼睛	眼睛颜色深为佳，两眼凹陷，间距大，杏仁形，下眼睑向耳基部倾斜。
3	鼻子	鼻子颜色有黑色、棕色、肝褐色，有时会随年龄和气候改变。
4	嘴唇	嘴唇多数是黑色，嘴角上翘。
5	牙齿	牙齿强壮，剪状咬合。
6	背部	背部直，中等长度，肌肉丰满。
7	四肢	脚大而长，比较平，似野兔的足，趾稍分开，趾尖呈拱形，肉垫厚而硬，趾之间有保护的毛，脚呈圆形或似猫足。
8	尾巴	尾巴较长，自然下垂时可达跗关节部，尾部被毛长而厚，当处于戒备状态时，尾上翘，高于背部或位于背部一侧，休息时下垂。
9	被毛	拥有双层被毛，身体上覆盖一层短、浓密、柔软、絮状、紧贴皮肤的底毛。
10	毛色	颜色多为白色，部分带有浅棕色、奶酪色。此外带有其他颜色都属于品种不纯。

7. 边境牧羊犬

边境牧羊犬，AKC 分类属于畜牧犬组。边境牧羊犬以精力旺盛、容易学习杂技、善于运动而闻名，在犬类竞技与牧羊犬竞赛中往往表现亮眼，是飞盘比赛中最具竞争力的犬种，是历年飞盘犬世界杯大赛的主角。

边境牧羊犬具有强烈的牧羊本能，天性聪颖、善于察言观色，能准确明白主人的指示，可借眼神的注视驱动羊群移动或旋转，被当成牧羊犬已有多年的历史。边境牧羊犬聪明、学习能力强，理解力强，易训练，善于与人类沟通，温和、忠诚、服从性好，一度成为最受人喜欢的犬种。

边境牧羊犬的形体特征见表 1-15。

表 1-15　边境牧羊犬的形体特征

序号	部位	特征
1	形体	雄性犬的肩高范围为 48.3～55.9 cm；雌性犬的肩高范围为 45.7～53.3 cm。身体长度(从肩胛末端到臀部的距离)略大于肩高。骨骼结实，但不夸张，与整体尺寸相称。
2	眼睛	分得较开，中等大小，卵形。眼圈色素和眼睛颜色为褐色；如果身体主要颜色不是黑色，眼睛的颜色会明显浅一些。眼圈色素缺乏属于缺陷。除云石色外，其他颜色的犬出现蓝眼睛属于缺陷。云石色犬种单眼蓝色或双眼蓝色；单眼部分蓝色或双眼部分蓝色都是正常的。
3	耳朵	中等大小，分得较开，耳朵竖立或半立(保持 1/4～3/4 的耳朵竖立)。
4	头部	宽阔，后枕骨不突出。头部的长度与前脸的长度基本相等。
5	口鼻	略短，结实且钝，鼻镜端略细。
6	咬合	剪状咬合。
7	颈部	长度恰当，结实且肌肉发达，略拱，向肩部方向逐渐放宽。
8	背线	平，腰部后方略拱。
9	身躯	外观健壮。胸深、宽度适中，显示出巨大的胸腔容积；胸深达到肘部；肋骨扩张良好；腰部深度适中，肌肉发达，略拱，无上提。臀部向后逐渐倾斜。
10	尾巴	位置低，中等长度，尾骨延伸到飞节。末端有向上的漩涡。在全神贯注完成任务时，尾巴低垂，以保持平衡；兴奋时，尾巴可能上举到背部的高度。
11	被毛	被毛有粗毛和短毛两种类型且皆有柔软、浓密的双层毛。在脖颈两侧、臀部、后腿以及尾巴上都有丰满的粗毛，脸部、耳朵、前肢和后肢的毛发为柔顺的短毛。
12	毛色	常见的毛色有黑白两色、蓝白两色和棕白两色，此外还有以黑、蓝、棕为主色的三色毛，以及蓝陨色和红陨色等。大部分人认为边境牧羊犬只有黑白两色，只是因为这两种颜色最常见。

8. 比熊犬

比熊犬原产于地中海地区。该犬性格温顺友善、活泼可爱、聪明伶俐、有优良的记忆力。它们长期与人们相伴，对人的依赖性很强，是很好的家庭伴侣犬。唯一不足的是要经常为其梳洗打扮，因其对居住环境的要求很高，日常养护占用时间较长。

比熊犬的形体特征见表 1-16 所示。

表 1-16　比熊犬的形体特征

序号	部位	特征
1	形体	标准的比熊犬肩高为 24.1～29.2 cm，体重在 7 kg 左右。
2	眼睛	眼睛圆，呈黑色或深褐色。
3	耳朵	耳朵下垂，隐藏在长而流动的毛发中。
4	口鼻	口鼻非常匀称，口鼻与头部的长度比例为 3∶4。
5	鼻镜	鼻镜突出，且总是黑色。
6	颈部	颈部长并且总是骄傲地昂起来，平滑地融入肩胛。
7	胸部	胸部比较发达，胸部最低点至少能延伸到肘部，前胸非常明显，肩胛骨与上臂骨长度大致相等，肩胛向后倾斜，大约呈 45°。
8	四肢	脚垫呈黑色，趾甲一般都控制在比较短的状态下，大腿角度恰当，肌肉发达，距离略宽。足爪紧而圆，有点像猫的足爪，同时足爪直接指向前方。
9	尾巴	尾巴位置与背线齐平，温和地卷在背后。
10	被毛	多为卷曲的白色毛发，底层毛发柔软而且非常的浓密，外层毛发多为粗毛，微微卷曲，质地也较硬。
11	毛色	毛发主要为白色，但是在其耳朵或身躯上存在浅黄色、奶酪色或杏色阴影。只要比熊犬身躯上的其他毛色不超过总被毛数的 10%，都属于可以接受的范围。

9. 中华田园犬

中华田园犬是我国本土犬种之一，主要分布于长城以南，青藏高原以东，以中原为中心的低海拔的汉族聚集地，中华田园犬是我国汉族几千年农耕社会背景下的产物，是历史和文化的活化石。

中华田园犬性格比较温顺，不容易主动攻击人类，可以群居，地域性强，容易饲养，忠诚度高，不易患皮肤病。

中华田园犬的形体特征见表 1-17。

表 1-17　中华田园犬的形体特征

序号	部位	特征
1	头部	头部特征更加接近于其祖先狼的外貌，嘴尖、短，额平。
2	耳朵	耳位高，耳小且直立或半直立，半直立的耳朵向头部正前方半下垂(不同于其他一些犬种耳朵大且耳朵向头部两边全塌下去)。
3	尾巴	尾巴向上翘起，特别在行走时会高高翘起，以金钱尾和镰刀尾为主(明显不同于大多数国外犬种较直且下垂的尾部)。
4	后肢	当站立静止时，后肢明显很平直并垂直于地面，踝关节弯曲不明显(特别是与大多数国外犬种弯曲的后腿踝关节相比更是明显)。
5	被毛	中毛为主，毛质粗，容易保持干净。
6	毛色	颜色黄、白、黑、杂色都有。
7	形体	身体匀称而紧凑；中等大小，身长与肩高比约成 1∶1，加上后腿平直并几乎垂直于地面使整个身体呈长方形。

10. 松狮犬

松狮犬是一种古老的犬种，来自我国华北地区，作为一种独立品种，是很受喜爱的宠物。

松狮犬集美丽、高贵和自然于一身，典型的“悲苦表情”的脸更添情趣。松狮犬是犬界的“萌神”，胖嘟嘟的身材，蓝紫色的舌头，可爱的表情，让其成为人们热衷饲养的宠物犬。

松狮犬的形体特征见表1-18。

表1-18 松狮犬的形体特征

序号	部位	特征
1	头部	头部宽阔而平坦，若头部细长呈楔形、斧形或三角形，通常为混血种。
2	舌头	舌颜色为紫色。
3	耳朵	耳朵小而带三角形，微向前倾且直立，耳距较宽。
4	鼻子	鼻子较大而宽，鼻孔张开。双眼略有斜位，杏仁眼，眼和眼周围以及鼻端都应呈深褐色或黑色。
5	唇部	唇部较宽，闭嘴时，上唇盖住下唇。齿眼及嘴唇都应为黑色。牙齿应平坦且为剪状咬合。
6	颈部	颈部健壮而饱满，躯干、背部和臀部、四肢都较短。乳房宽而深，腰部肌肉发达。
7	四肢	四肢较短，前肢直，骨骼粗大健壮；后肢骨骼壮实且肌肉饱满；脚垫较厚。
8	尾部	尾根位较高，尾巴向上卷到背上，尾部有长而疏松的饰毛，外观漂亮大方。
9	被毛	全身被毛丰盛，密直而长，色泽亮丽，质松如棉，疏松柔软。尤其是头颈部位的被毛疏松如狮子。
10	毛色	毛色为单色，可以有黑色、白色、米色、赤色、蓝紫色、黄褐色、银灰色，但不能有魔纹和杂色。

拓展四 常见宠物猫品种

宠物猫是一种很完美的动物，它们长相可爱，喜欢独立生活，不会太依赖主人，受到很多人的喜爱。

下面介绍几种常见的宠物猫。

1. 加菲猫

加菲猫一般指异国短毛猫，它的别称有很多，分别为：外来种短毛猫、异国短毛猫、短毛波斯猫、异短。加菲猫性格文静、可爱、亲切、不拘小节且忠诚，性情独立，不爱吵闹。

加菲猫的形体特征见表1-19。

表1-19 加菲猫的形体特征

序号	部位	特征
1	头部	大且圆，头盖骨宽。由圆形头骨塑造出圆脸与短而粗的颈部相协调。
2	鼻子	短而扁，并且长宽。双眼之中有凹陷，凹陷部分为脸部圆心。
3	脸颊	与短而粗的颈部相协调，脸颊丰腴。
4	下巴	丰满，发育良好，厚实有力而且圆，咬合正常。
5	耳朵	小，耳朵顶端呈圆形并向前倾斜，双耳距离宽，位于头部偏低处。
6	眼睛	大，圆，饱满，颜色鲜艳。由于泪腺较短，异短的眼睛比别的猫更容易流眼泪，需要主人每天清洗。
7	身体	短身型，短腿，胸宽，肩部到臀部宽度相同，身体中部丰满，背部呈水平。
8	腿	四肢粗短而有力，前肢笔直，从后面看，后肢也是笔直的。
9	脚掌	大、圆且结实。前脚有5个脚趾，后脚有4个脚趾。
10	尾巴	短，但应与身体比例相称，不能有不正常的弯曲。
11	被毛	浓密，厚实，柔软并且充满活力。色泽艳丽，具有浓厚的短毛，长度适中。
12	毛色	具备多种颜色及图案，包括纯色、烟色、斑纹、双色及重点色等。

2. 波斯猫

波斯猫是最常见的长毛猫。它有一张讨人喜爱的面庞，长而华丽的被毛，优雅的举止，故有“猫中王子”“王妃”之称，是爱猫人士非常喜欢的一种纯种猫。

波斯猫性情温文尔雅、聪明敏捷、善解人意、少动好静，叫声尖细柔美，爱撒娇，性格中性，举止风度翩翩，天生一副娇生惯养之态，给人一种华丽高贵的感觉。其胆大好奇，喜欢与人亲近，容易调教，是一种深受喜爱的高贵宠物。

波斯猫的外形特征见表 1-20。

表 1-20　波斯猫的外形特征

序号	部位	特征
1	头部	头又圆又大，头盖骨宽阔，两颊丰满。
2	耳朵	耳朵细小，浑圆，向前倾斜，耳朵底部不会过分宽阔，双耳间距宽阔，位于头上偏低位置。
3	眼睛	眼睛大且圆，眼色亮泽，双眼间距宽阔(瞳色为蓝色或琥珀色)。
4	鼻子	鼻子短、扁、宽阔；下巴饱满，结实浑圆。
5	四肢	四肢短而粗壮，前肢笔直。
6	足	足掌结实，且又圆又大，前肢各有 5 趾，后肢则有 4 趾。
7	尾巴	尾巴短，但与身体的比例协调。

3. 苏格兰折耳猫

苏格兰折耳猫在耳朵软骨处有一个折，使耳朵向前屈折，并指向头的前方。由于这种猫最初在苏格兰被发现，所以以原产地和外貌特征而命名。

苏格兰折耳猫平易近人、性格温和、聪明。对其他的猫和犬很友好。温柔、情感丰富、有爱心、贪玩、适合家庭饲养。它们的声音很柔和，生命力顽强，该品种的猫是优秀的猎手。

苏格兰折耳猫的形体特征见表 1-21。

表 1-21　苏格兰折耳猫的形体特征

序号	部位	特征
1	整体	四肢短，粗壮，肥胖，浑圆。大小中等，矮胖，肌肉非常发达。骨骼大小中等，体重 2.5～6 kg。
2	形体	中等体形，骨骼中等，肌肉结实。雌性的体形较雄性的细小。
3	头部	圆形，前额凸鼓。脸颊浑圆，侧看像是缓和的曲线。公猫的肉更多，有的成年雄猫有双下巴。
4	耳朵	朝前折，间隔大，耳尖呈弧形。耳朵的大小中等，向前翻折，如同帽子，看上去令头部更加浑圆。
5	鼻子	宽而短。微微有鼻中断是可以接受的；吻部微微呈圆形；髭毛垫呈圆形。下巴坚实。
6	颈部	脖子长中等，但肌肉结实，毛发比其他部位的要长。
7	眼睛	大而圆，颜色以毛色为准，间距相当大。颜色和被毛相呼应。
8	嘴巴	咬合有力。
9	四肢	长度和身体长度成比例。骨骼中等大小，其爪的长度与身体相称，浑圆而紧凑。脚掌呈圆形，非常齐整。

续表 1-21

序号	部位	特征
10	尾部	尾巴长度不大于身长的 2/3。根部粗大，向尾尖逐渐变细，最后尾尖收拢为圆形，非常柔软和灵活。
11	被毛	存在两个变种。 (1)短：厚，密实，长毛绒状，有弹性，生长密集。 (2)半长：长毛沿身体倒生长，有如丝般的质感，该变种又称为高原折耳猫。
12	毛色	毛色以金黄色，黑色，浅蓝色多见。

4. 挪威森林猫

挪威森林猫，顾名思义，就是在挪威森林里生存的猫，是斯堪的纳维亚半岛特有的品种。生长环境非常寒冷和恶劣，所以它拥有比其他猫更厚密的被毛和强壮的体格。

挪威森林猫性格内向、独立性强、聪颖敏捷、机灵警觉、行动谨慎、喜欢冒险和活动，且能抓善捕，善爬树攀岩，有“能干的狩猎者”之美誉。不适宜长期饲养在室内，最好饲养在有庭院和环境比较宽敞的家庭。

挪威森林猫的形体特征见表 1-22。

表 1-22　挪威森林猫的形体特征

序号	部位	特征
1	头部	呈等边三角形，颈短，且肌肉发达。
2	耳朵	中至大耳，耳尖浑圆，底部宽阔，位置偏低，耳朵有很多饰毛。
3	眼睛	呈较大的杏仁状，表情丰富，双眼微微上扬，具有绿色、金色或金绿色的色度，白猫可拥有蓝眼或“鸳鸯眼”。
4	鼻子	鼻子中等长，高鼻梁，眉间至鼻尖线条平直，额头平坦，头盖骨和颈部微弯。
5	下巴	结实，线条略圆。
6	身体	中等长度，肌肉发达，骨骼构造结实。胸部宽阔，整体身形表现力量感，腰窝深；腰围大，没有肥胖感觉。雄猫身形较大，威风凛凛；雌猫则较小和优雅。
7	四肢	中等长度，后肢较前肢长，臀部高于肩部位置。大腿肌肉发达，小腿结实。从后面看，后肢笔直。
8	尾巴	长、毛密，相连身体部分较粗，理想长度应相等于身体(颈项基部至尾巴基部)的长度，拥有长而粗的被毛较为理想。
9	被毛	独特的双层被毛，底毛浓密，且被一层长而光滑的防水被毛覆盖。冬天时，浓密的底毛完全生长，因此冬天的被毛较夏天的丰满。被毛的质素与类型最为重要，颜色及图案则较次要。
10	足掌	结实，既大又圆，趾间长有浓密的披毛，足趾颜色与毛色互相协调。
11	毛色	毛的颜色及图案多元化，CFA 认可的颜色共 50 种，其中包括黑色、白色、蓝色、红色、啡虎斑、双色、黑烟色、银虎斑等。
12	形体	外貌和缅因库恩猫一模一样，主要区别是其后腿比前腿稍长，被毛双层。

5. 美国短毛猫

美国短毛猫原产于美国，以体格魁伟、骨骼粗壮、肌肉发达、生性聪明、性格温顺而著称，是短毛猫中大型品种。美国短毛猫健壮、勇敢、性格温和、耐心、和蔼可亲、不乱发脾气、不乱叫的脾气秉性，适合家庭饲养。

美国短毛猫的形体特征见表 1-23。

表 1-23　美国短毛猫的形体特征

序号	部位	特征
1	头部	头大，脸颊饱满，给人一种椭圆形的印象，脸的长度比宽度略长，表情甜美。从前面看，头可以分为两个相等的部分——从耳根到两眼中间，从两眼中间到下巴尖。
2	耳朵	中等尺寸，耳尖细圆，在头顶自然分开。两耳间的距离两倍于两眼间的距离。
3	前额	从侧面看，前额形状光滑，适度的弯曲并延伸到头顶至脖子。从前面看，两耳之间没有明显的突起。
4	眼睛	大并且睁得很开，上眼睑像半个纵向切开的杏仁，下眼睑的形状为圆形。两眼间至少有一个眼睛的宽度。外眼角位置稍微比内眼角高。眼神明亮、清晰、警觉。
5	鼻子	中等长度，长宽相等。从侧面看，鼻梁到额头由一条柔和的曲线相连。
6	口鼻	正方形。
7	咬合	钳式咬合或剪式咬合。
8	颈	长度适中，肌肉发达强壮。
9	身体	健壮结实，强壮有力，肌肉发达，具有发育良好的双肩、胸和后腿。后背宽平且直。从侧面看，从臀骨到尾根略有倾斜，从上面看，身体两侧成平行线。
10	四肢	骨骼和长度适中，肌肉发达，从后面看，四条腿较直并和爪面外沿平行。
11	爪	结实、饱满，呈圆形，有着厚厚的爪垫，趾前 5 后 4。
12	尾	中等长度，根部粗壮，尾尖看起来是突然变细的，但是尾椎骨尖部却是正常变细。
13	被毛	短、厚，质地硬滑，被毛厚度因地区不同和季节变化而不同。被毛的密度足以保证身体不受温度和湿度的影响，并保护表面皮肤不受外界伤害。毛色多达 30 余种，其中银色条纹品种尤为名贵。

6. 虎斑猫

虎斑猫原产于美国。个性独立，活泼好动，对周围环境的改变非常敏感，对主人表现出十分的依赖，一旦更换主人，会对它们的心理造成一定的伤害。

虎斑猫的形体特征见表 1-24。

表 1-24　虎斑猫的形体特征

序号	部位	特征
1	头部	头部圆润，两耳间距较近，大小适中，耳根宽阔，耳郭深，顶端较圆润。
2	脸颊	脸颊宽阔，使得头看起来相当圆润。
3	眼睛	眼睛大而明亮，呈圆杏核状，通常有眼线。
4	鼻子	鼻子呈砖红色，有鼻线。
5	身体	虎斑猫的体形适中，胸腔宽且深厚。四肢及尾部长短适中，健壮有力，肌肉感强。整体感觉强健，平衡感极佳。
6	被毛	被毛可以分为长毛和短毛，斑纹美丽，由于酷似野生狸的斑纹，通常称为狸花斑纹；额头有“M”状斑纹，眼角有连贯的延伸线，颈部、四肢及尾部有环状斑纹，身体为连接完整的鱼骨刺斑纹或豹点斑纹。
7	毛色	被毛颜色通常是棕色或深棕色，有些虎斑猫身体被毛有白色，其颜色称为狸花白色。

7. 伯曼猫

伯曼猫又称缅甸圣猫。传说最早由古代缅甸寺庙里的僧侣饲养，视为护殿神猫。伯曼猫性格温文尔雅、友善、叫声悦耳、喜欢与主人玩耍。喜欢在地上活动，并不热衷于跳跃及攀爬，喜爱玩耍，爱干净，天气晴朗时也喜欢到庭院或花园里散步。

伯曼猫的形体特征见表1-25。

表1-25 伯曼猫的形体特征

序号	部位	特征
1	头部	头前部向后方倾斜，稍呈凸状。面颊肌肉发达，呈圆形。脸部毛短，但颊外侧毛长，胡须密。
2	耳朵	中等长度。耳朵大而向前竖立，耳端稍浑圆，两耳尖间距宽，两耳根部间距适中，面颊和耳朵都呈现颇具特征的"V"字形，与头部轮廓十分协调。
3	眼睛	又圆又大，间距较宽。眼睛呈清澈的蓝色，深蓝色比浅蓝色更好。
4	鼻子	鼻梁又高又直，中等长度，鼻尖稍缓慢下降，略呈鹰钩鼻状。
5	四肢	四肢粗短，骨骼发达，肌肉结实、有力；前肢直立。
6	足掌	趾大而圆，握力大，爪短而有力，呈白色，像戴了白手套般。前趾的部分称为"手套"，后趾的部分称为"蕾丝"，并伸至关节点。
7	尾巴	尾长中等，与身体协调，尾毛浓密。
8	被毛	中长毛，不会纠缠，容易梳理，毛长而厚密，毛质如丝，细密而富有光泽；颈部饰毛长，但肩胛部被毛短；胸部至下腹部被毛略呈波纹状；腹部被毛可以有少量卷曲。
9	毛色	海豹色、蓝色、巧克力色、丁香色、红色、奶油色以及玳瑁色。
10	色斑	重点色基础上，有或没有山猫纹。
11	毛质	毛有光泽，长而厚，可遮挡全身。

8. 狸花猫

狸花猫原产于中国，深受人们喜欢，它有漂亮的被毛，健康的身体，容易饲养，并且是捕鼠能手。狸花猫的性格独立，喜好运动，活泼开朗。如果周围的环境改变，它会十分敏感，对主人的依赖性较高，更换主人时，它的心理会受到一定伤害。

狸花猫的形体特征见表1-26。

表1-26 狸花猫的形体特征

序号	部位	特征
1	头部	成年狸花猫的鼻子长而直，头部整体感觉像被修整过的宝石形（六角形），故脸的长比宽长，耳间有稍突起的半圆形头盖骨，与眼睛同一水平线位置的面部较宽，自内眼角起面部轮廓突然收缩，伸出鼻，鼻梁端正隆起而直，大小适中，无过宽或过窄表现，鼻头有砖红色、深棕色和黑色。
2	眼睛	眼睛呈杏核形，外眼稍略微上吊，眼色以黄、绿、棕为主，其中绿色为上品。
3	耳朵	耳朵大小中等或稍偏小，在头部稍中间的位置，两耳间距适中，耳根打开较宽，基本向前方打开，偏向两侧不超过15°。耳朵尖端呈尖的形状，成年雄壮公猫，有时耳尖有一簇明显的长毛。
4	下巴	下巴结实，下颚强壮，下颚短于上颚，且下巴平直，无凸起，咬合紧密，胡须直且硬，无弯曲现象，外观无软弱感。

续表 1-26

序号	部位	特征
5	形体	头与身相连处过渡弧度流畅，颈长约等于鼻长，母猫下颚相对不发达，较尖。
6	四肢	肌肉发达，粗壮，爪宽而大，四肢较粗壮，肌肉感强，具备灵巧感，爪子呈椭圆形，前爪 5 指，后爪 4 趾，爪背从腕端到指尖开始呈淡黄的浅色，腕以上为黑色环状环绕，爪垫为黑色，爪垫缝间毛为黑色，其中以趾甲黑者为上品。
7	被毛	被毛短且硬，有健康油亮的光泽，顺贴身体，无蓬松散乱现象，无厚实绒毛。在它的额头处也出现斑纹，呈"M"状，位于眼角的部位会出现连在一起的延伸线。环形的斑纹会出现在它的颈部、四肢及尾巴上，鱼骨刺斑纹（完整的）或点状纹会出现在它的身躯上。
8	毛色	大部分毛色是鲭鱼纹或斑点，和虎皮相似，短而有光泽，顺滑。除腹部、下颚的淡黄色毛以外，身上的毛都是一根毛上三种颜色，例如呈现棕色毛的部分，其根部为黑色，中段为浅色毛尖成棕色；而呈黑色毛的部分，其根部为浅色，中段为深棕色，毛尖呈黑色。棕色虎斑为该品种的标准色。

9. 布偶猫

布偶猫原产于美国，又称"布拉多尔猫"，是现存体型最大、体重最重的猫之一。

布偶猫全身松弛柔软，像软绵绵的布偶一样，所以得名布偶猫。性格温顺恬静、对人友善、忍耐性强，尤其对疼痛的忍受性极强，常被误认为缺乏疼痛感，是理想的家庭宠物。

布偶猫的形体特征见表 1-27。

表 1-27　布偶猫的形体特征

序号	部位	特征
1	头部	呈等边三角形，双耳之间平坦，面部呈楔形。
2	耳朵	中等大小，微微张开，双耳间距宽阔，耳尖浑圆而向前倾。
3	眼睛	明亮，蓝色。双眼间距宽阔，微微向上扬。
4	鼻子	中等长度。
5	下巴	强壮，并与上唇和鼻子成一条直线。
6	四肢	中等长度。后肢较前肢长，前肢的毛较后肢的短。
7	体格	身形魁梧，身材较长，胸部宽实，臀部肥大，肌肉发达。
8	足部	大且圆，并且有丛毛。
9	尾巴	长，成万年青枝叶状，覆盖着蓬松的毛发。
10	被毛	毛发柔软顺滑，不易打结，面部毛发较短，颈部毛发较长，后肢毛发较前肢长。毛发颜色包括海豹色、蓝色、巧克力色、丁香色、红色、奶油色。
11	体重	完全长成的雄性布偶猫体重为 5.4～9.1 kg（或更重），雌性布偶猫体重可达 3.6～6.8 kg（或更重）。

10. 孟买猫

孟买猫又称小黑豹，是一个现代品种，由美国育种学家用缅甸猫和美国的黑色短毛猫杂交培育而成。孟买猫个性温顺柔和、稳重好静、情感丰富、聪明伶俐、反应灵敏，很喜欢和人亲热，越来越受到人们的欢迎。

孟买猫的形体特征见表 1-28。

表 1-28　孟买猫的形体特征

序号	部位	特征
1	面部	呈圆形,鼻子短,下颚颊发育良好。
2	眼睛	呈圆形,为闪亮的古铜色,双眼间距较宽。
3	耳朵	大小适中,尖稍呈圆弧形。
4	鼻子	鼻长中等稍短,稍凹陷,但不是塌鼻梁,鼻镜为黑色。
5	嘴巴	宽而饱满,近似缅甸猫。
6	被毛	毛短,紧贴身体,毛质柔细,质感细致,为发亮的乌黑色。
7	躯干	身材适中,肌肉发达。
8	四肢	粗壮,强健有力,与身体和尾巴相协调。趾呈圆形,紧凑有力,足掌为黑色。脚爪小,为椭圆形。
9	尾巴	长度适中。

考核评价

1. 如何进行市场调查?
2. 宠物店经营模式包括哪些?
3. 宠物店经营项目有哪些?

项目二
宠物店开店筹备

学习目标

知识目标：了解宠物店筹集开店资金相关知识，掌握店铺地址选择、店铺设计装修及开店前期筹备等基本流程。
能力目标：掌握店铺地址选择要素、店名设计、装修亮点、开店筹备等技能。
素质目标：提高分析问题、解决问题的能力，提高团队合作意识。

学习任务

任务一　筹集开店资金

要创业，资金往往是许多人考虑的第一个问题，通常创业资金包括店面租金、装潢、设备、经营周转金等，若是选择加盟创业还包含加盟金、保证金等众多项目费用。然而，并不是每个想创业的人，都有足够的自有创业资金。因此，筹措资金的渠道就很重要。

一、预测启动资金

启动资金，就是开办宠物店必须购买的物资和必要的其他开支，也就是从创业者为店铺开始投入直至达到收支平衡前必须要准备的资金总量。

1. 启动资金

开店的启动资金将用于以下几个方面。

(1)购买设备及相关产品。

(2)支付场地(办公室、店铺等)费用和店铺的装修费用。

(3)办理营业执照和相关许可证。

(4)购置办公家具和办公用品。

(5)开业前的广告和促销。

(6)招聘、培训员工，给员工发放工资。

(7)支付水电费、电话费等。

可以把启动资金按用途分为两大类，如图 2-1 所示。

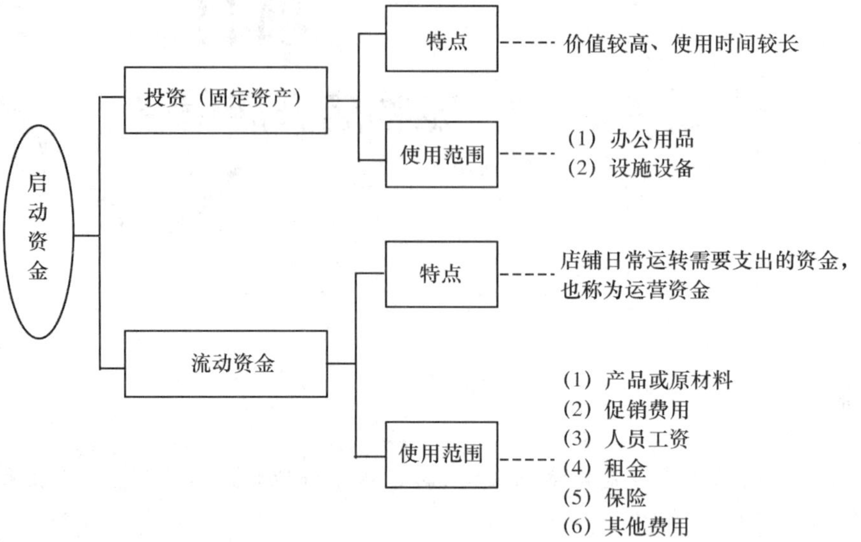

图 2-1 启动资金类别

2. 投资(固定资产)预测

投资(固定资产)预测时要特别注意不同规模、不同经营范围的宠物店对设备需求的差别很大。所以，创业者必须了解清楚所需的设备，选择正确的设备类型，尽量节省设备投资。即使只需少量设备，也应测算并纳入计划。

比如，开一家宠物店所需的基础设备如下。

(1)需要一个稳固的美容台。表面为防滑质地，有稳定的支架和固定的宠物吊竿，保证宠物在美容台上的安全。

(2)要准备专业的梳理工具。如美容师梳、木柄针梳、钢丝梳、分界梳等。对于不同的步骤、情况，需要使用不同的梳子。

(3)需要准备针对被毛打结的宠物工具和用品，如开结刀、开毛结水等。

(4)需要准备趾甲钳、趾甲锉和止血粉。

(5)需要准备吸水毛巾、专业的烘干箱、吹水机、拉毛机、电吹风。

(6)修毛剪毛的过程中所需要的工具分类则更加精细，剪刀分直剪、牙剪、电剪、弯剪，因修剪位置不同必须选用合适的剪刀。

(7)对于需要剃毛的宠物，还要选用专业电剪配以不同型号的刀头进行修剪。

设备的投资可多可少，应根据市场定位来调整。每种设备都有高、中、低不同档次，根据目标人群，确定使用或消耗什么档次的设备即可。切忌贪多求大，够用就好。

3. 流动资金预测

流动资金的最大特点在于随时变化，店铺最初收入取得之前必须要有可以支付各种费用的资金。准备适当的流动资金能使创业者从容应对各种费用的支付。

(1)流动资金的范围。流动资金是指宠物店日常运转时所需支付的资金，流动资金的范围如图 2-2 所示。

图 2-2　流动资金的范围

(2)流动资金的预测。一般来说,在销售收入能够收回成本之前,创业者事先至少要准备3个月的流动资金。为使预算更加准确,创业者可以制订一个现金流量计划表。流动资金的预测类别见表2-1。

表 2-1　流动资金的预测类别

序号	类别	具体说明
1	产品库存	零售商和批发商营业前库存商品的流动资金预测。
2	促销	包括4P[产品(product)、价格(price)、渠道(place)、促销(promotion)]计划的促销成本。
3	工资	起步阶段也要给员工相应的薪酬。计算方法:月工资总额×未收支平衡的月数。
4	租金	门店开张就要支付租金,计算方法:月租金额×未收支平衡的月数。
5	保险	保险有两种:社会保险和商业保险。开业时准备交的保险也在启动资金数额内。
6	其他费用	包括水电费、办公用品费、交通费、电话费、不可预见费(统称公用事业费)等。起步时纳入启动资金数额内。

4. 总的启动资金预测

总的启动资金计算公式为:

启动资金总额=投资金额(固定资产+开办费)+流动资金总额

5. 预测启动资金要注意的问题

创业者在预测启动资金时,要注意以下问题。

(1)必须意识到"启动资金周转不灵,就会导致门店'夭折'"。

(2)必须核实启动资金持续投入期,即在未取得销售收入以前需投入多长时间的流动资金。

(3)必须将投资和流动资金需求量降至最低。依据"必须、必要、合理、最低"的原则,该支出的必须支出,能不支出的坚决不支出。

(4)必须保持一定量的流动资金"储备",以备不时之需。

二、筹集资金的原则

创业者在筹集启动资金时,必须遵循一定的财务管理原则和规律。就目前而言,所筹资金的来源及其途径多种多样,筹资方式也机动灵活,为保障筹资的低成本、低风险提供了良好的条件。但是,市场竞争的激烈和筹资环境以及筹资条件的差异性,给筹资带来了诸多困难。因此,创业者在筹资时必须坚持如图2-3所示的原则。

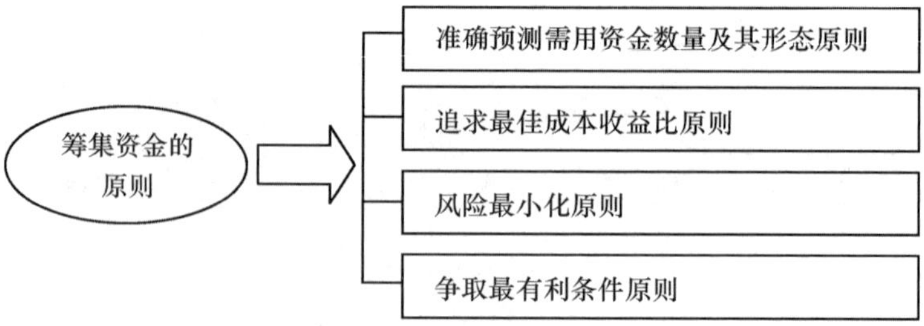

图 2-3 筹集资金的原则

1. 准确预测需用资金数量及其形态原则

宠物店资金有短期资金与长期资金、流动资金与固定资金、自有资金与借入资金，以及其他更多的形态。不同形态的资金往往满足不同的创建和经营需要，筹资需要和财务目标决定筹资数量。创业者应周密地分析创建初期的各个环节，采取科学、合理的方法准确预测资金需要数量，确定相应的资金形态，这是筹资的首要原则。

2. 追求最佳成本收益比原则

创业者无论从何种渠道、以何种方式筹集资金，都要付出一定的代价，也就是要支付与其相关的各种筹集费用，如支付股息、利息等使用费用。即使动用自有资金，也是以损失存入银行的利息为代价的。

资金成本是指为筹集和使用资金所支付的各种费用之和，也是宠物店创建初期的最低收益率。只有收益率大于资金成本，筹资活动才能具体实施。资金成本与收益的比较，在若干筹资渠道和各种筹资方式条件下，应以综合平均资金成本为依据。

简而言之，创业者筹集资金必须要准确地计算、分析资金成本，这是提高筹资效率的基础。

3. 风险最小化原则

筹资过程中的风险是创业者筹资不可避免的一个财务问题。实际上，创建和经营过程中的任何一项财务活动都客观地面临着风险与收益的权衡问题。

资金可以从多种渠道、利用多种方式来筹集，不同来源的资金，其使用时间的长短、附加条款的限制和资金成本的大小都不相同。这就要求创业者在筹集资金时，不仅需要从数量上满足创建和经营的需要，还要考虑各种筹资方式所带来的财务风险的大小和资金成本的高低，最终做出权衡，从而选择最佳筹资方式。

4. 争取最有利条件原则

筹集资金要做到时间及时、地域合理、渠道多样、方式机动。这是由于同等数额的资金，在不同时期和环境状况下，其时间价值和风险价值大不相同。所以，创业者要把握筹资时机，以较少费用筹集到足额资金。

因此，必须研究筹资渠道及其地域，战术灵活，及时调剂，相互补充，把筹资与创建、开拓市场相结合，实现最佳经济效益，如图 2-4 所示。

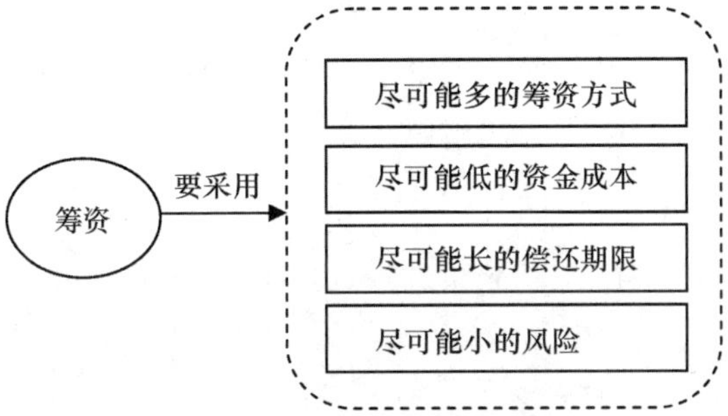

图 2-4 筹集资金的最有利原则

三、筹集资金的要求

筹集资金是店铺创建活动的起点，是一项重要而复杂的工作。店铺筹资要研究影响筹资的各种要素，讲求综合经济效益，并按照一定的要求进行。具体如图 2-5 所示。

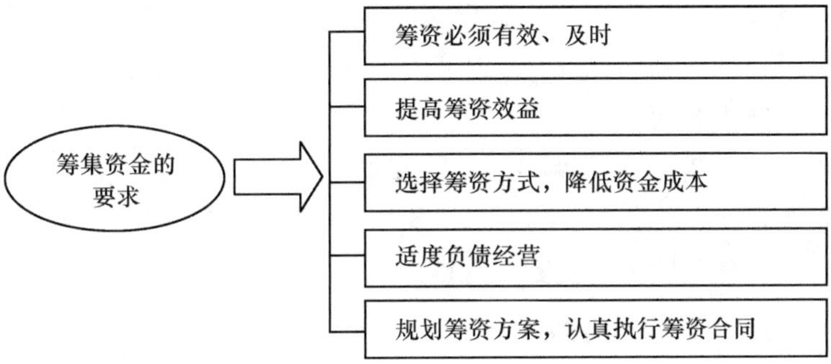

图 2-5 筹集资金的要求

1. 筹资必须有效、及时

筹资的目的是保证创建伊始所必需的资金，无论通过什么渠道、采取什么方式来筹集资金，创业者都应预先确定合理的资金需求量，并制订筹资计划，使资金的筹集量与需求量达到平衡。这样既能避免因为资金筹集不足而影响创建工作的正常进行，又可以防止资金筹集过多而降低资金的利用率。

创业者筹资应根据资金的投放时间来合理安排，使资金的筹集和使用在时间上互相衔接，避免超前筹资造成使用前的闲置和浪费，或因滞后筹资而错失良机。

2. 提高筹资效益

筹资是为了满足店铺创建以及经营初期资金运作的需要。创业者只有明确了这一点，安排了资金的用途以后，才能根据需要选择适当的筹资渠道、筹资方式以及筹资数量，避免漫无目的地筹资。

3. 选择筹资方式，降低资金成本

资金成本是指资金使用者支付给资金所有者的报酬及有关的筹措费用，是对企业筹资的

一种预先扣除。不同渠道和方式的筹资其难易程度和资金成本是不一样的。

创业者在筹资时要综合考虑各种筹资渠道和方式，研究资金来源的组成情况，选择最优的筹资方式，以降低资金成本，使资金的使用效率最大化。

4. 适度负债经营

宠物店的资本结构一般由自有资本和借入资本构成，如图 2-6 所示。

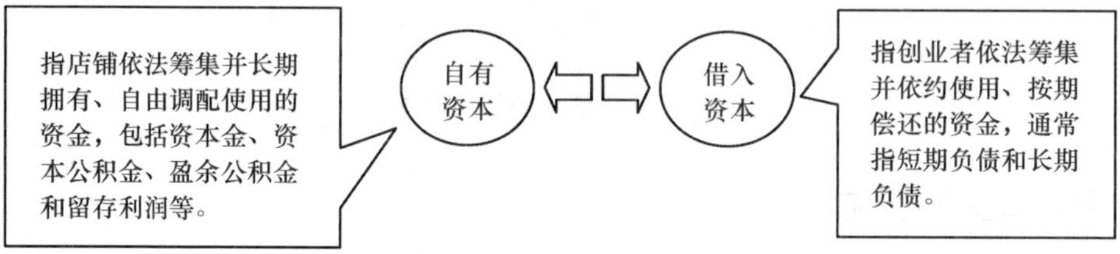

图 2-6　一般店铺的资本结构

自有资本的多少反映了宠物店铺的资金实力。但大多数创业者不会以自有资本作为唯一的资金来源，而是通过借债来筹集部分资金，即负债经营。负债经营在投资利润率高于借入资金利息的情况下，可以使店铺的自有资本获得杠杆利益，负债比例越大，店铺可获得的利益也越大，但同时财务风险也越大。

因此，创业者在筹集资金时，要科学合理地确定借入资本与自有资本的比例，优化自身的资本结构，适度地负债经营，既利用了负债经营的财务杠杆作用，提高自有资本的收益率，又降低了自身的财务风险，偿债能力也得到了保障。

5. 规划筹资方案，认真执行筹资合同

在筹资过程中，必须先进行筹资成本和投资效益的可行性研究，拟定筹资方案。对筹资时间应选择有利的时机，既要与用资时间相衔接，又要看资金市场的供应能力。在具体操作时，筹资者与出资者应按照法定手续认真签订合同、协议或制定章程，明确各方的责任和权利。

此后，必须按照筹资章程、筹资方案和合同规定执行，恰当支付投资者报酬，按期偿还借款，这也是维护自身信誉的必要保障。

四、筹集资金的途径

在“大众创业，万众创新”理念的指导下，很多人都走上了自己的创业之路。创业的第一步，是准备创业启动资金。这笔资金创业者可以从以下几方面来筹集，如图 2-7 所示。

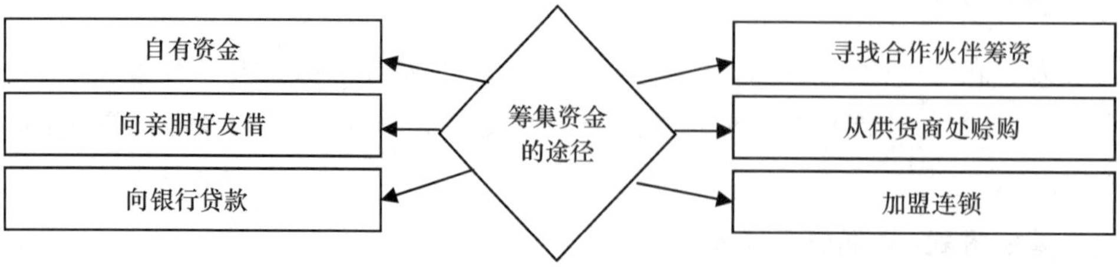

图 2-7　筹集资金的途径

1. 自有资金

自有资金就是将自己积蓄多年的钱拿出来创业，这是自己做主，也是创业的最源头的资金。这是店铺的真正原始投资，也可称为原始股。

2. 向亲朋好友借

向亲戚或朋友借钱是开办店铺最常见的做法。但是，一旦创业失败了，亲戚或朋友会收不回自己的钱，从而伤了感情。因此，向亲友借钱创业具有一定的风险。千万不要因为自己的创业而影响亲朋好友的关系，这样是得不偿失的。

为了让亲朋好友了解店铺，要给他们一份创业计划副本，并定期向他们报告创业的进展情况。

3. 向银行贷款

（1）个人开店贷款的条件。个人投资开店贷款适用的范围广泛，只要符合一定贷款条件，能够提供银行认可的担保方式的个人、个体工商户、个人独资企业，都可申请投资贷款。另外，各银行还会有具体规定。申请个人开店贷款的借款人必须同时具备如图 2-8 所示的条件。

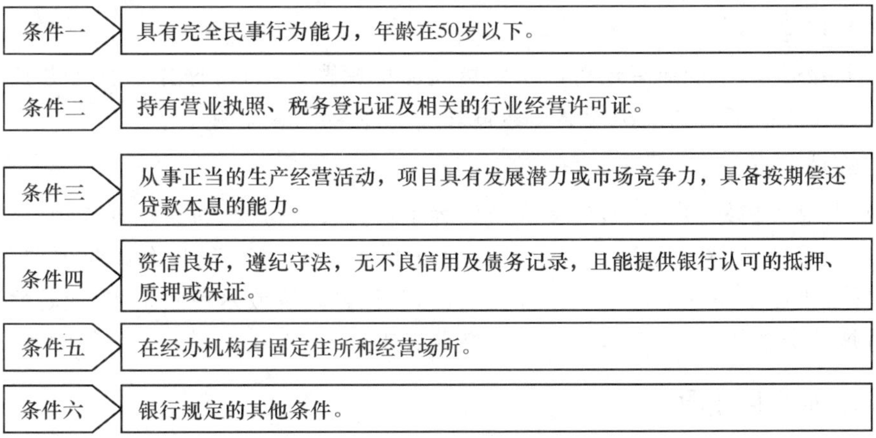

图 2-8　申请个人开店贷款的条件

（2）贷款额度。个人开店贷款金额最高不超过借款人正常生产经营活动所需流动资金、购置（安装或修理）小型设备（用具）以及特许连锁经营所需资金总额的 70%。

（3）贷款期限。个人开店贷款期限一般为 2 年，最长不超过 3 年，其中生产经营性流动资金贷款期限最长为 1 年。

（4）贷款利率。个人创业贷款执行中国人民银行颁布的期限贷款利率，可在规定的幅度范围内上下浮动。

（5）申请创业贷款的方式。申请创业贷款的方式见表 2-2。

表 2-2　申请创业贷款的方式

序号	方式	具体说明
1	抵押贷款	抵押贷款金额一般不超过抵押物评估价的70%,贷款最高限额为30万元。如果创业需要购置沿街商业房,可以以拟购房产作抵押,向银行申请商用房贷款,贷款金额一般不超过拟购商业用房评估价值的60%,贷款期限最长不超过10年。
2	质押贷款	除存单可以质押外,以国库券、保险公司保单等凭证也可以轻松得到个人贷款。存单质押贷款可以贷存单金额的80%;国债质押贷款可贷国债面额的90%;保险公司推出的保单质押贷款的金额不超过保险单当时现金价值的80%。
3	保证贷款	如果你的配偶或父母有一份较好的工作,有稳定的收入,这也是绝好的信贷资源。当前银行对高收入阶层"情有独钟",律师、医生、公务员、事业单位员工以及金融行业人员均被列为信用贷款的优待对象,这些行业的从业人员只需找1～2个同事担保就可以在工商银行、建设银行等金融机构获得10万元左右的保证贷款,在准备好各种材料的情况下,当天即能获得批准,从而较快地获取创业资金。

4. 寻找合作伙伴筹资

寻找合作伙伴筹资能够降低创业的风险,而寻找合作伙伴有一个前提便是合作伙伴要对自身的创业有促进的作用,两者的合作能够提高创业的成功率。

5. 从供货商处赊购

除了以上筹资方式,创业者还可以从供货商那里赊账。不过,这并不容易做到,因为大多数供货商只有在弄清楚店铺确实能够运转良好之后,才会提供赊账。

6. 加盟连锁

俗话说,背靠大树好乘凉。有许多大公司为了扩大市场份额,纷纷选择连锁经营的方式来扩充自己,为了有效而快速地扩大连锁经营的覆盖面,他们广泛吸收个体业主加盟经营。为此,他们常常会推出一系列优惠政策给加盟者,这些优惠政策或是免收费用,或是赠送设备等,虽然不是直接的资金扶持,但对缺乏资金的创业者来说,等于获得了一笔难得的资金支持。

五、开设宠物店的预算

眼下,养宠物的人越来越多,和宠物相关的市场需求也在慢慢扩大。如果要开设宠物店的话,需要的预算如下。

1. 宠物店的定位

开宠物店费用预算与宠物店定位、宠物店档次是分不开的。一个高档宠物店和一个小型宠物店所需要的费用肯定是不一样的,两者之间的差距非常大。因此创业者在做宠物店预算时,先要弄清楚自己宠物店的定位是什么样的,只有找到这个定位的原点,才能够在这个基础上做好各项预算。

2. 品牌加盟相关费用

如果想要找一个合适的品牌加盟,可以直接依托这个品牌的市场知名度,复制别人的成功经验,从而让自己快速获得成功。当然,加盟品牌是需要支付一定的费用的,这个费用由各个品牌来定。

3. 店铺租金

店铺租金与店铺选址的位置以及大小有着密切的关系，一般来说，宠物店选址越靠近黄金地段，租金也就越高。不同城市经济发展水平不一，商铺租金差别也较大，所以店铺租金这块的预算其实还是根据实际情况，结合自己宠物店定位，选择多大面积的店铺，做具体的预算。

4. 装修费用

宠物店装修也是必须支出的资金之一。只是装修是一个"无底洞"，具体要装修成什么样，是精装修还是轻装修，这更是要自己核算装修成本。宠物店装修不一定是越高档越好，与宠物店档次及定位相符合即可。

5. 人员成本及宠物店运营成本

宠物店人员成本和基本的运营成本是必要的。人才是宠物店的核心竞争力，宠物店行业人才培养难，留住人才也比较困难，如果不能给员工合适的薪酬待遇，是很容易造成优秀人才流失的。而宠物店平时的运营成本，比如做促销活动需要准备奖品、印刷宣传资料、平时的一些耗材等，这些都是不得不考虑的开销。

6. 技术学习成本

如果不是选择加盟宠物美容连锁品牌，而是自己先去宠物美容学校学习，然后开店，正常来说，C 级美容师的学费是 8 000 元左右，学习时间为 1～2 个月，再加上学习期间的吃和住等费用，整个学习期间的成本会在 1 万元左右。当然作为店主，也可以不用去学习，而是直接招聘宠物美容师，但是这样开店的成本会增加，毕竟就是一家小店，美容师的变动将对宠物店的经营产生毁灭性的影响。

7. 美容设备

无论是给人美容还是给宠物美容，肯定都需要用到美容设备。开一家宠物店，吹风机、美容剪、电剪、美容台、大功率吸尘器等都是必不可少的，另外店里还需要有空调、小冰箱、热水器等电器设备，这些设备费用都要算到预算里。

任务二　店铺地址选择

一、宠物店选址的重要性

宠物店招揽顾客的数量、销售盈利很大程度上取决于店铺开设的地点，所以开店前进行店铺选址至关重要。店址选择的重要性主要体现在以下 4 个方面。

1. 店址选择是一项长期性投资

宠物店投资数额较大且周期较长，店址的选择关系着店铺的发展前途。店铺不管是租借的还是自有的，一旦确定经营，就需要投入大量的资金来对店铺进行建设。而当外部环境发生变化时，店址却不能像人、财、物等经营要素一样随时做出相应调整。因此，确定店址前应进行周密规划，深入调查，妥善安排，以提供最好的选择。

2. 店址选择是对市场定位的选择

店址在某种程度上决定了店铺客流量的多少、顾客购买力的大小、顾客的消费结构、店铺对潜在顾客的吸引程度以及竞争力的强弱等。"天时不如地利",店址选择得当,意味商家拥有优越的地理位置优势。在同行业商店规模相当、商品构成和营销服务水平基本相同的情况下,有利的店址无疑会占据较大的优势,更能为商家带来良好的经济效益。最典型的例子就是开在宠物医院旁的宠物店,通常这类店铺商品和其他店铺差不多,商品也是常见的,但是很少有宠物医院旁的宠物店生意不好,其中最重要的因素就在于挑选了一个好的地址。

3. 店址选择反映了服务理念

店址选择要以方便顾客为首要原则,从节省顾客的购买时间、交通费用等角度出发,最大限度满足顾客的需要。否则失去顾客的信赖和支持,店铺也就失去了存在的基础。

4. 店址是制订经营战略目标的重要依据

店铺经营战略及目标的确定,要先考虑所在区域的社会环境、地理环境、人口构成、交通状况、市政规划等因素。依据这些因素明确目标市场,按目标顾客的构成及需求特点,确定经营战略及目标,制订包括广告宣传、服务措施在内的各项促销策略。而经营方向、产品结构和服务水平基本相同的店铺,会因为店址不同,而导致经济效益出现明显的差异。不理会周围市场环境及竞争状况,任意或仅凭直觉经验来选址建立的店铺,是难以经受考验并获得成功的。

二、宠物店选址应考虑的因素

合理的选址对于零售以及服务业成功经营至关重要。对于宠物行业经营者来说,宠物店选址需要考虑以下几个因素。

1. 客户消费层次和水平

所有的宠物店,无论其经营形式如何,都需要有一个固定的消费群体。这个消费群体包括退休的老年人、追求时尚的女性、喜欢小动物的儿童等。这个群体必须保持稳定,并且认可店铺的产品和理念(当然这一点需要在经营策略中不断加强),这样才有可能保证稳定的销售。在开店前就要了解店铺周边这一特定的消费群体,包括他们的年龄结构、职业岗位、兴趣爱好、个人的养宠历史等,而且在经营中还需要不断地了解该类消费群体中新出现的特点和流行趋势,以便及时引入适销对路的新产品。

2. 周边商圈的分析

商圈环境通常是指周边的社区环境以及相应的配套设施,如餐饮场所、娱乐场所等。现代商业越来越趋向于一站式购物的消费模式,与经营内容匹配的周边环境更能给店铺带来大量的潜在顾客。宠物消费的趋势是给宠物主人带来方便和舒适,如开设在社区周边或者商圈附近。在住宅区附近的宠物店,需要考虑社区的定位,高端小区和中低端的小区,不同层次的客户对于产品和服务的需求是不一样的,同时这也是开店的定位需要考虑的问题。

不同类型、不同层次的商圈,适合于不同的业态和经营方式。

(1)商圈的划定。开店选址要考虑的事情很多,如租金、周边环境、客流量等。对门店周围的商圈进行考察,是决定店址的一项比较重要的工作。

商圈从区域上讲,是指门店能够服务顾客的区域范围,以门店所在地为中心,沿着一定的方向，向外延伸到某一距离，并以此距离为半径，形成不同层次吸引顾客的区域。可以说任何一家门店都有自己特定的商圈，根据周边小区、客流量密度来进行划分，可以将商圈分为如图 2-9 所示的两个层次。

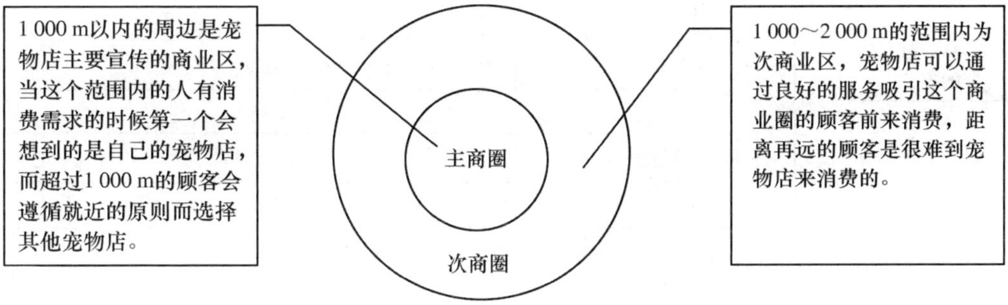

图 2-9　商圈的层次

由图 2-9 所示可以看出，主商圈是门店吸纳顾客的主要场所，也是门店促销与经营的重点区域。

商圈很重要，宠物店应尽量避开商业街。因为商业街的房租价格昂贵，性价比较低。应该选择小区，性价比更高，相同的费用可以租用更大的面积。

(2)商圈调查。通过商圈调查获得必要的信息是做好店铺市场营销工作的前提。商圈调查的两个主要对象如图 2-10 所示。

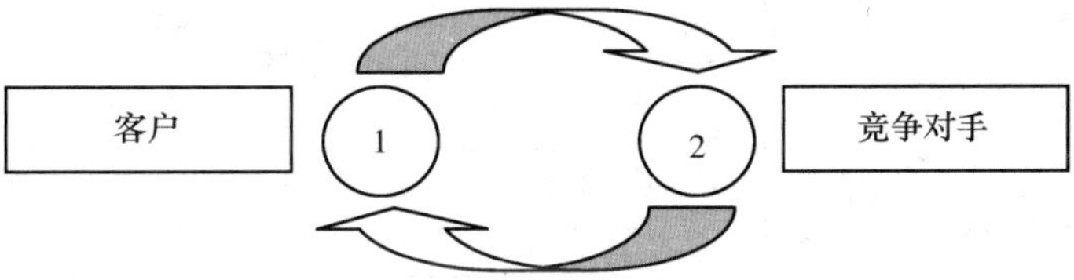

图 2-10　商圈调查的主要对象

对客户的调查。解决客户的问题，满足他们的需要，他们就会带给你更多的营业额和利润，你的店铺就会成功。这是店铺经营最根本的出发点。经营者应改变经营思路，从怎么赚钱到能帮助客户解决什么问题。

了解客户的详细信息，有助于进一步判断店铺构思是否可行，为制订营销计划提供可靠依据。

收集客户的信息需依靠市场调查，可采取如图 2-11 所示的方法。

对竞争对手的调查。只有了解竞争对手的优势、特点和不足，才能做到知己知彼，才能够明确自己在同行业中的位置，正确地确定店铺的发展方向与目标。

需要了解竞争对手的产品或服务，主要包括以下内容。

◆ 价格怎样？

◆ 质量如何？

◆ 如何推销？

◆ 有什么样的额外服务？做广告吗？

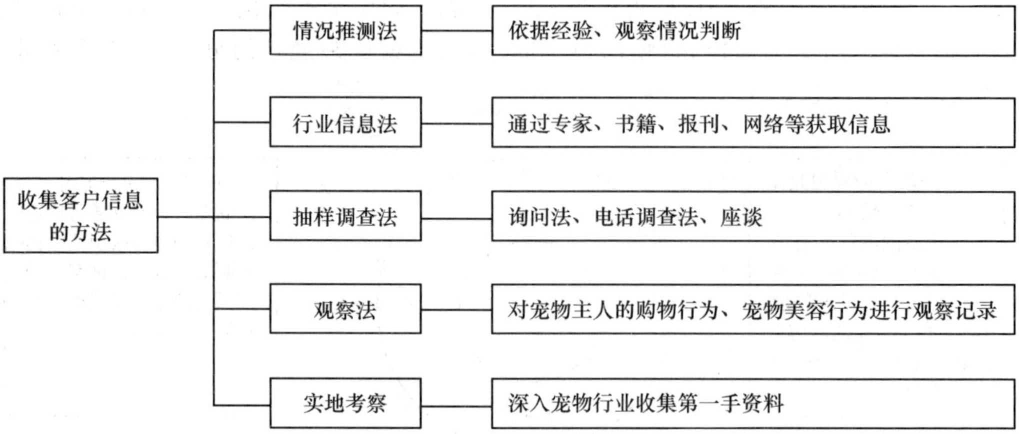

图 2-11　收集客户信息的方法

◆ 如何分销产品或者服务?
◆ 其员工受过训练吗? 待遇如何?
◆ 他们的优势和劣势各是什么?

除以上内容外,还要了解竞争对手的社会背景、生活方式、经济状况、人品、管理能力等。创业者可通过如图 2-12 所示的途径来了解竞争对手。

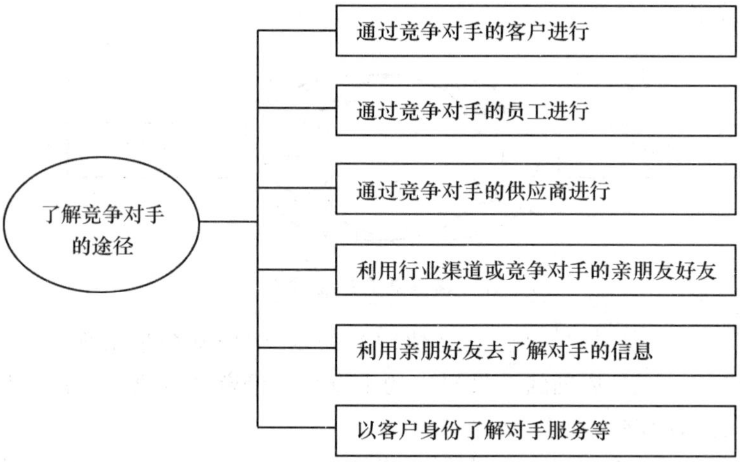

图 2-12　了解竞争对手的途径

(3)商圈分析。对于一个宠物店来说,其商圈的范围与所在城市的规模、居民生活质量以及店铺的规模、档次、服务内容、经营策略、宣传力度都是有关系的。一般来说,影响商圈范围的原因如图 2-13 所示。

①店铺的经营规模。店铺的经营规模越大,其市场辐射力就越强,越有利于扩大商圈。店铺的经营规模越大,可以为顾客提供的服务越多。规模体现的是一种实力,规模也会让消费者增加消费的信心。实力就是最好的广告。

②店铺的经营和信誉。一个经验水平高、信誉度好的门店,具有较高的知名度和可信度,可以吸引许多慕名而来的顾客,因而可以扩大自己店铺的辐射能力。

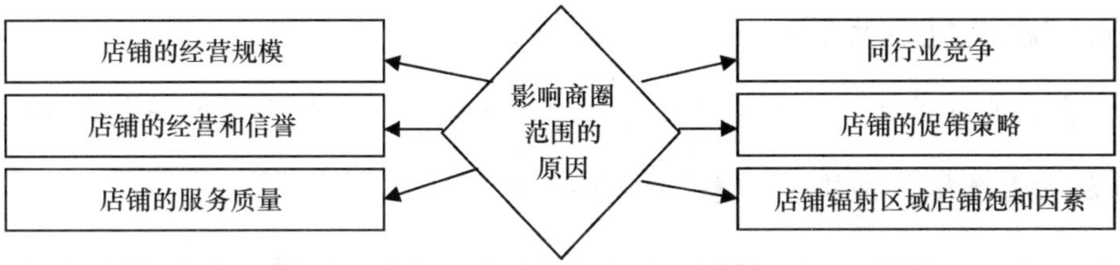

图 2-13 影响商圈范围的原因

③店铺的服务质量。一个门店的服务质量是非常重要的。一是要求产品的品牌和品质及服务能让顾客感受到效果；二是在给产品定价前首先要考察周边同行业品牌产品的价格。

④同行业竞争。竞争对手的位置对商圈大小也有影响，如果两家存在竞争关系的店铺相距一段距离，而潜在客户又居住在这两家店的中间，则这两家店的商圈都会受影响而缩小；相反，如果同行业店铺相邻而设，顾客会因为有更多的选择机会而来，这样商圈还会因为竞争而变大。

⑤店铺的促销策略。商圈规模可以通过广告宣传、推销方式和公共关系等促销手段赢得顾客，如优惠酬宾、礼品券、各种顾客会员俱乐部等方式都可能扩大商圈。

⑥店铺辐射区域店铺饱和因素。门店所处区域外部环境的人口密集程度、收入水平、职业构成、年龄结构、生活水平、消费水平等，对店铺商圈的形成具有决定性意义。

3. 竞争者

开设一家宠物店之前，需要对周边 3～5 km 的同行业竞争情况进行调查。调查内容包括有无活体销售，有无用品销售，有无宠物医院或诊所，宠物店的数量及各店铺的层次如何，经营情况如何，经营的特色是什么，失败的问题是什么等。通过调查可以很清晰地了解该区域消费群体的消费水平、客户对服务或者产品的需求。根据调查结果实行差异化的销售策略，突出自己宠物店的经营特色，使自己能在激烈的市场竞争中获得更多的优势。要搞清楚自己店铺周围的其他竞争者和潜在竞争者的情况。

4. 交通情况

店铺对消费群体的吸引还取决于交通是否便捷，如周边有公交站、地铁站等，方便宠物主人购买用品或者食品，同时国内大多数城市不允许携带宠物乘坐公共交通，因此除了开在社区周边的宠物店，大多数宠物主人都是自己开车带着宠物进入宠物店消费，方便停车也是选址的一个重要因素。

5. 场所成本

场所成本可以分为两种类型，即有形成本和无形成本。有形成本是指那些易于分辨而且可以准确测量的成本，包括水电、劳动力、原材料、税收、折旧费以及其他可以被财务部门或管理部门确认的费用。在选址时，必须清楚地知道所租用店铺的租金、水电等有形成本，以及为聘请人手而产生的月开支等。这些固定成本不仅直接影响宠物店的投资额度，同时也会影响筹措资金的渠道。无形成本则不易量化，包括公共交通设施水平、居民对宠物的关注程度、员工的素质和工作状态等，甚至包括周围居民各方面的生活质量和环境好坏。所以，在选址时必须清楚地知道有形成本和无形成本的组成。

三、宠物店选址的步骤

宠物店在选址过程中，一般需要考虑多种因素，同时在选址时要遵循一定的步骤。

(一)宠物店选址的前提——基础信息的收集

1. 收集城市规划资料，分析可预见的城建发展重点，了解商圈分布与租金趋势

依据宠物店自身定位选择合适商圈，并对该商圈可能据点的开发计划与需求目标进行确认。

2. 商铺产权资料、既有店面状况确认

以 150 m^2 商铺的理想情况为例，临街面与进深比率为 1.5∶1。建筑物为框架结构，单层高度不低于 3.2 m，租赁期限 3 年以上，租金每天 3～5 元/m^2，500 m 商圈范围内居民人数不低于 5 000 人。

(二)实地步行观察，为选址吃下“定心丸”

实地步行观察，调查交通情况、人流量是选址中不可或缺的一个环节。对人流量的考察时间分为周一至周五、周六和周日、法定节假日 3 个部分，对每个部分，在 8:00—18:00 时间段内，以 1 h 为间隔，计算从店面经过的人流数。判断人流动线的主次与方向，可根据人流情况进行调查，如表 2-3 所示。

表 2-3 人流情况调查表

时间段	左侧人流		右侧人流		合计
	男性	女性	男性	女性	
8:00—9:00					
9:00—10:00					
10:00—11:00					
11:00—12:00					
12:00—13:00					
13:00—14:00					
14:00—15:00					
15:00—16:00					
16:00—17:00					
17:00—18:00					
合计					

在表 2-3 中，以 1 h 为一个调查时段，分段逐一开展调查。如果该地区的商铺营业时间为 8:00—18:00，计营业时间为 10 h，则需要 10 个时段的调查数据。

在人流情况调查中有时会发现，在同一个区域内，街道两侧的人流分布是不相同的，店铺选址要尽量选择人流量最大的位置。另外，根据分时段的人流数量分析，判断人流高峰出现时段，可以为后续时段的促销活动提供数据来源。如果有条件的话，人流情况调查至少持续

7 d,并尽可能分别选取工作日、节假日、晴天、雨雪天等不同的时间,调查结果将会更符合实际情况。

(三)店铺周边调查

对于宠物店来说,周边 10 km 的范围足够覆盖这个店铺的三级商圈了。在这个范围内应当针对固定居民养犬情况(表 2-4)、竞争对手情况(表 2-5)等展开详细调查,充分了解店铺自身所处的市场环境。

表 2-4　固定居民养犬情况调查表

社区名称	楼栋数	居民数	养犬比例/%						
			20～35 岁	36～50 岁	51～59 岁	60 岁以上	小孩	其他	合计
合计									

表 2-5　竞争对手情况调查表

店铺名称	所在位置	面积	主要品种	销售手段	员工素质	日营业额

周边居民区的居民情况调查也是重点,包括养犬的品种、犬主的性别、收入等资料。它决定了消费市场的大致容量和消费水平,并可以作为微调本店铺的商品品类、价格、服务等策略的依据。

竞争对手调查的根本目标是通过一切可获得的信息来查清竞争对手的状况,包括产品及价格策略、进货渠道策略、销售策略、竞争策略、财务状况及人力资源等,发现其竞争弱点,帮助宠物店制订恰如其分的经营方式,扩大自己的市场份额;另外,对竞争对手最强优势的部分,需要制订回避策略,以免在竞争中受损。还要通过对竞争对手的定位和分析,以最强的竞争店铺或那些在行业中领先和最有名望的店铺在产品、服务或流程方面的绩效及实践措施为基准,树立学习和追赶的目标。通过资料收集、比较分析、跟踪学习、重新设计并付诸实施等一系列规范化的程序,将本店铺的实际情况与这些基准进行定量化的比较和评价,在此基础上选取改进本店铺绩效的最佳策略,争取赶上或超过竞争对手。

相邻行业的商铺越多,该商圈就越发达,聚客能力也越强。而那些大型生活超市,则可以带来更多多样性需求的顾客(表 2-6)。将店址选在通往这些商铺的必经要道,就可以分享到更多额外的人流量,从而有利于展现自身店铺形象,节约宣传及销售开支。

表 2-6　店铺周围的吸客点调查

商铺名称	主营产品	产品档次	服务质量	综合评价

依据上述调查结果，最后绘制该店铺的商圈图。以该店铺所在位置为中心，以 2 km 为半径绘出核心商圈，以 4 km 为半径绘出次级商圈。这两级商圈内的居民区使用独特的标识，超出范围的居民区使用其他标识。对于宠物店而言，超出开车 15 min 的范围就很难做到有效管理。但是由于商业网点的分布不均匀，有些距离较远的区域仍然可能抵达本店铺位置。

(四)评估店铺类型

评估店铺类型需要从两个方面进行，即地理位置和竞争角度。

从地理位置评估一个店铺类型，应该从地理位置出发，看属于商业中心型、准商业中心型、郊外型和居民小区型四类中的哪一类。再根据连锁店本身的性质来评估店址的优劣。另外还需要从竞争的角度出发，看店址属于竞争型店址和孤立性店址两类中的哪一类。上述各类型店址各有利弊，如租金低的地段客流少，而客流多的地段房产价格又极其昂贵；竞争对手少的地段往往缺乏商业吸引力，而商业吸引力大的地段又总是拥挤着众多的竞争者，所以寻找合适的店址非常困难。

(五)查看店铺周围交通状况

仅仅做出了店铺类型的评估还不够，因为在同一个区域内，一个宠物店可能会有好几个地点可供选择，但有些地点对某个宠物店来说，是比较好的开设地点，而对另一家宠物店来说，就不一定是最满意的开设地点。因此，一个新开设的宠物店在做好店铺类型的评估以后，还要切实考虑多种影响和制约因素，做出具体设计地点的选择。

从宠物店经营的角度来看，对店铺周围交通状况的查看主要有以下两个方面。

(1)在开设地点或附近，是否有足够的停车场所可以利用。因为目前在国内很大一部分养宠物家庭是高收入家庭，因工作性质、时间等多方面因素的影响，他们的出行工具是私家车，所以需要足够的停车场。

(2)商品运至宠物店是否容易。这就要考虑可供专卖店利用的运输方式能否适应货运量的要求，运货费用会直接影响经济效益。

(六)估算店面成本

店面成本包括很多方面，在评估时主要考虑建筑物的新旧程度与装修成本、房地产价格与利用方式和利用期限、搬迁补偿费、水电增容费、有无城建规划限制等几个方面。有无城建规划限制是指有无良好的水电、下水道、暖气等条件；是否位于规划红线之外；有无绿地限制；能否加盖临时建筑等。房地产价格与利用方式和利用期限是所有项目中最重要的一项。房屋利用方式主要有租房、买房和买地盖房；此外，还可能通过联营、合作、兼并等方式进行。

因此,是否需要拥有产权这一问题就变得非常突出。拥有产权,一次性投入大,但不会受租用期限和房地产涨价的限制,不用担心契约到期后不能续签造成的停业或迁址,而且还可享受房地产增值带来的利益,提高消费费用上升的能力和银行贷款能力。房地产价格对销售价格、投资回收期有直接的影响,而付款方式也会对实际价格产生影响,对这些因素均应做具体的定量测算。

(七)评估店铺发展趋势

对店铺发展趋势的评估其实就是要分析城市规划。商店开设地点的选择要分析城市建设的规划,包括短期规划和长期规划。有的地点从当前来看是最佳位置,但随着城市的改造和发展将会出现新的变化而不适合开店;反之,有些地点从当前来看不是理想的开设地点,但从规划前景来看会成为有发展前途的新的商业中心区。

(八)建立完整的商铺开发评估报告

一个成功的店铺有赖于完整且组织健全的评估工作程序。评估报告内容除应包括房产情况分析、交通情况分析、客流量分析、消费者情况分析、竞争情况分析,还应附上房产合约、大量现场图、相关执照、过户或转移证、税单和全景照片等。除以上内容外,还需要进行投资成本与收益分析。其中,商铺的投资成本包括租金、押金、折旧费、水电费、上缴的管理费、销货成本、装潢费用、设备费用、贷款利息、制作广告费等。对店铺的收入进行预算是对营业和财务状况进行评估,计算出预计营业额、损益平衡点销售额和经营安全率。

任务三　店铺设计装修

一、店铺起名

店址选好后,就要给店铺取一个有特色的店名。

(一)店铺名字的重要性

与人的名字一样,店名对店铺经营来说也是很重要的方面,店名会给宠物主人的心理造成一定的影响,好听好记的名字更容易被宠物主人记在心里。有的店因为店名有特色,再加上商品货真价实,服务热情到位,就能激起人们的消费欲望,增加回头率。店名在一定程度上已经把店内的信息传播给了宠物主人,如果宠物主人对店名认同了,那他自然愿意在店内消费。

一个别致、通俗、好听、好认、好记、好写的名字才更容易得到宠物主人的共鸣。在经营中,店名通俗与否,是否好认,直接决定了与顾客的距离。如果店铺名字大家都认识且朗朗上口,顾客就容易留下印象;而如果店铺名字太过冷僻和生疏,那么一来顾客不认识,不可能把店铺介绍给更多的人,二来就算有的顾客认识,把店铺介绍给他人,而别的人不认识这个字,即使到了店外,也可能因不知道朋友介绍的是不是这家,而不敢贸然进入,只能选择其他的店。

(二)店铺起名的技巧

对于想开宠物店的创业者来说,在给店铺起名时,可参考如图 2-14 所示的技巧。

选好写的字

好写的字便于设计,比复杂的字更容易吸引顾客的注意。如果店名简单醒目,自然就容易引起人们的注意,进而拉近与客人的距离。

控制好字数

店名的字数也有一定的讲究,如果店名太长,顾客就有可能记不住;而如果只有一个字也可能不方便顾客使用。因此,在取名时,最好把店名的长度控制在4～8个字。

精业

取店名时,要体现店铺特色,根据自己的特色、规模以及主要从事业务内容进行取名。

便于记忆

店名要朗朗上口,需注意中国字的同音字很多,不要让店铺与一些不好的意思结合起来。在店名中也可表明店主的身份或名字,这样会给人以亲切感,容易招徕客人。

富有寓意

要使名字富有意义,可在店名中表明兴隆平安这样的意义,即使没什么新鲜感,但也容易让人记住。

新潮个性

如果开的店铺在年轻人聚集区,为防止店名过时,也可选用一些新潮名词。如果店铺周围有许多外国人居住,为了方便外国人,就在中文店名下面注上英文。

图 2-14　店铺起名的技巧

很多宠物店在起名时,总是不忘记在后面缀上“某某宠物店”,这种店名看多了,甚至会让人感觉有点压抑。其实好的店名往往既有趣味性,也能让人看一次就永远记住。

二、店面 Logo 设计

Logo 是徽标或者商标的英文,有着对徽标拥有公司的识别和推广作用。通过形象的 Logo 可以让顾客记住公司主体和品牌文化。

1. Logo 的表现形式

Logo 表现形式的组合方式一般分为特示图案、特示字体、合成文字,具体见表 2-7。

表 2-7　Logo 表现形式

序号	表现形式	具体说明
1	特示图案	属于表象符号,独特、醒目,图案本身易被区分、记忆,通过隐喻、联想、概括、抽象等绘画表现方法表现被标识体。
2	特示字体	属于表意符号,含义明确、直接,与被标识体的联系密切,易于被理解、认知,对所表达的理念具有说明作用。
3	合成文字	表象表意的综合,指文字与图案结合的设计,兼具文字与图案的属性。

2. Logo 的性质

Logo 具有如图 2-15 所示的性质及作用。

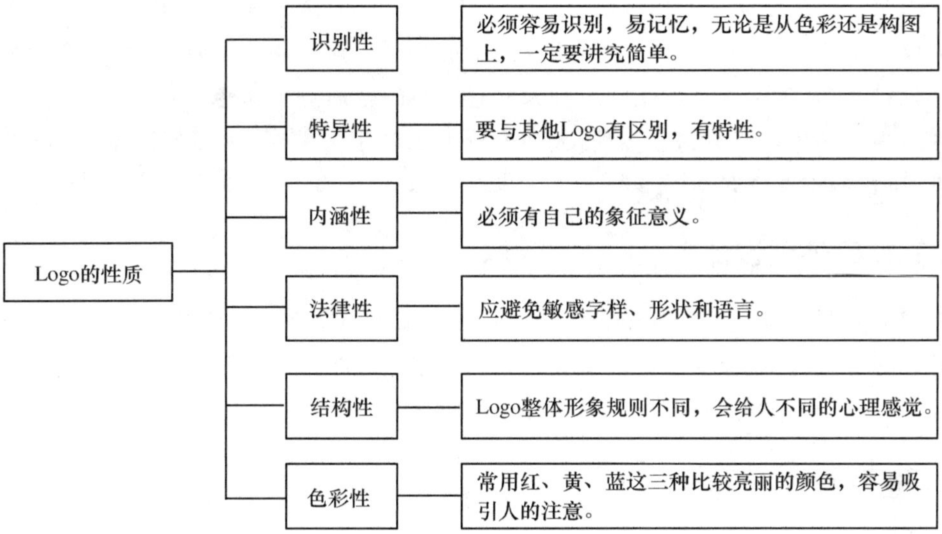

图 2-15　Logo 的性质

3. Logo 的设计制作

一般宠物店 Logo，都是寻找专业 Logo 设计公司设计制作的。当然，可以将自己对 Logo 的要求和想法与 Logo 设计公司设计人员沟通，以便设计的 Logo 达到自己预先的期望值。

三、店面色彩设计

一般来说，顾客进入店铺第一感觉就来自店铺的各种色彩。因此，在店铺内部恰当地运用和组合色彩，调整好店内环境色彩关系，对形成特定氛围空间能起到积极的作用。

1. 色彩搭配的原则

店铺装修的视觉效果是需要多方面因素支撑的，其中色彩的巧妙搭配以及综合运用就是一个至关重要的方面。色系选择不对，或者色彩搭配不符合大众审美，这样的店铺即使其他因素配合得再好，也会给人不忍直视的感觉。具体来说，店主在进行装修时，要遵循如图 2-16 所示的色彩搭配的原则。

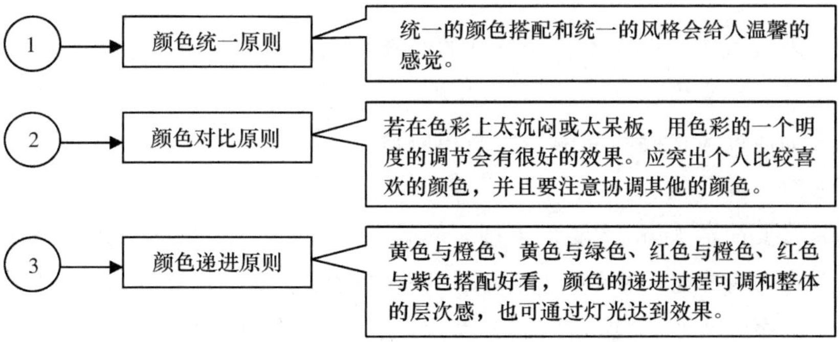

图 2-16　色彩搭配的原则

2. 整体色调的选择

一家宠物店内部的整体色调是非常重要的。如果整体色调亮丽，就会吸引客户主动进店观赏以及停留；反之，宠物店的内部整体色调太过简单，很难吸引路人的注意，自然吸引客户主动进店的概率就会降低。大多情况下，建议宠物店整体色调采用一些暖色调，这样会给人一种温馨的感觉，同时宠物也能够感受到一种家的感觉，如粉红色、米黄色、浅蓝色等。

店内的主体颜色最好不超过 3 种，太多会让人感觉不太美观，最重要的是，一定要和门店经营类型、风格等有一定联系。

四、宠物店外观设计

宠物店的外观环境对于顾客进店消费的意愿有着很大的影响，是吸引顾客的第一步。宠物店的外观好比人脸，店主绝不能让顾客看到一个脏、乱的店面。所以对于店主来说，在宠物店装修及平时营业的过程中，保持干净的外观很重要。

（一）宠物店外观的类型

宠物店的外观如此重要，那么应如何设计呢？宠物店的类型一般分为 3 种，即全封闭型、半开放型和开放型。

1. 全封闭型

这种宠物店的内外用门扉隔开，出入口尽可能小，让顾客进店后，能够安静地挑选商品。此类外观设计适用于高端宠物用品店。

2. 半开放型

这种宠物店在外观设计上，出入口稍大些，并配有陈列橱窗，从外面经过可以较方便地看清店铺内部的情形。这种设计在现在行业经营中较为常见。

3. 开放型

这种宠物店在外观设计类型上要求店面全部敞开，顾客自由进入，不受任何阻碍。这种类型的外观设计一般在综合市场或批发市场较为常见。

（二）宠物店外观设计的原则

（1）店铺的外观和风格设计要符合自己的经营特色。

（2）外观设计要符合大部分顾客的“口味”。

（3）新装修的店铺风格要和周围的店面相协调，不能把自己独立出来，否则很多顾客都不会接受，会失去对店铺的信赖。

（4）店面装修要简洁大方，不要采用过多的线条和色彩渲染，那样会让客户感觉很累。

（5）店面自身的色彩也要协调，让顾客在消费之前看了觉得很舒服，愿意进店消费。

（6）招牌上的字号大小要合适，店名要易懂。

（7）店外的灯箱、布告板、宣传栏的设计与安装要遵守交通法规和城管条例。

(三)设计进出方便的店门

店门是顾客进出店铺的必经之路，在设计时必须本着进出方便的原则。如果是宽浅型的卖场，顾客只需站在门口，便可看清店铺里的一切。如果是深长形的卖场，应重点考虑如何将顾客吸引至店内。因此，在店铺的出入通路，绝对不可以放置商品。那么，在确定店铺门口进出方便之后，还要考虑哪些因素呢？首先是清洁，只有店门清洁，顾客才有兴趣走进去消费，对于脏乱的店门，顾客往往会避而远之。其次要考虑的就是店铺门口设计要明亮和鲜明，让顾客站在门口就能够看清楚陈列的物品，能知道是卖哪些产品，从而吸引顾客进店消费。再次是门口设计要方便顾客进入。消费者都不希望自己进入一个店要经过“山路十八弯”。此外在店门上，最好有各种促销活动，形成一个热闹的场面，吸引顾客前来消费。

(四)用招牌做好宣传工作

店铺外部销售环境还包括店铺的招牌。招牌是用于识别店铺、招揽生意的标记。对店铺经营内容具有高度概括力和在艺术上具有强烈吸引力的招牌，给顾客造成的视觉刺激和心理影响是很大的。

随着时代的发展和自媒体时代的到来，招牌的种类也越来越多样化，很多朝着广告化的方向发展，而且店铺外观几乎所有部分都可以用来安置招牌。目前常用的招牌有：屋顶招牌、标志杆招牌、栏架招牌、路边标志牌、壁上招牌及其他可开发的标志牌。

招牌的种类繁多，但在设计上也要遵循一定的原则，那就是易见、易读、易懂、易记。要让顾客很容易看到，并以顾客的位置来设置招牌的大小高低。招牌要方便顾客辨认。同时，招牌的设计还要符合时代的潮流，以便吸引更多的顾客青睐及宣传该店铺。

(五)充分利用橱窗展现风采

橱窗作为宠物店外观的一部分，是店铺向外界宣传自身形象的一个重要阵地。所以橱窗的功能不容忽视，其具体作用如下。

(1)橱窗的特殊造型可以吸引顾客的眼球，刺激顾客进店消费。

(2)橱窗可以展示店铺的经营方式，陈列出经常销售和新推出的产品，体现商品的格调。

(3)橱窗可以展示流行趋势，引导消费潮流。

(4)橱窗可以向顾客提供新商品信息。

店铺的经营者在设计橱窗陈列广告时，必须遵循以下几点原则。

(1)橱窗陈列要有一定的动感艺术美，因为橱窗是店铺向顾客展示环境文化、道德文化的窗口。

(2)橱窗陈列的商品本身要协调，看起来赏心悦目。在利用橱窗展示商品的时候，要让顾客从各个角度看得清楚。

(3)橱窗陈列展示的商品应有一个主题，让顾客明白此次陈列到底是表达什么意思。

(4)利用橱窗展示的时候，橱窗也要和店面相互协调，让顾客看到的时候心情愉悦，愿意停留下来欣赏、购买。

五、宠物店内部装修

宠物店的内部销售环境一般由三部分构成:店内布局、店内装潢及店内氛围设计。店主在装修宠物店之前需要规划好店铺的整体布局,把每一部分都规划好,这样才能更好地利用店铺的空间。

(一)店内布局

店内布局是指店内的整体布局,包括空间布局和通道布局两部分。

1. 空间布局

如同我们自己家的空间结构各不相同一样,每个店铺的空间构成也各不相同,面积的大小、形体的状态千差万别,但无论店铺具有多么复杂的结构,一般来说都由 3 部分空间组成:商品空间、员工空间和顾客空间。一般可把宠物店规划布局,分为以下几个功能区域。

(1)收银台。收银台的位置要设计好,放在店面最显眼的位置,一般设置在出入口处,由收银台在出入口处隔成出入口通道。在条件允许的情况下,还可以设置一条作为无购物顾客的专门通道,以免在出入口拥挤。收银台颜色最好与店面墙壁和门口的颜色相结合,这样会更加美观。同时建议收银台上面最好挂上宠物店的 Logo,这样显得更为正式,也利于店铺推广,如图 2-17 所示。

图 2-17 宠物店收银台设计效果图

(2)接待室。接待室是在宠物进行美容时顾客休息的地方,也应该是宠物店最吸引人的地方,如图 2-18 所示。

图 2-18　宠物店美容接待室设计效果图

接待室在设计时需注意以下事项。

①接待室最好用墙或其他分割物与工作区分开，阻止顾客进入工作区，以免影响美容师的工作。

②可在房间里放置一些椅子、咖啡桌以及一些关于宠物的杂志和书籍，让等待的顾客可以在此休息。

③可以放置一些展示台，出售一些宠物用品，增加收入。展示台也可以放置一些有品位的装饰物。如放置一些店里美容师的美容作品照片，获奖照片最容易给顾客留下深刻印象；也可以放置一些缎带、可爱的装饰物和奖品。

④接待室放置醒目的价目表是很有必要的。不同大小、类型宠物的价格应该标识清楚，如果有额外的要求，如药浴、除跳蚤、除虱、解毛结及其他服务也应标明价格，宠物的造型修剪也应标明主要修剪类型的价目表，这样顾客就只需要选出他们要什么样的修剪类型就可以了。

(3)美容工作区。美容工作区一般与其他区域独立分开，并且是封闭空间。美容工作区要布置得宽敞、明亮，内部摆设浴缸、SPA 机、美容桌、吹水机、拉毛机等美容工具。宠物店一般选择大而深的浴缸，以便满足体型较大的宠物洗澡的问题，安装浴缸时要考虑美容师的身高，一般安在美容师腰的位置是最舒服的。浴缸周围方便美容师拿取的地方要设置摆放洗澡材料的架子，方便拿取，可以提高工作效率同时节省空间，如有 SPA 机可安放在浴缸旁边。美容桌应该放在房间最明亮的地方，最好靠近窗户或在灯光下。在靠近美容桌的墙上挂一个工具箱，里面放上美容所需要的工具，以便随时取放。美容桌应该是房间里最核心的摆设，最理想的桌子是在下面安装一个托盘，可以摆放经常用的工具和其他东西。物品的摆放也应整齐有序，使美容师在操作时更加顺手，也使房间看起来整齐。工作区的其他地方要留有发展空间，因为随着事业的壮大，可能还要雇佣助手或增加美容设备，如图 2-19 所示。

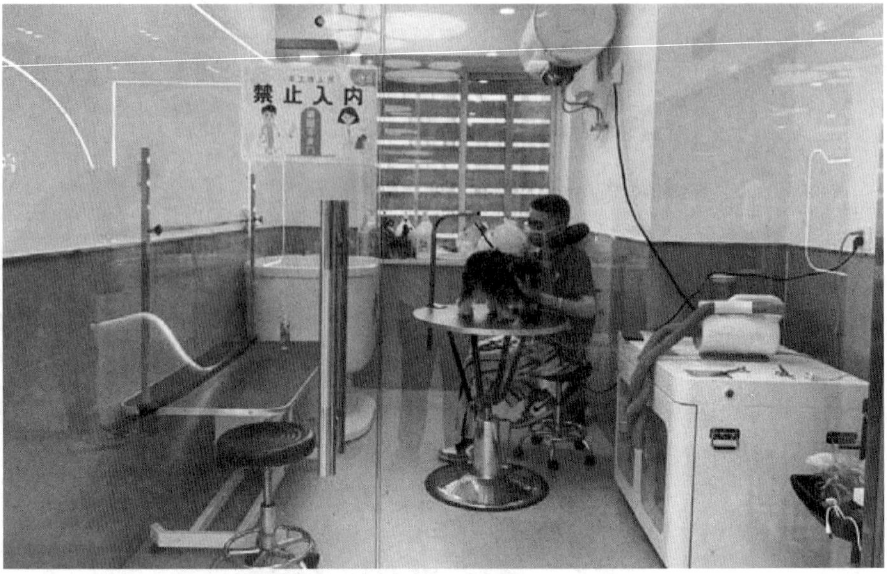

图 2-19 宠物店美容工作区设计效果图

(4)寄养区。寄养区是当宠物主人由于工作或生活等其他原因无法保证对宠物全天候的照顾,宠物店为宠物提供的生活区域,如图 2-20 所示。寄养区根据宠物店大小进行规划设计,确定寄养区等级,目前,常见的寄养区等级有豪华套间、普通单间、寄养笼(柜)。店面空间较大时,可以设立豪华套间、普通单间等;空间有限时,一般采用寄养笼(柜)。等级越高,寄养费用则越高。

图 2-20 宠物店寄养区设计效果图

(5)商品陈列区。商品陈列区是宠物店销售商品的展示区(图 2-21),商品应该按照种类进行摆放,以整体类别分明、美观、整齐为摆放原则。

图 2-21　宠物店陈列区设计效果图

2. 通道布局

宠物店的通道设计一般有以下三种形式。

(1)直线式。又称格子式,是指所有的柜台设备在摆布时互成直角,构成曲径通道。

(2)斜线式。此种通道的优点是能使顾客随意浏览,气氛较活泼,顾客能够看到更多商品,增加商品销售机会。

(3)自由滚动式。自由滚动式的通道布局是根据多种因素而形成的不同组合,有的是独立的,有的是聚合的,没有固定的或专门的布局形式,销售形式同样也不固定。

店主在装修宠物店之前需要规划好店铺的整体布局,这样才能更好地利用店铺的空间。

(二)店内装潢

1. 天花板

天花板在装修时,要考虑到装修的材料、颜色、高度等,特别是颜色,要和店铺的内部环境相协调。同时,天花板还要突出现代化的气息,体现出个人魅力,注重整体搭配,突出色彩的优雅感。

2. 墙壁

墙壁的颜色要和店铺内部陈列商品的颜色、内容相协调,与店铺的环境、形象相适应。

3. 地板

地板在装修时要考虑颜色、质地和地板图形设计等。有的店铺在地板上装上宠物卡通图片,有利于店铺气氛的活跃;有的店铺在地板上装上路标指示,方便顾客购物。

4. 货柜货架

一般店铺都会选择方形的货柜,方便商品的陈列摆放,但异形的货柜可以使店铺购物的气氛更加活跃。

5. 灯光照明

店铺内的日光灯安装在购物通道的上方，距离货架的高度约等于购物通道宽度的 1/2，灯管的排列走向与货架的排列一致，保证充足的光源照射到商品上。

6. 购物通道

购物通道一般由货架分隔而成，货架的高度最好选择在 1.8～2 m，使货架最上层的商品正好与顾客视线持平或略高，这样不会产生视觉疲劳。购物通道的宽度一般为 1.4～1.8 m，让两个人及购物篮或购物车并行或逆向通过，并能随意转身。但通道也不能太宽，若超出顾客手臂或视力所及范围，顾客就会选择单侧商品。如果购物通道太窄，会使购物空间显得压抑，影响顾客走动的舒适性，产生拥挤感。

（三）店内氛围设计

店内氛围设计包括色彩设计、声音设计、照明设计、气味设计、通风设备设计及制服设计六个方面。

1. 色彩设计

马克思认为："色彩的感觉是一般美感中最大众化的形式。"由此可见，色彩可以对人们的心理产生较大的影响和冲击。色彩设计正是为营造店铺的气氛而服务的，可以利用顾客对色彩的感觉，设计出店铺色调，让顾客产生联想，由色彩联想引发重量感、兴奋感或宁静感等心理感受。

2. 声音设计

店铺的声音，是不可忽视的影响顾客和员工情绪的因素。声音的音色、音量、音强和音调的不同对店铺的气氛产生的影响也不同，有的可以使顾客感到愉快，有的则使顾客感到不适。

实践证明，音乐可以对顾客的购买欲、停留时间产生积极的影响。调查显示，在美国有 70%的人喜欢在播放音乐的店铺购物。在店铺里播放柔和且节拍慢的音乐，顾客会停留更长的时间，会使销售额增加 40%，而播放节拍快的音乐会使顾客在商店里流连的时间缩短而使购买的商品减少。当然，还要注意避免员工大声交谈发出的声音、整理货物发出的声音等会降低顾客的购买率。

3. 照明设计

店铺内的照明直接影响店内的气氛。照明好的店铺可以给人一种明快轻松的感觉，光线暗淡的店铺则会给人一种压抑、低沉的感觉。店内照明得当，不仅可以渲染店铺气氛、突出展示商品、增加陈列效果，还可以改善员工的劳动环境，提高劳动效率。

4. 气味设计与通风设备设计

气味包括空气的气味和清洁剂的气味。和声音一样，气味也有积极的一面和消极的一面。进入店铺，好的气味会使顾客心情愉悦，产生购买欲望。室内的气味一般和店内的通风设备紧密联系在一起，在客流量大的时候，应加强通风。

5. 制服设计店

店内员工的制服若是统一的，会使店铺散发出一种充满活力和干劲的感觉，也是氛围设计工作的重点。同时，制服的设计也要考虑制服的面料、颜色及款式等。

任务四　开店前期筹备

无论做任何事情，都应做好周密而翔实的准备工作，开店也是如此。开店要从点滴做起，要重视开店的每一个细节，尤其是在前期筹备时要尽可能面面俱到。只有充分重视前期的筹备工作，才能为以后的经营铺平道路。

一、开店手续办理

开宠物店和其他店铺一样，需要办理各项证件才能合法经营和正常营业。

1. 工商、税务登记

宠物店的店址选好后，就可以去注册地市场监督管理局进行工商注册，办理营业执照。可以根据需要注册个体工商户或公司。

办理营业执照的同时需要在税务部门办理税务登记。目前很多地方实行了“多证合一、一照一码”，即工商注册和税务登记一起办理，不用去多个部门分别办理。工商注册和税务登记一般需要租房合同及个人身份证，可提前咨询当地相关部门，了解办理流程和需要准备的材料。

2. 注册商标

如果想做好自己的品牌，可以考虑注册商标，自己注册的商标可以在全国范围内对自己的品牌进行保护，并增加投资合股的品牌估价。注册商标时需要提供营业执照。各地都有商标注册服务公司，也可以选择知名的商标代理网站进行商标注册。

二、人员招聘

店铺的竞争，很大程度上就是人才的竞争。现在宠物店对宠物人才的要求越来越高，出现了很多宠物专业高素质技术技能人才，这都为宠物行业的发展做出了很大的贡献。对于新开的宠物店来说，员工的招聘显得尤为重要。

详细内容见项目三宠物店员工管理中的任务一 宠物店员工招聘。

三、商品采购

商品经营是宠物店经营项目中最基础也是重要的一个项目，那么宠物店该如何采购店里的商品呢？

详细内容见项目五宠物店商品经营管理中的任务三宠物店商品采购与验收策略。

四、开业宣传造势

店铺开业前期的宣传工作做好了，对后期的发展有着良好的促进作用。因此创业者在开业之前，一定要做好宣传工作，这样才能让开业活动效果最大化。

1. 开业宣传的准备工作

新店做开业活动往往是为了赢得客户的关注、提高店铺的知名度，从而推动销售工作。因此，在新店开业的前期宣传中，如何通过独特的、能够吸引公众与媒体视线活动形式的前期宣传就显得尤为重要，只有前期的宣传准备工作做好了，才能保证开业庆典达到预期的效果。因此，创业者在开业前期，要做好如图 2-22 所示的准备工作。

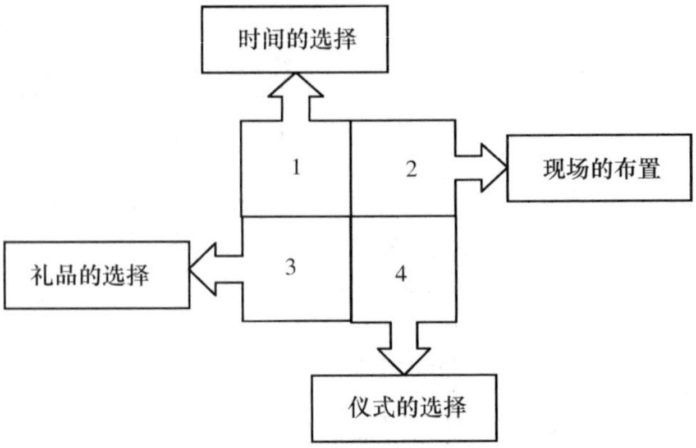

图 2-22　开业宣传应做的准备工作

(1)时间的选择。新店开业往往要选择一个合适的日期。店主可以根据当地习俗选择适当的开业日期，但不应该图吉利而忽视其他因素。一般情况下，开业日期可以选择法定休息日等能吸引更多消费者的日子，另外还要考虑天气等客观因素。

(2)现场的布置。开业庆典现场应布置得喜庆祥和，新店应该在庆典前一天完成庆典现场的布置工作。具体的庆典现场布置方案可根据店主的经济状况、店铺的规模自行确定。如果条件允许，应在店铺前悬挂气球、彩旗和条幅等。店内也要适当安放一些宣传标语，还要为出席庆典的嘉宾准备桌椅等。

开业庆典及公关准备主要包括拟定庆典活动程序，提前通知邀请的嘉宾和剪彩人，优惠卡、礼品、宣传材料、饮品等的准备，剪彩和开幕道具的准备，祝贺物的摆放，开幕式的预演和试营业，安全保卫工作等。

(3)礼品的选择。对于新开业的店铺，能给消费者的直接印象就是店铺的装修、产品的种类等。在开业活动期间如能赠送顾客一些实用的小礼品，往往能给消费者一个很好的服务体验，促进销售。

(4)仪式的选择。开业仪式可分为以下两种方式。

①促销式开张。促销式开张即利用开张期间对店内商品进行打折，以求汇聚人气、薄利多销。这类开张仪式以销售为目标，视市场情况而定。

②公关式开张。隆重的开张仪式是较大型的公关活动，可以使店铺成为焦点，制造一定的宣传效果。可邀请当地知名人士为嘉宾，邀请名人主持开业仪式，邀请当地主要媒体采访并提供新闻背景材料，配合开业典礼在当地报纸刊登广告，安排茶点招待，安排礼品送给来宾以及为开业当天精彩画面安排摄影、摄像等。

开业前夕，创业者需要做好完全的准备，以防出现意外情况无法处理，最终导致宠物店的开业失败。

2. 开业宣传的方式

(1)广告宣传。开店时，广告宣传最为突出，而且广告宣传的方式也很多，无论是特色的店面广告、路牌广告，还是有声的电台广告，都会有不同的效果。利用广告做宣传，将店里的特色展现出来，继而吸引顾客前来消费。

(2)小区宣传。对于新开业的店铺来说，比较直接有效的方法就是在店铺所在的小区进行开业庆典的前期宣传，具体操作如图 2-23 所示。

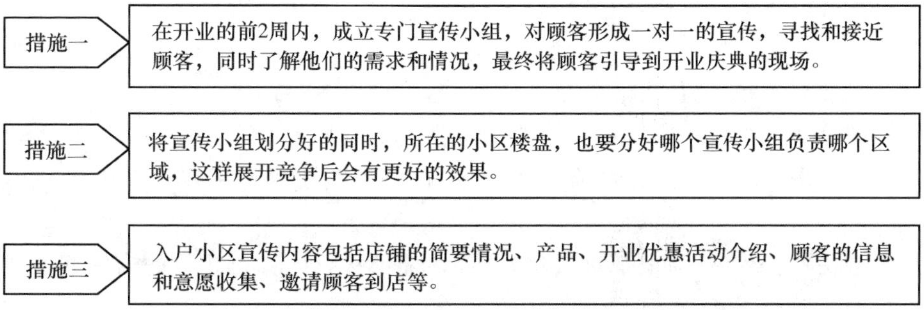

图 2-23　小区宣传措施

(3)传单宣传。宣传单设计要一目了然,活动主题明显。宣传单上的信息包括以下内容。

①开业庆典的具体时间、地点、广告语、联系方式等。

②新店开业活动中的促销优惠活动。

③开业抽奖活动的参加细节和礼品信息。

④店铺的经营项目和特色。

(4)媒体宣传。在开业前 1 周,可在小红书、抖音、快手、微信、本地广播电台、报纸等媒体做开业宣传。这种宣传讲究临时性和集中性,需要造势。

(5)朋友圈宣传。通过朋友圈做开业庆典的前期预告宣传,当然要有针对性地转发。

(6)产品宣传。在店内显眼的位置摆放一些产品以及相关资料,利用特色和优势吸引人们的关注。有特色的产品要放在显眼的位置,让人们看得到,顾客消费这些产品的概率就会更高。

3. 宣传造势的方式

新店开业是非常重要的,首先要制造宠物店的气势,如开业的时候人山人海,营业额达到多少等,这个气势对于宠物店的未来发展是很重要的。基于此,创业者可按照如图 2-24 所示的方式来做好开业的宣传造势工作。

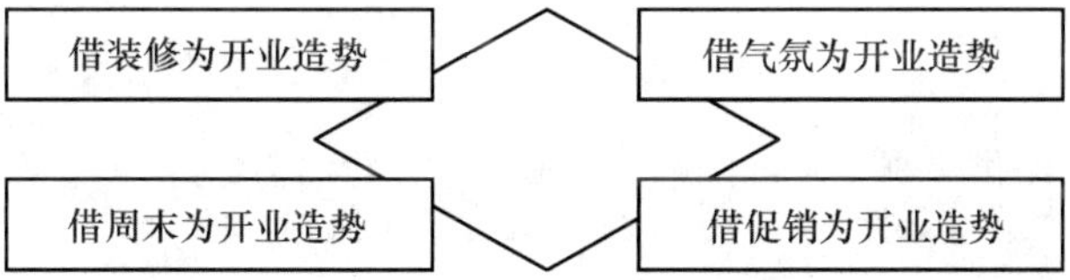

图 2-24　宣传造势的方式

(1)借装修为开业造势。很多店铺在装修期间的促销是一片空白,整个装修期,店门口人来人往,白白浪费了资源,其实这时可以做一个显眼的大喷绘作为一个临时性的广告,花费不是很多,广告内容可以是即将开业的品牌形象宣传,也可以是开店促销信息的一点透露。

还有一种省钱的方法就是拉一个条幅,写着"距××宠物店开业还有×天",造成顾客的期待与好奇感,为即将开业造势。

(2)借周末为开业造势。宠物店开业时间的选择是很重要的,要尽可能吸引更多的顾客,造成轰动的效果。一般选在周五或周六开业是最好的,因为一周当中这两天通常是最有购物感觉的，也是人流量最多的时候；很多顾客具有从众心理，喜欢热闹。

(3)借气氛为开业造势。开业一定要有开业的气氛，要让顾客知道你是在新开业，可以没有烟花，但一定要有一些花篮，当然如果条件允许，也可以有拱门。

(4)借促销为开业造势。由于长期养成的习惯，如果开业没有一些促销类的活动，顾客会不适应，其实并不是要求赠送的商品有多大价值，也并不是要求一定要让利太多，只要让顾客觉得实在就行。

宠物店开业一定要有开业的那种气氛，这样才能够让别人知道是你的店铺开业了，是做什么的，才会有顾客源源不断地上门。

知识拓展

拓展一　宠物寄养

一、寄养程序

(一)宠物体检

体检项目包括身体检查(体温、体重、眼、耳、口、鼻、皮肤、骨骼)、生化检查、皮肤病检查、血常规检查、粪便检查、尿常规检查等。

(二)签订寄养协议

寄养时需要签订寄养协议，寄养协议见寄养协议举例。

(三)建立宠物档案

详细登记宠物的姓名、年龄、品种、体重、健康状况、生活习惯、宠物主人联系方式等情况，建立宠物档案。

(四)宠物管理

(1)饲喂。美容店提供犬粮，一日两餐，也可根据宠物需要另外配餐或由宠物主人自带食物；饮水每天更换两次，每日清洗并消毒。室内饲养，恒温 18 ℃左右，一只宠物配备一个笼子。

(2)宠物清洁与美容。宠物到达与离开寄养店时，分别做 1 次清洁与美容护理。对于寄养时间较长的宠物，夏季应每周做 1～2 次清洁与梳理，冬季每两周做 1 次清洁与梳理。

(3)运动。宠物店负责遛犬，使宠物犬每天户外运动 0.5～1 h，亲近大自然，晒日光浴，呼吸新鲜空气，有助于培养宠物良好的性格，防止其因离开主人而患焦虑症或抑郁症。

(五)电话回访

宠物寄养结束后 1～2 周，应电话回访宠物回家后与主人的亲密程度以及回到家庭后的适应情况，包括宠物饮食、宠物大小便的情况以及对本店服务的满意度及建议等。

二、寄养协议举例

宠物寄养协议

甲方（宠物主人）：________________　　乙方（宠物店法定代表人）：________________
身份证号码：________________　　身份证号码：________________
地址：________________　　地址：________________
联系方式：________________　　联系方式：________________

甲、乙双方根据《中华人民共和国合同法》及有关法律、法规的规定，在平等自愿、协商一致的基础上，经友好协商，就甲方将宠物临时寄养在乙方相关事宜达成本协议：

一、寄养宠物的基本情况

宠物品种	宠物名字
宠物颜色	宠物年龄
宠物性别	宠物体重
是否绝育	免疫情况
健康状况	驱虫情况
宠物病史	生活习惯
宠物自身价值	其他（发情期、妊娠等）

二、寄养内容及时间

1.甲方因个人原因，需要短暂离开______市，故将其宠物临时寄养在乙方宠物店。

2.乙方为甲方提供有偿宠物寄养服务。

3.寄养时间：____天，自____年____月____日至____年____月____日止。寄养期满，如甲方提出继续寄养，需在____日内将寄养费用补齐。

4.领取：寄养到期时，甲方本人应按时取回其宠物。如主人不能到场应有电话委托，受委托人凭本协议，寄养收费收据及本人证件取回其宠物。也可委托乙方送回宠物，接送费按实际发生费用结算。

5.如寄养到期甲方未领回宠物，乙方继续负责寄养，并按照本协议约定的金额继续按天收取寄养费用。过期满____日甲方仍未续缴寄养费用，并且乙方无法与甲方取得联系或者甲方拒绝领回宠物，则视为甲方自动放弃宠物所有权，此时该宠物所有权归属乙方，乙方可自由处置。

三、甲方的权利与义务

1.甲方委托寄养的宠物应该在乙方处得到合理的饮食、住所、日常养护及健康保障。

2.甲方应向乙方提供委托寄养宠物的性格、爱好、生活习惯等信息，协助乙方熟悉并更好地照顾和安排宠物寄养期间的生活。

3.甲方应向乙方在寄养宠物期间提供其他必要的咨询和协助。

4.甲方必须保证如实反馈宠物真实的身体情况，不得隐瞒或提供不实情况。

四、乙方的权利与义务

1.乙方对甲方委托寄养的宠物提供合理的饮食、住所及日常养护，排除可能危害寄养宠物健康和安全隐患。具体如下：

（1）食物：为寄养宠物提供营养均衡的食物、洁净的饮水，允许甲方自带宠物食物。

(2)居住:为寄养宠物提供阳光充足,通风良好的家庭式居住环境,并保证有适当的活动空间及充足的运动量。

(3)排泄:为寄养宠物提供洁净、卫生的室内和室外如厕条件,并且每日清理和定期消毒。

(4)卫生清洁:为寄养宠物梳理被毛,修剪指甲,清理耳朵和眼睛等,保持体表卫生。

(5)信息反馈:定期向甲方提供寄养宠物信息,并可以提供远程视频探视宠物服务。

(6)在必要时,为寄养宠物提供所需的医疗措施,医疗费用由乙方承担。

(7)如遇结石、产科、泌尿科、心血管、神经、烈性感染病等重大疾病,乙方不承担医疗费。

2.乙方在签订委托寄养协议前,有权要求甲方提供关于委托寄养宠物的健康状况、性格、爱好、生活习惯等在内的真实情况,进行初步观察并接触。

五、寄养费用

1.寄养费用为每只宠物每天(24小时)人民币_________元。甲方应于寄养宠物之前支付全部费用。

2.甲方支付寄养押金_________元人民币。

3.甲方凭本协议和寄养押金证明结算费用和领回宠物。

4.寄养期限内,如遇其中一方提出终止合同的,应提前24小时通知对方,并在甲方领回宠物时退还相关费用。

六、双方对宠物出现死亡、丢失、意外怀孕的赔付约定

1.如宠物在寄养前健康已出现了问题,甲方应承担寄养后宠物的医疗费用;如健康的宠物在寄养期间出现健康问题,费用则由乙方承担(承担费用不超过每月寄养费用的2倍)。

2.寄养宠物进入寄养场所后,因乙方工作失误导致甲方宠物死亡、丢失的,乙方给予相应赔付,赔付金额为人民币_________元。

3.未征得甲方书面同意而导致甲方的宠物意外受孕所产生的相关费用应由乙方支付,同时乙方给予相应赔付,赔付金额为_________元。

3.如甲方隐瞒宠物病史、疫苗接种情况、宠物身体状况等造成的宠物死亡或受伤,乙方不负责赔偿。给乙方其他宠物造成损失,甲方应承担赔偿责任。

4.由于不可抗力发生,造成甲方宠物死亡、受伤或者失踪时,乙方不负责赔偿。(不可抗力指战争、政府行为、地震、山洪、泥石流、瘟疫和其他自然灾害或重大刑事案件的发生。)

5.对死亡原因不明的宠物,由双方认可的宠物医疗机构出具验尸报告,确定责任方。

6.如果寄养期间,甲方宠物由于年老体衰或其他突发疾病死亡,乙方不负责赔偿。

七、其他

1.甲乙双方因履行本合同发生争议的,由双方协商解决;协商或调解不成的,任何一方可向甲方所在地有管辖权的人民法院提起诉讼。

2.本协议经双方签字或盖章后成立,甲方将委托寄养宠物交至乙方寄养之日起生效。

3.本协议一式两份,双方各执一份,每份具有同等的法律效力。

甲方:(签字)　　　　　　　　乙方:(签字)

年　月　日　　　　　　　　年　月　日

拓展二　犬只购买交易

一、购买协议举例

宠物购买协议

甲方或甲方的授权代理人(卖方)：____________联系电话：________________

地址：____

乙方(买方)：______________________ 联系电话：_______________________

地址：____

甲方将其自养的_____(宠物)______只_____雌_____雄，共计以_____元人民币(大写)出让给乙方。若(宠物)处于预定销售，在乙方对甲方的(宠物)表示无异议后，可预付______元人民币(大写)，预付日期为_____年____月_____日，最后(宠物)由甲方交付乙方时，乙方给付余额____ 元人民币(大写)，日期为____ 年____ 月____ 日，(宠物)所有权归乙方所有。

鉴于双方交易商品为动物，存在一定的不可预期性。甲乙双方经平等协商一致，自愿签订本购买协议，共同遵守本协议所列条款。

主要条款：

第一条：本合同有效期为：_____个月，本协议于 _____ 年_____ 月_____ 日生效，于_______年_______月_____日终止。

第二条：(宠物)在到达乙方家中后____ 周内如出现细小病毒症及其他传染疾病等，责任由甲方承担，并有义务在事故出现 3 日内退还乙方所付货款。乙方有义务为宠物做医疗检查并出示检查结果，此费用由双方另行协商承担。乙方并有义务在宠物出现症状的第一时间内告知甲方。

第三条：协议期满或经双方商定确认解除协议，此协议自动中止。

第四条：本协议中甲、乙双方的通信地址为双方联系的唯一固定通信地址，若在履行本协议中双方有任何争议，甚至涉及仲裁时，该地址为双方法定地址。若其中一方通信地址发生变化，应立即书面通知另一方，否则因此造成的双方联系障碍，由有过错的一方负责。

第五条：若双方处于预定交易，且甲方收取乙方预订(宠物)订金后，所预定的宠物转卖第三方，甲方必须赔偿乙方所支付订金的双倍作为违约金，若乙方发生违约，不再购买甲方宠物(除该宠物在甲方处发生疾病未治愈、残疾、死亡、失踪等，双方可协商退还订金)，甲方有权收取原订金，不再退还乙方。

补充协议

1. 甲方在按照规定交付(宠物)给乙方之前应履行如下服务。

①(宠物)交付之前保证其健康。

②甲方不得欺瞒(宠物)恶性遗传疾病。

③负责按照规定程序注射 2 针进口免疫疫苗。犬出生 28～30 日开始注射第一针免疫疫苗(附疫苗本照片给乙方)。

④至少做一次驱虫，使用的驱虫药为__________。

⑤最后疫苗在犬只到达甲方 20 天后，在完全健康的状况下由乙方去专业的宠物医院注射。

⑥负责规定程序的犬驱虫(每次注射疫苗前后 2～3 天进行驱虫)。

2. 乙方购买前及购买后履行如下服务。

①乙方若是本地或者靠近甲方地区的客户，须到甲方处自取所预定的宠物。

乙方如是外地客户，若能自行安排应尽量自行安排，如不能自行安排，甲方在乙方付清全部款项后协助乙方运输，运费由乙方承担，甲方负责将宠物安全送至乙方所在地最近的机场，运输风险由甲方承担(除不可抗力因素)，乙方在机场接到宠物后应在机场和甲方确认宠物健康情况，否则涉及运输引起的健康问题，甲方不承担任何责任。

②乙方领回所买宠物后，必须严格按照甲方提供的饲养方法喂养，才可以享受第二条，否则后果自负。

本协议一式两份，甲乙双方各执一份。且双方可以将此协议作为发生纠纷后可用于法律途径解决的证据。

甲方：　　　　　　　　　　　　　　乙方：

______年____月____日　　　　　　______年____月____日

备注：文中带括号的宠物可替换为具体的宠物名。

二、犬只交易的注意事项

(1)对于宠物买卖的经营，一定要保证所售宠物的品种。

(2)一定要使宠物住所保持通风、卫生的环境，并定期给宠物注射疫苗，防止疾病发生。

(3)经营者应能掌握一些相关的免疫方法、宠物自身的健康知识，以及对待可能发病的前期症状、水土不服等问题的解决手段等。

拓展三　成功申请创业贷款的技巧

银行在调查借款人的资质时，主要从以下五个方面来综合衡量，了解贷款条件可以提高成功申请贷款的概率。

1. 银行对借款人的综合评价

包括借款人与其家庭、教育、社会背景、行业关系征信、诉讼资料、评估品格(诚实信用)及其责任感。

2. 对借款人开店项目的考察

包括项目的获利能力(特别是营业利润)，主要经营者是否具备足够的经验及专业知识，对继位经营者的培养情况及行业未来的企划作业。

3. 个人征信情况

包括有无不诚实或信用欠佳记录；与银行来往是否均衡；有无以合作态度提供征信资料。

4. 资金用途

资金用途是银行评估信用的核心。包括资金启用计划是否合法、合理、合情及符合政策；

另外，还款来源是确保授信债权本利回收的前提要件，因此，银行还要分析借款人偿还授信的资金来源。

5. 债权保证

内部保证，是指银行与借款人之间的直接关系；外部保证，是指由第三者对银行承担借款人的信用责任而言，包括保证书等。

拓展四　选址的误区

开店选址是投资宠物美容店的一笔较大投资，同时也是店铺能否成功的必要条件，因此创业者在开店选址时需要非常谨慎。而很多初次投资宠物美容店的经营者往往对开店选址了解得并不多，因此在开店选址中难免会犯一些错误，容易走进选址的误区。具体如图 2-25 所示。

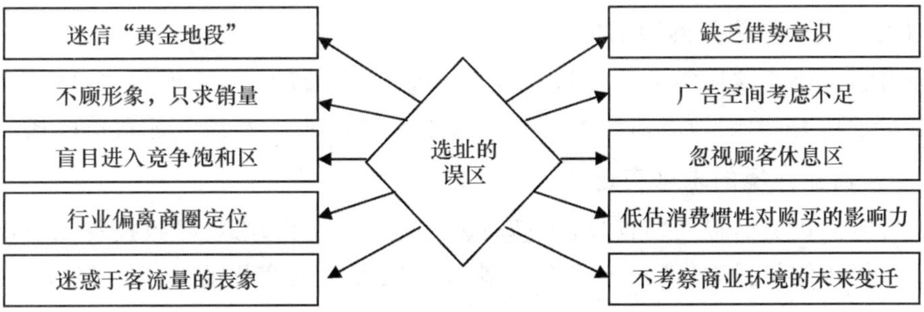

图 2-25　选址的误区

1. 迷信“黄金地段”

“非风水宝地不选”是很多创业者开店选址中普遍存在的一种心态。殊不知，“黄金地段”的昂贵租金与激烈竞争所带来的经营压力，是非一般投资者所能承受的。

2. 不顾形象，只求销量

经营高端宠物美容店，除考虑店址对销量的促进作用外，还应评估其对品牌形象的影响。为确保品牌形象不受损害，创业者在店铺的选址方面还需强调周边环境的卫生、清洁和美观。

3. 盲目进入竞争饱和区

过度集中往往会造成市场饱和。有时候，位于同一商圈的多家同类店面看起来生意都很好，实际上已达到竞争平衡的临界点，新增加一家店，市场就饱和了，造成“僧多粥少”的局面，原先挣钱的都开始亏损，大家只有打价格战。

4. 行业偏离商圈定位

每个地区都有自己的整体商业网点布局。错位选址，逆势而动，往往得不到宏观政策的支撑和大环境的推动，吃力不讨好，最后只能选择撤出。

5. 迷惑于客流量的表象

对于宠物美容店而言，除要考虑总体的客流量外，更应深入分析客流的有效性。以为人流密集的地点就是宠物美容店的合适商圈，这是对商圈的误解。

6. 缺乏借势意识

做生意要成行成市，过分孤立仅靠一家店面“单打独斗”，未必是一件好事。巧妙地借对手的势，往往能对销售起到积极的促进作用。

7. 广告空间考虑不足

店招、立牌、展示架、海报等，这些常见的广告道具对于宠物美容店的销售有着不可忽视的作用，运用得当能起到“四两拨千斤”的效果。在选址时，最好是了解门窗是否可改装为落地式大玻璃结构，当地政府对店铺招牌悬挂有无特殊要求。

8. 忽视顾客休息区

如今的消费者越来越挑剔，对宠物美容店的服务完善程度越来越重视。宠物美容店必须将这些因素考虑进去，否则店址再好，店内没有方便顾客休息的服务区以及消磨时间的一些配套服务，也很难让客户对店面满意。

9. 低估消费惯性对购买的影响力

在选址考察时要对该地区消费者的购买习惯进行深入调查，很多经营者虽然在定位、商圈的分析上下足了功夫，但因为对消费者的消费特性考虑不到位，最终只能草草收场。

10. 不考察商业环境的未来变迁

宠物美容店的投资回报周期较长，一旦周边环境发生变化，必将导致投资无法收回。有些目前看起来很优越的位置，可能过不了多久就会因城市发展变化的要求而陷入改造、拆除的麻烦。

拓展五　宠物美容店选址分析报告

我们将要开设的是一家大型连锁式宠物美容店，集宠物用品超市、活体销售、宠物美容、宠物寄养、宠物医疗、宠物乐园、宠物摄影、待产养护于一体。

具体位置：位于××购物广场内，边上是××广场，2022 年竣工，背靠××购物广场，拥有充足的客流量。比邻××家园高档住宅区，紧挨××广场，方便人们带宠物遛弯。

一、新店周围的地理位置特征

(1)店址选择了××购物广场，毗邻××路及××大街繁华的商业区，闹中取静，符合宠物美容店的特殊需求。

(2)交通便利，附近为××路与××大街十字路口，公交线路多。

(3)附近有多个住宅区，居住人口多，消费潜力大。

(4)附近有××广场，为宠物美容店的人流量以及消费场所提供了极大的便利。

二、新店物业的具体情况

(1)场地：50～70 m^2 店铺 5 000 元/月，预付六个月 30 000 元。

(2)加盟费：30 000 元。

(3)新店装修费 10 万元(包括货架、宠物商品、宠物美容设施等)。

三、新店开张后预计能辐射的范围

1. 主商圈

500 m 内有××家园住宅区。马路对面是××广场。

2. 次商圈

以主商圈边缘辐射 500 m 为次商圈，主要为近几年新建的众多高层小区，以及建成已久的××家园。

四、新店商圈内商业环境和竞争情况

范围内拥有比较繁华的商业街，居民区密集，消费需求大，消费能力强。经调查发现，该商圈内暂时没有发现类似的大型宠物店，仅有一两家不太正规的小型宠物店，与我们相比还有很大的差距，可以说，我们的宠物店在此商圈内具有很强的竞争力，并且商圈内人口密度大。总体上可以说是竞争少，获客能力强。SWOT 分析如下。

1. 优势

(1)人口密集，消费群体大，周围小区众多，尤其靠近几个中高档住宅小区，消费能力强，这些是宠物店的主要消费人群。

(2)交通便利，道路通达。

(3)独特性，在店铺辐射范围内，并未出现同类商店，竞争少，集中了客源。

2. 劣势

宠物店走的是高端路线，其价格定位比较高。

3. 机会

暂无竞争，发展空间大，消费潜力大。

4. 威胁

(1)宠物店近几年发展迅速，开业后可能出现竞争者。

(2)没有竞争未必是好事，如果现有的店铺周围没有其他的宠物用品店，就有可能说明这个店铺所在地区的居民对宠物并不重视。

五、新店商圈内居民及流动人口消费结构、消费层次

(1)宠物的消费人群一般为离退休老人、时尚白领、富有爱心的孩子等。

(2)主商圈内主要为中高档小区，居民收入比较高。他们不再只关注宠物基本生存的消费品，越来越关注宠物生活的质量，对宠物的消费及要求也比较高，购买名贵品种宠物，给宠物美容频繁，为宠物购买的商品也比较高档，并且他们工作比较繁忙，时常将宠物寄养。消费能力强。

(3)收入一般的居民或老人，对宠物的要求相对较低，只要求适时的清洁与购买宠物基本的生活品，比较少进行美容。

(4)少数流动人口，在店内购买宠物或进行宠物美容后，较少再返回店内消费。

六、新店的交通便利情况

该商圈内有纵贯××区的××大街，南北贯通，商铺附近有数个公交站点，且在通往飞机场的必经之路上，交通十分便利。交通状况良好，基本无拥堵情况。

七、新店投资效益分析

1. 投入

租用店面一年 60 000 元；布置一个美容间，有美容桌三张，每张各 1 000 元；一套美容工具 3 000 元；一个烘箱 10 000 多元；另外的装修布置、物业设备、进货存储基本在 15 万～16 万元。

2. 产出

总体净利润在 15%左右。其中，宠物食品利润最低为 5%左右。宠物美容的利润较高，除美容师的工资和美容工具外，几乎不需要其他成本。

3. 收回投资

每天平均营业额为 3 000 元，即月营业额为 9 万元左右。一年半左右收回成本，第二年开始出现盈利。

八、新店开业后商品结构和经营特色建议

1. 商品结构建议

(1)出售的商品。活体宠物、宠物的食品系列、保健品系列、服装、日用品系列、医疗系列。

(2)服务项目。宠物美容、宠物摄影、宠物销售、宠物寄养、宠物医疗。

2. 经营特色建议

(1)打造核心竞争力。选择好了投资方向，接下来要从三个方面入手，即专业店员、货品品质、客源维护，打造自己的核心竞争力。

(2)在货品品质方面，一定要严格把关进货渠道。在开店初期，最好选择知名品牌的生产厂家。

(3)宠物店经营过程中要格外重视口碑效应。要想经营得好，一定要和顾客交朋友，不仅要提供好的服务，还应该留住顾客。此外，建立会员制度，针对老客户给予优惠折扣或举办宠物免费美容等促销活动，有利于稳定老客源并发展新客源。

九、新店开业后的风险分析报告及防范

1. 风险分析

宠物店经营的利润虽然高，伴随的风险也高。

(1)宠物是一种活体商品，在日常经营过程中，不可避免地会出现宠物生病、死亡等一系列问题。

(2)店员难招。宠物美容师与其他职业不同，不仅有专业要求，而且工作非常烦琐，还经常会被宠物咬伤、抓伤。这就使得这一行业的店员招聘比其他行业困难很多。

(3)安全问题。宠物医疗方面，最严重的是误诊；除此之外，店铺应将本身的技术摆在第一位，让技术零缺点，才可以避免一些纷争。除与客户的相处外，宠物不比人，脾气或个性很难管控，尤其是一些比较凶或神经质的宠物，很容易咬伤人。

(4)宠物店投资大，回报时间比普通投资项目时间要长。仅卖宠物商品利润过低，主要还是依靠宠物美容来实现盈利。如果经营不善，损失较大。

2. 风险的防范

(1)加盟有较高知名度和成熟运营管理经验的连锁品牌，让有成熟经验的公司引导，以增加成功概率和避免由以上风险导致的不必要的损失。

(2)为员工购买保险，提高员工福利。

(3)从宠物的习性喜好、种类、美容技巧等方面定期培训员工，提高自身的专业技能和服务水平，高素质美容师和提供优质服务是宠物店的生存之道。

十、新店未来的情景分析

随着居民生活水平的不断提高，宠物行业已进入一个高速发展的时期。随着宠物数量的增长，宠物服务的消费需求也在不断扩大。

新店选址在××家园附近，××家园居住几千户居民，再加上附近小区及次要商圈带来的经济利益，市场潜力很大。如果我们从服务抓起，建立好优质的品牌形象，不仅占领周边市场，而且要开拓更远的新的消费市场，购入高品质商品，用心服务，加上合理的管理，前景必定乐观。

考核评价

1. 宠物店店址选择的重要性有哪些？
2. 调查你所在城市宠物店的地理位置，并分析店址与店铺营业额的关系。
3. 宠物店选址应考虑的因素有哪些？
4. 宠物店选址基础信息收集包括哪些？
5. 宠物店外部销售环境包括哪些？
6. 宠物店内部销售环境包括哪些？
7. 谈谈宠物服饰和宠物文化的关系。
8. 谈谈牵引绳在养犬中的重要作用。

教学视频——宠物店选址与装修

教学视频——宠物店经营与管理

下　篇

宠物店管理

项目三
宠物店员工管理

学习目标

知识目标：掌握宠物店员工招聘、面试、培训、日常管理、客户服务管理等基本知识。
能力目标：掌握宠物店员工招聘、面试、培训、日常管理、客户管理等技能。
素质目标：提高宠物店员工管理的能力，提升服务质量，为宠物主人提供更好的服务。

学习任务

任务一　宠物店员工招聘

宠物店员工的管理不仅涉及员工自身的发展，也与店铺的利润、发展密切相关。

员工招聘是店铺为了弥补岗位空缺而进行的一系列人力资源管理活动的总称。宠物店员工的招聘，是人员配备中最关键的一个步骤，因为这一工作不仅直接影响人员配备的其他方面，而且对宠物店整个管理过程的进行乃至整个组织的活动都有着极其重要的影响。

一、宠物店员工招聘依据

（一）岗位需求

岗位与人员对应，通常一个岗位只能由一个人担任，一个或若干个岗位的共性体现就是职位，即职位可以由一个或多个岗位组成。如宠物店美容部的美容师是一个职位，这个职位由很多岗位的员工担任。美容师的职位可能由美容师、美容师助理、美容师学徒岗位组成。

通常组织结构设计中的岗位说明书对各岗位已有明确的规定。在员工招聘时，可以通过岗位分析来确定某一岗位的具体要求。岗位分析的主要内容有：这个岗位是做什么的，应该怎样做；需要一些具备哪些知识和技能的人员才能胜任，有没有其他方法实现目标，如果有的话，那么新的要求又是什么。

(二)素质能力

人员素质与能力是员工招聘时要重点考虑的另一个重要标准。应根据不同岗位对人员素质的不同要求来评价和选聘员工。作为宠物店主管人员，其个人素质应包括以下 6 个方面。

(1)身体。身体健康、精力旺盛、行动敏捷。

(2)智力。具有良好的理解能力、学习能力、判断力、记忆力，头脑灵活，思维敏捷、专注。

(3)道德。有爱心，有毅力，有责任心，有创新精神，忠诚，坚强，有自知之明。

(4)一般文化。具有不限于从事职能范围的各方面知识，具备较好的沟通能力和较强的语言表达能力。

(5)专业知识。具有宠物用品销售、宠物美容、宠物医疗保健等专业知识。

(6)经验。具有店铺运营、员工管理、处理客户纠纷等相关经验。

除以上 6 个方面外，还有一个重要的方面，就是从事管理工作的欲望，或称为管理愿望，是指人们希望从事管理工作的主观要求。

二、宠物店员工招聘原则

在宠物店招聘员工过程中，应注重人员的素质、潜能、品格、学历和经验，一般遵循如下原则。

(一)公开的原则

宠物店根据人力资源规划，把招聘岗位的种类、数量、要求的资格条件及考试的方法等向社会公开。这样做一方面可以在大范围内广招贤才，另一方面有助于形成公平竞争的氛围，使本单位能招到德才兼备的优秀人才。此外，招聘工作在社会的公开监督下，能产生良好的社会效益，防止不正之风滋生蔓延。

(二)公平的原则

宠物店在招聘员工时，应对所有应聘者一视同仁，不得人为制造各种不平等的限制条件(如性别歧视)和各种不平等的优先政策。努力为优秀的应聘者提供平等的机会，不拘一格选拔、录用各方面的优秀人才。

(三)竞争的原则

宠物店员工选拔需要采用各种测试方法来考核和鉴别人才，根据测试和考核结果来选拔人才，单靠领导的目测或仅凭印象，往往带有很大的主观片面性和不确定性。创造一个公平竞争的环境，一方面通过各种渠道吸引较多的人来应聘，另一方面严格考核程序和手段。科学地录用应聘者，防止徇私舞弊等现象的发生，通过公平公正的竞争选拔优秀人才。

(四)全面的原则

对应聘者的考核要兼顾知识、能力、品德、心理、智力、工作经验和业绩等多个方面。因为一个人能否胜任某项工作或者发展前途如何，是由多方面因素决定的。

(五)量才的原则

认真考虑人才的专长,量才录用,量职录用。工作有难易,能力有大小,要求有区别,本领有高低。招聘应量才录用,做到人尽其才、用其所长、职得其人、人岗匹配,充分发挥人力资源的作用。

(六)择优的原则

择优是招聘的根本目的和需求。只有坚持这个原则,才能广纳贤才,为店铺引进和各种岗位选择最合适的人员。为此,应采取科学的考试考核方法,精心比较,谨慎筛选。

三、宠物店员工招聘途径

宠物店招聘员工的途径很多,下面介绍常见的招聘途径。

(一)内部招聘

内部招聘是指宠物店内部成员的能力和素质得到充分确认之后,被委以比原来责任更大、职位更高的职务,以填补宠物店中由于发展或其他原因而空缺的管理职位。

1. 内部招聘的优点

内部招聘有利于调动员工的工作积极性、有利于保证选聘工作的正确性、有利于被聘者迅速开展工作。

2. 内部招聘的缺点

内部招聘容易导致宠物店内部“任人唯亲”现象的发生,可能会引起同事之间的矛盾,创新或开展工作较难进行。

(二)外部招聘

外部招聘就是宠物店根据制定的标准和程序,从宠物店外部选拔符合空缺职位要求的员工。

1. 外部招聘的优点

具备较好外部竞争优势、招聘进来的员工能够给宠物店带来新思想和新方法、有利于引进一流的人才、有利于平息或缓和内部竞争者之间的紧张关系、能够为宠物店输送新鲜血液、有助于树立宠物店的良好形象。

2. 外部招聘的缺点

筛选难度大、时间长,应聘者对宠物店缺乏深入了解,招聘员工进入角色慢,对内部员工积极性造成打击等。

3. 外部招聘方式

外部招聘的方式一般包括媒介广告招聘、分发传单(DM)、校园招聘、校企合作招聘、猎头招聘等。下面将重点介绍校园招聘和校企合作招聘。

(1)校园招聘。宠物店的运营者可以通过网上信息或人脉获得各大高等院校宠物相关专业的毕业招聘会信息,参加校园招聘会,这样招聘的人员更有针对性,可以获得更多的人才(图 3-1)。校园招聘会一般流程如下。

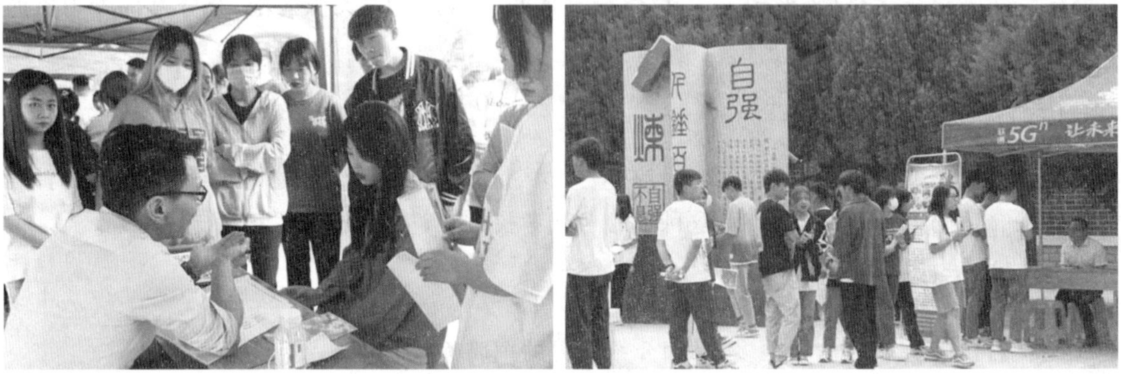

图 3-1　校园招聘会(甘肃畜牧工程职业技术学院)

①布置会场:进入会场后,要快速将店铺宣传资料挂好,准备好向学生派发的资料。

②收集简历:把有意向的应聘者简历收集好,以备后面筛选合适的人才。

③约见面试:约见符合要求的人员在某个时间进行面试。

④确定录用:面试合格的人员要通知签订就业协议以及相关事项。

⑤提醒注意:对没有录用的应聘者应及时通知。

作为用人单位,应处处尊重应聘者。尊重体现在一点一滴上,不能毁坏自身的形象。

(2)校企合作招聘。招聘人才还可以通过校企合作的形式。校企合作是指学校与企业建立的一种合作模式。当前社会竞争激烈,一些职业院校为谋求自身发展,抓好教育质量,采取与企业合作的方式,有针对性地为企业培养人才,注重人才的实用性与实效性。学生入学就有工作,毕业就是就业。实现招生与招工同步、教学与生产同步、实习与就业联体。联合培养的学生是由学校选拔的学生和企业招收的员工组成,教育的实施由企业与学校共同完成,培训和考试内容来自企业的需要,开设为本企业所需的专业技能和实习课程,企业在具体的专业核心课程中发挥着更为重要的作用。

根据企业需要进行短期的技能培训,培训结束后,经企业组织考核合格,就可按合同上岗就业。这种合作针对性强,突出了职业技能培训的灵活性和开放性,培养出来的学生适应性强、就业率高、就业稳定性好。

这种合作模式的不足之处在于学校比较被动,培养多少人、什么时候培养,完全根据企业需要来决定,学校没有主动权。这是一种初级的合作模式,一般在中等职业学校运用得比较多(图 3-2,图 3-3)。

(3)媒介广告招聘。宠物店招聘员工还可以通过各类媒介广告,如报纸、杂志、电视、网络等形式进行招聘。

图 3-2 校企合作开班仪式

图 3-3 校企合作培养学生

四、宠物店员工招聘程序

宠物店员工的招聘程序包括制订计划、进行初选、能力考核、员工录用及评价反馈 5 个步骤。

(一)制订计划

当宠物店出现需要填补的工作岗位时,有必要根据岗位的类型、数量、工作性质等要求确定招聘计划,同时成立相应的选聘工作委员会或小组。选聘工作机构可以是组织中现有的人事部门,或是代表所有者权益的董事会,或是由各方利益代表组成的临时性机构。选聘工作机构要以相应的方式,通过适当的媒介,公布待聘岗位的数量、类型以及对候选人的具体要求等信息,公开招聘,鼓励那些符合条件的人才积极应聘。

(二)进行初选

当应聘者数量很多时,选聘小组需要对每一位应聘者进行初步筛选。内部候选人的初选可以根据以往的人事考评记录来进行;对外部应聘者则需要通过简短的初步面谈,尽可能多地了解每个应聘者的工作及其他情况,观察他们的兴趣、观点、见解、独创性等,及时排除那些明显不符合基本要求的人员。

(三)能力考核

在对应聘者初选的基础上,需要对通过初选的应聘者进行材料审查和背景调查,并在确认之后进行细致的测试与评估。

1. 智力与知识测试

该测试是通过考试的方法测评应聘者的基本素质,包括智力测试和知识测试两种形式。智力测试的目的是通过应聘者对某些问题的回答,测试其思维能力、记忆能力、应变能力和观察分析复杂事物的能力等。知识测试是要了解应聘者是否具备待聘岗位所要求的基本技术和管理知识,缺乏这些基本知识,应聘者将无法开展正常工作。

2. 竞聘演讲与答辩

这是对知识与智力测试的一种补充。测试可能不足以反映一个人的素质全貌,不能完全表明一个人运用知识的综合能力。让候选人发表竞聘演讲,介绍自己任职后的计划和远景,并就选聘工作人员或与会人员的提问进行答辩,可以为其提供充分展示才华、表现自我的机会。

3. 案例分析与实际能力考核

在应聘者竞聘演讲与答辩以后,还需要对每个候选人的实际操作能力进行分析。测试和评估应聘者分析问题和解决问题的能力,可借助“情景模拟”或“案例分析”的方法。这种方法是将应聘者置于一个模拟的工作情景中,运用各种评价技术来观测考察其工作能力和应变能力,以此判断其是否符合某项工作的要求。

(四)员工录用

在上述各项工作完成的基础上,需要利用加权的方法,算出每个应聘者知识、智力和能力的综合得分,并根据待聘岗位的类型和具体要求决定取舍。对于决定录用的人员,应考虑由主管再一次进行亲自面试,并根据工作的实际与应聘者再做一次双向选择,最后决定录用与否。

(五)评价反馈

最后要对整个招聘工作的程序进行全面的检查和评价,并且对录用的员工进行跟踪分析,通过对他们的评价检查原有招聘工作的成效,总结招聘过程中的成功与失败,及时反馈到招聘部门,以便改进和修正。

任务二　宠物店员工的面试

面试是一种经过组织者精心设计,在特定场景下,以考官对考生的面对面交谈与观察为主要手段,由表及里测评考生的知识、能力、经验等有关素质的一种考试活动。面试对宠物店或应聘者来讲都是一件很重要的事情,店铺可以通过面试这个重要环节招到优秀的员工,而应聘者如果可以顺利通过面试,将获得一个职业发展的空间。

一、面试的目的

面试给宠物店和应聘者提供了双向交流的机会,能使双方相互了解,从而双方都能够更准确地做出聘用与否、受聘与否的决定。面试的目的有以下几个。

(一)考核应聘者的动机与职业期望

人的行为都有一定的原因,但任何原因都只有在人脑中获得反映时,才能激发人去行动。这种存在于头脑中的激发人去行动的主观原因称为动机,动机是推动人去从事满足需要的活动的主观欲望,是人行为的动力。人的任何有意识的行为都有其动机,并且都是为动机所驱动的。在宠物店面试员工的时候,应聘者经常被问到一个问题:你此次应聘的动机或目的是什么?很多应聘者从多个角度给予回答,这个时候,考官就会从回答问题的内容和表情判断应聘者所说内容的真实性和可信度,这也是确定此人能否被录用的一个标准。

职业期望又称职业意向,是应聘者对某项职业的向往,也是自己从事某项职业的态度倾向。职业期望直接影响人对职业的选择,进而影响人的生活。职业期望属于个性倾向性的范畴，是职业价值观的外化表现，也是个体人生观、世界观的折射。应聘者的职业期望是宠物店的店主非常感兴趣的事情，应聘者的职业期望阐述，也是确定此人能否被录用的依据之一。

（二）了解应聘者仪表、性格、知识、能力、经验等特征

面试过程中，面试官会自然地提出问题，让应聘者回答或与应聘者一起交流。在回答或交流的过程中，应聘者的语言表达能力、语言组织能力、反映问题的能力、对问题的认知能力及处理事情的经验都会被面试官清楚地把握，这些能力是在笔试环节无法呈现给面试官的。此外，在交流的过程中，面试官可以更仔细地观察应聘者的仪表。通过这个环节，宠物店的面试官对应聘者的仪表、性格、知识、能力及经验有了更进一步的认识，为最终人选的确定做好充分的准备。

二、宠物店员工的面试形式

宠物店面试员工的形式非常多，在这主要介绍以下几种。

（一）结构化面试

结构化面试又称标准面试，是指通过标准化的试题、试题评分标准、评分方法等对面试者进行的系统化面试。每个店铺都应根据自身特点确定面试的具体要求。

结构化面试一般有着标准化的流程。面试报到（审核证件），工作人员核对面试者身份证和面试通知书等相关证件；面试者抽签确定分组和进场顺序；面试者进入面试考场，按照抽签顺序进行面试；面试结束后，记分员收集各考官对该名面试者的评分表核算分数，核算完毕后交给监督员审核；监督员和主考官签字后交给工作人员，工作人员到候考室向面试者宣布，也有的店铺把面试成绩在候考室张贴。面试中有很多细节需要注意，有一个故事相信大家都耳熟能详：一位面试者捡起了地上散落的垃圾，没想到这也是面试的一个环节，面试者正是因为这个小小的举动就被录用了。需要注意的是一定要有礼貌，如进门先敲门，与面试官问好（声音不求多么洪亮，但要确保各个面试官可以听到而且吐字清晰），面试结束时记得弯腰鞠躬表示感谢等。

行为面试是结构化面试的一种。面试官就设定的能力指标开发问题向面试者提问，通过面试者叙述完整的行为事例了解其能力。主试者需要了解面试者所叙述行为事例的内容包括 3 个方面：①背景（面试者所举的行为事例发生的背景）；②行动（在事件发生时，面试者本人采取了哪些行动）；③结果（事件最后的结果如何）。在各种面试方法中，这是一种广泛用于店铺员工选拔的测试方法。

（二）压力面试

面试官有意识地对面试者施加压力，就某一问题或某一事件做一连串的发问，详细具体且追根问底，直至面试者难以对答。此方式主要观察面试者在特殊压力下的反应、思维敏捷程度及应变能力。压力面试又分为以下 7 种。

1. 环境压力

通过对面试现场的场景布置达到压力测试的目的，如色彩、灯光、面试者和面试官座位反差设置、面试官阵容、面试官气势、特殊道具等，让面试者一进来就感到巨大的心理压力。

2. 言行压力

如面试官表情严肃冷峻，或不理不睬，或睥睨面试者，或瞪着眼问面试者问题，或直接给面试者来个下马威。总之，通过简单的行为或语言让面试者产生压力，或者和风细雨地与面试者沟通，突然转换一种行为或语言风格来测试面试者应对压力的能力。

3. 方式压力

面试官一开始就直截了当地提问，口气故意严厉，让人不舒服，这会给面试者造成压力。

4. 内容压力

一是问刺激性问题、隐私性问题，让人不舒服，从而产生压力感；二是问较难的问题，使得无论如何回答都不能令人满意，不回答也不行，这也会让面试者产生巨大的心理压力。

5. 节奏压力

步步紧逼，容不得面试者过多思考，问题一个接着一个，甚至一个问题还没有回答完，另一个问题接着跟上来了。

6. 形式压力

如正和面试者面对面地沟通，突然转入笔试；或者让面试者看一段视频情景剧或 PPT，让面试者回答问题。这种转换思维空间的方式也会给面试者造成压力。

7. 僵局压力

当面试者回答完问题后，面试官突然不问了，故意盯着面试者，四目相对，让面试陷入僵局，来观察应聘者的反应。

(三)情境面试

在情境面试中，面试官所提出的问题全部是假设一个具体的情境，要求面试者扮演某一角色并融入角色情境中，去处理各种事务、问题和矛盾。面试官通过对面试者在情境中所表现出来的行为，进行观察和记录，以测评其素质潜能，或看其是否能胜任工作。

三、宠物店员工的面试技巧

在面试过程中，面试官可以适当运用面试技巧来缓解紧张气氛，面试者也会减轻压力，发挥出最好的成绩。

(一)面试开始的技巧

一般在面试刚开始的时候，面试者会比较紧张，这个时候面试官需要做的就是破冰，建立和谐气氛。面试官可以问一些轻松的话题，如“这么早就等候面试了，你是怎么过来的?”“交通还方便吧?”“吃早饭了吗?”等来缓解紧张局面，然后进入面试环节。

(二)面试提问的技巧

面试官在面试的时候，不要对任何面试者有任何假设，不要问一些泛泛而谈的问题，必须沿着自己预先设计的问题发出提问，如果引发新的话题，必须打破砂锅问到底，这样容易做出清晰的判定。

(三)面试倾听的技巧

面试官始终表现出对面试者的尊重,这是一条根本原则。在面试过程中,面试官要确保对面试者没有任何成见;要注意倾听面试者的发言,尝试通过面试者的语言听出其话语的言外之意。

(四)面试控制的技巧

面试官一定要把主动权控制在自己手里,不能让面试者牵着鼻子走,要始终记住面试主题,要有时间观念,礼貌地岔开面试者的讲故事式回答,善于用手势来制止话题等。

任务三　宠物店员工培训

员工培训是指宠物店为开展业务及培育人才的需要,采用各种方式对员工进行有目的、有计划的培养和训练的管理活动,公开课、内训等是较为常见的宠物店员工培训形式。

宠物店员工培训的目的主要有:使宠物店获得竞争优势、提高员工的工作能力、改善宠物店的工作质量、满足员工实现自我价值的需要、传播宠物店价值观等。

一、宠物店员工培训的方式

随着信息化时代的到来,宠物行业知识更新得越来越快,越来越多的培训方式展现在我们面前。目前宠物店的主要培训方式有职前培训、在职培训、脱产培训和自我学习 4 种。4 种方式适用于不同的人员,各有各的优点和特点,但是它们之间并不是完全分开、独立的,更多时候,对于同一培训内容可以同时采取几种方式。这 4 种方式的综合应用可以使宠物店员工的素质得到全面的提高。

(一)职前培训

职前培训最简单的理解就是在任职之前的培训,通过培训使宠物店员工具备上岗的基本素质和基本能力,因此在整个培训体系中,职前培训处于基础地位。

1. 职前培训是针对新员工进行的

即使新员工学识丰富,见多识广,也要充实特定的实际工作经验与认识,以配合将来的工作。因此职前培训是必不可少的。

2. 职前培训的内容

职前培训的内容包括基础教育培训和行为培训。基础教育培训的内容丰富,如通过讲解宠物店的发展史、规章制度、宠物店文化、新技能与新理念,提高员工的综合素质。培训的主要内容包括:熟悉工作流程、讲解宠物店现状和宠物店发展目标、学习工作手册等。职前培训提升员工的企业归属感,帮助员工适应新环境、融入宠物店文化,以最佳的状态融入宠物店经营。有些宠物店把此项工作看得过于简单,发一些店铺手册给新员工看或让老员工带着新员工在店铺走一圈做一个简单的介绍就行了,这样简单的培训给新员工留下的印象是很浅的,达不到培训的效果。新员工到一个陌生环境，往往会受到各方面的影响，如果他们难以适应新环境，就很难全身心地投入到新工作中。这样不利于员工的发展，也不利于宠物店的发展。所以，职前培训很重要，不可忽视。

（二）在职培训

在职培训是指为提高在职劳动者的技术技能水平，由用人单位直接或委托其他培训机构对劳动者实施的培训。

《中华人民共和国劳动法》第八章第六十八条规定，用人单位应当建立职业培训制度，按照国家规定提取和使用职业培训经费，根据本单位实际，有计划地对劳动者进行职业培训。《中华人民共和国职业教育法》第四章第二十八条规定，企业应当承担对本单位的职工和准备录用的人员进行职业教育的费用，具体办法由国务院有关部门会同国务院财政部门或者由省、自治区、直辖市人民政府依法规定。第二十九条规定，企业未按本法第二十条的规定实施职业教育的，县级以上地方人民政府应当责令改正；拒不改正的，可以收取企业应当承担的职业教育经费，用于本地区的职业教育。

从时间上说，在职培训可以理解为边工作边接受培训，不脱离自己的工作岗位，企业按照每个人的实际情况和实际能力进行实践性教育。在职培训主要包括两个方面的内容：一是职务转换后的培训；二是随着社会的发展和环境的变化，对行业内新知识、新技能的培训，如随着宠物美容行业的快速发展，很多人要求给自己的爱犬染色，这样的新技能员工只有通过学习或接受培训之后才能在店铺经营中加以运用。

员工职务转换包括两个方面：

1. 一是员工在各个岗位每隔一段时间调动一次，进行横向交流，也就是通常所说的轮岗。这样做的好处是可以使每个员工对宠物店的经营管理有全面的了解，有利于员工之间相互协调工作和相互沟通。二是店主或店长应挖掘每个员工最适宜的工作岗位或最擅长的技术领域，尽量做到人尽其才。通常，这种职务转换可采用比较实用的培训方法——师带徒培训。也就是由岗位上比较熟练的员工给刚来的员工给予技术上的指导和理论上的讲解。这种培训方法效果显著，也具有很强的实用性，因为每次培训的员工少，成本也不会太高，在宠物店经营管理过程中得到了广泛的应用。

2. 另一种职务转换是员工晋级前的培训。晋级是宠物店人事管理的必然过程，也是宠物店成长要经历的过程。一个员工转换到一个新的职位时，很多知识没有接触过，这就需要一个学习和适应的过程，有时需要到专门的机构去学习。这样培训的好处是不仅员工自身得到了提高，而且为店铺的经营注入了新鲜的血液，店铺发展的速度会越来越快。

（三）脱产培训

脱产培训是指宠物店的员工暂时离开当前岗位，脱产到有关学术机构、学校或其他宠物店参加为期较长的培训。脱产培训主要对象是管理人员，他们是宠物店发展的中坚力量，必须不断地学习。需要注意的是，脱产培训的目的是得到本店铺较难获得的信息技术以及其他领域的专业知识，否则难以体现培训价值。但对于宠物店来说，这种方法不是很实用，容易造成宠物店员工不足的现象。

(四)自我学习

自我学习是指宠物店鼓励员工利用日常的空余时间进行学习。这样做的前提是店主或店长要营造一个明朗、开放的环境，替员工创造容易实现自我学习、自我启发的良好环境，这样做有利于向员工输入宠物店的价值文化。自我学习一方面可以提高员工自身的素质，另一方面有利于增强员工的团队精神。

1. 店主或店长要为员工创造一定的条件，如打造独立学习的空间、订购一些本行业的学术期刊、购买一些书籍、定期(一周或两周)组织员工交流心得、对店铺经营中遇到的特殊案例共同讨论，这些措施都可以促使员工自我学习、自我提高。同时，关注员工学习的效率和质量，在这些活动中对于表现突出的员工给予一定的物质或精神奖励，如建立评分标准制，对于高分获得者在季度或年度奖金中有所体现，可以大大激发员工的学习兴趣。

2. 店铺员工的自我学习还可以通过其他途径实现，如参加网络教育、职业技术学校或夜校班，这些培训方式都是利用员工自己的业余时间去做的，有些店铺为了鼓励员工去培训，采取的方式是报销学费、交通费等，以此鼓励员工去学习，然后利用学到的知识为店铺的发展出谋划策。

二、宠物店员工培训的内容

宠物店员工每天都要面对各种各样的事情，因此他们需要掌握的知识和技能也需要是全方位的，所以宠物店员工培训的内容也是多种多样的，主要培训内容通常包括以下几个方面。

(一)安全培训

安全培训是安全生产管理工作中一项十分重要的内容，它是提高全体劳动者安全生产素质的一项重要手段。所谓安全培训，一般是指以提高安全监管监察人员、生产经营单位从业人员和从事安全生产工作的相关人员的安全素质为目的的教育培训活动。

我们来看一个例子：美国的杜邦公司是一家以科研为基础的公司，它拥有独特的安全文化和独特的安全理念。杜邦公司在1802年成立的时候从事黑色炸药的生产，多次发生安全事故，公司不断加强安全管理。但不幸的是，灾难仍然不断发生，最严重的一次事故发生在1818年，当时杜邦公司的100多名员工中有40多人在事故中丧生或者受伤，公司濒临破产。后来重新崛起的杜邦公司得出了一个结论，即安全是公司的核心利益，安全管理是公司事业的重要组成部分，安全在公司经营中具有压倒一切的优先权。在此后的几年中，杜邦公司逐渐确立了安全至上的理念，形成了一套完整的安全体系，在安全方面取得了丰硕的成果，还得到了社会的认同。

杜邦公司独特的安全文化和安全管理，实际上就是创业者对员工生命权和健康权的尊重，是对员工的一种切实的关爱，只有这样，员工们才能真正地把公司当作自己的家，并最大限度地发挥工作积极性。此外，管理者强调安全还能有效降低事故的发生率，在保护员工的同时，又能让自己最大限度地减少损失。同样，对于任何一家宠物店而言，安全也是重中之重，没有安全，其他一切都为零。所以员工培训第一节课就应该是安全培训。

(二)职业道德培训

道德是调节个人与自我、他人、社会和自然界之间关系的行为规范的总和,是靠社会舆论、传统习惯、教育和内心信念来维持的。

职业道德是指从事一定职业劳动的人们,在特定的工作和劳动中以其内心信念和特殊社会手段来维系的,以善恶进行评价的心理意识、行为原则和行为规范道德的总和,它是人们在从事职业的过程中形成的一种内在的、非强制性的约束机制。

1. 员工职业道德培训内容

(1)爱岗敬业,忠于职守。爱岗敬业是对宠物店员工最为基本的要求,也是一个宠物店发展的基础。所以,某个宠物店要想在本行业长期立足并不断地发展壮大,需要每一位工作人员都忠于职守,爱自己的岗位,爱自己的部门,爱自己所在的单位。

案 例

老木匠的故事

一个上了年纪的木匠准备退休了。他告诉他的雇主他不想再工作了,想去与他的老伴过一种更加悠闲的生活。他虽然很留恋那份报酬,但他该退休了。他们的生活也能过得去。雇主看到他的好员工要走感到非常惋惜,便问木匠能不能再建一栋房子,就算是给他个人帮忙。木匠答应了,显而易见的是木匠的心已不在工作上,不仅手艺退步,而且还偷工减料。

完工后雇主来看房子,他把房子的钥匙交给木匠。"房子归你了,"雇主说,"这是我送给你的礼物。"木匠感到十分震惊!太丢人了……要是他知道这是在为自己建房子,他干活儿的方式就会完全不同。以这种方式结束他所热衷的事业,令人感到遗憾。

或许你、我、他,就是那个木匠。每天都在钉钉子、放木板、搭墙壁,但往往没有竭尽全力。有一天终于吃惊地发现,将不得不住在"自己建的房子"里。人生就是一项自己做的工程,我们今天做事的态度决定了明天住的"房子"的质量。

(2)遵法守规,依法办事。宠物店员工"遵纪守法,依法办事"是法治社会对公民的基本要求,是依法治国的重要组成部分,他们是新时期建设法治社会的重要力量。作为一个服务行业的从业者,宠物店经营者要增强法律意识和政策把握能力,不断加强法律知识的学习,不断加强宣传教育力度,全面提高宠物店员工的法律知识水平和依法办事的意识。

(3)廉洁奉公,不谋私利。廉洁奉公、不谋私利是每个行业都应该遵循的,同样也是宠物服务行业衡量宠物店员工职业道德的基本尺度。员工工作天天要与"钱""物"打交道,如果没有廉洁奉公的品质和良好的职业道德,就可能经不住金钱的诱惑,还可能走上犯罪的道路。只有在工作中坚持原则,不谋私利,一心为公,才能处理好各方面的利益关系。因此宠物店员工应以廉洁奉公、不谋私利作为自己的行为准则，敢于抵制和揭发各种损公肥私的不良行为和不正之风，维护宠物店的规章制度和利益。

案　例

陈玲是某宠物店人力资源部经理，最近为“炒”一个员工的事跟老总闹别扭。事情是这样的：销售部有3名员工在张明的带动下私分1 500元货款。事情暴露以后，陈玲向老总递交了辞退张明等4人的报告，但老总只批了辞退3名员工，保留张明。陈玲很明白张明是老总的老乡，老总是念乡情而不“炒”他。但私分1 500元的带头人是张明，带头的不被“炒”，这事传出去会有什么后果？陈玲为此事多次做老总的工作，最终老总认识到问题的严重性，同意了陈玲的做法。

问题：

1. 这样的处理结果公平吗？

2. 假如张明是核心员工，如果“炒”了他，会令宠物店经济受损，你怎么处理？

(4)认真、耐心服务。认真、耐心服务是宠物店员工职业道德规范的时代要求。随着改革的进一步深化和经济发展不断加快，宠物店的服务水平日益受到人们的普遍关注。宠物店工作人员应从工作的角度，统筹兼顾，科学运作，努力提高服务水平、服务质量和服务效率，为改善单位内部管理，提高经济效益服务。

(5)保守秘密，诚实可信。在市场竞争日益残酷的今天，宠物店员工必须对内部信息和商业秘密严格保密，不得外传，这是宠物店员工职业道德的基本要求。同时，宠物店员工不仅要诚实可信、履行承诺，还要尽最大的努力，围绕宠物店经营的总体目标，在对外交往和商品交易的过程中切实做事。

(6)实事求是，客观公正。实事求是、客观公正是每个宠物店员工应该具备的职业品质。公正的本质则体现为合理性，对一些特殊事项的处理必须坚持公正合理的原则，这不仅是职业道德规范的要求，也是个人品德的体现。因此，宠物店员工在工作中必须以实事求是的精神和客观公正的态度，完整、准确、如实地工作，不隐瞒歪曲，不弄虚作假。

2. 员工职业道德修养提升的途径和方法

(1)提升职业道德修养的途径。树立正确的人生观是职业道德修养的前提；职业道德修养要从培养自己良好的行为习惯着手；学习先进人物的优秀品质，不断激励自己，不断地同旧思想、旧意识以及社会上的不良现象作斗争。

(2)提升职业道德修养的方法。学习职业道德规范、掌握职业道德知识；努力学习现代科学文化知识和专业技能，提高文化素养；经常进行自我反思，增强自律性；提高精神境界，努力做到“慎独”。

(三)基本礼仪培训

中华五千年的文明已经告诉我们“不学礼，无以立”。所以，基本礼仪是店铺展现在顾客面前的第一印象。如果顾客对宠物店的第一印象比较差,那便很难有在这家宠物店消费的欲望。

1. 宠物店员工仪容仪表要求

(1)仪容仪表总体要求。容貌端正,举止大方;端庄稳重,不卑不亢;态度和蔼,待人诚恳;服饰庄重,整洁挺括;打扮得体,淡妆素抹;训练有素,言行恰当。

(2)容貌。整体要求是整齐清洁、自然、大方得体、精神奕奕、充满活力。

①头发。头发整齐、清洁,不可染色,不得披头散发。短发前不及眉,旁不及耳,后不及衣领;长发刘海不过眉,过肩要扎起,整齐扎于头巾内,不得使用夸张耀眼的发夹。

②饰物。按宠物店要求,上班不佩戴项链、手镯、戒指、耳环等贵重饰物。

③面貌。精神饱满,表情自然,不带个人情绪,着淡妆,不用颜色夸张的口红、眼影、唇线;口红脱落,要及时补妆。

④手。不留长指甲,指甲长度以不超过手指头为标准,不涂有色指甲油,经常保持清洁,除手表外,不允许佩戴任何首饰。

⑤着装。着规定工装,洗涤干净,熨烫平整,纽扣要齐全扣好,长衣袖、裤管不能卷起,夏装衬衣下摆必须扎进裙内。领带、领花系戴端正;佩戴工号牌(戴在左胸前);围兜清洁无油污,无破损,烫直,系于腰间。

⑥鞋袜。保持清洁,无破损,不得拖着鞋走路。袜子无勾丝,无破损,只可穿无花、净色的丝袜。袜口不宜短于裤、裙脚(穿裙子时,要穿肉色丝袜)。

(3)个人卫生。

①做到"四勤",即勤洗手、洗澡;勤理发、修面;勤换洗衣服;勤修剪指甲。

②上班前不吃生葱、生蒜等有浓烈异味的食品。

2. 宠物店员工礼貌礼仪要求

待客热情友好,说话亲切和蔼,举止稳重大方,处事礼貌谨慎,尊重自己,尊重他人,团结互助,忠诚老实,富有职业自豪感和奉献精神。常用礼貌用语如下。

(1)遇到客户入店,说"欢迎光临,早(晚)上好",说话时要求面带微笑,身体稍向前倾。

(2)客户离店时,说"谢谢光临,欢迎下次光临",面带微笑,目送客人离店。

(3)在得到客户的帮助时必须说"谢谢"。

3. 宠物店员工言谈、举止及语言要求

(1)待人接物时保持微笑。

(2)接待顾客及来访人员时主动打招呼,做到友好、真诚,给其留下良好的第一印象。

(3)与顾客、同事交谈时应全神贯注、用心倾听。

(4)提倡文明用语,"请""谢谢"等不离口,不讲服务禁语。

(5)在通常情况下,员工应讲普通话,必要时使用相互听得懂的方言进行交流。

(6)注意称呼顾客为"先生""小姐""女士"或"您",如果知道姓氏的,应注意称呼其姓氏;指第三人称时不能讲"他",应称"那位先生"或"那位小姐(女士)"。

(7)应保持良好的仪态和精神面貌。

(8)坐姿端正,不得跷二郎腿,不得坐在工作台上,不得将腿搭在工作台、座椅上,不得盘腿。

(9)站立时应做到收腹、挺胸,两眼平视前方,双手自然下垂或放在背后。

(10)不得搭肩、挽手、挽腰而行,与顾客相遇应靠边行走,不得从两人中间穿行,请人让路要讲“对不起”,非工作需要不得在工作区域奔跑。

(11)上班时间不能吃食物,不能看与工作无关的书刊。

4. 微笑服务礼仪

(1)微笑服务的作用。微笑服务可以使顾客的需求得到最大限度的满足。顾客除物质上的需求外,也要求得到精神上、心理上的满足。实践证明,诚招天下客,客从笑中来;笑脸增友谊,微笑出效益。

(2)微笑要发自内心。笑有多种多样,要笑得亲切、甜美、大方、得体,只有对顾客尊敬和友善及热爱自己所从事的工作,才会笑容满面地接待每一位顾客。

(3)微笑服务应当始终如一。微笑服务应作为一个规范,贯穿工作的全过程,应对所有宾客都一样。要让服务人员懂得:笑要自然,因为顾客是“上帝”;笑要甜美,因为客户是“财富”;笑要亲切,因为客户是“嘉宾”。因此,职业素质要求我们到岗就保持微笑。

案 例

(一)迟来的尊敬

我们宠物用品公司的场地有点特殊,进门的玄关旁边有一个工位,因为我是财务,比较独立不用和其他同事坐在一起,所以玄关旁边的位子就是我的工位。我们公司前几个月新来了一个大学毕业生,每次进门首先看见我,招呼不打一声、头也不点一下不说,还瞪我一眼就走进去了。我怀疑她可能以为我只是一个前台的阿姨,所以如此不屑一顾。过了几天,大概她终于搞清楚我并非接接电话、收快递的阿姨,而是掌管她每个月工资的“财政大臣”,猛地就开始殷勤了起来,一进门“刘老师”叫得山响。可是,我心里的感受却不一样了,即使她现在对我再怎么尊敬,毕竟是有原因的,我对她也生不出什么好感来。我就很纳闷,怎么刚进入社会就学会了势利?如果我真的是前台阿姨,是不是她这辈子都不打算跟我打招呼?

新人刚进职场,礼貌很关键,人际关系一定要妥善处理,不能以貌取人或者想当然,要记得其他岗位的员工同样也是前辈或者长辈。哪怕是打扫卫生的阿姨,如果正好清理到自己的身边,也不要忘记说一声“谢谢”,尊重别人会平添很多的亲和力和人缘。刚毕业的大学生树立自己在公司的形象非常重要。

(二)淡妆浓抹总相宜

王芳是某高等院校宠物专业高才生,毕业后就职于一家宠物用品公司。为适应工作需要,上班时,她毅然放弃了“青春少女妆”,化起了整洁、漂亮、端庄的“白领丽人妆”:淡色粉底液,修饰自然、稍带棱角的眉毛,与服装色系搭配的灰度高偏浅色的眼影,紧贴上睫毛根部描画的灰棕色眼线,黑色自然型睫毛,再加上自然的唇型和淡红的唇色,虽化了妆,却好似没有化妆,整个妆容清爽自然,尽显自信、成熟、干练的气质。

但在节假日，她又给自己来了一个大变脸，化起了久违的“青春少女妆”：粉蓝、粉绿、粉红、粉黄或粉白等颜色的眼影，彩色系列的睫毛膏和眼线，粉红或粉橘色的腮红，自然系的唇彩或唇油，看上去鲜亮淡雅，整个人身心都倍感轻松。

心情好，自然工作效率就高。一年来，王芳以自己得体的外在形象、勤奋的工作态度和骄人的业绩，赢得了公司同仁的好评。

（四）员工沟通技巧培训

所谓沟通技巧，是指通过书写、口头与肢体语言，有效与明确地向他人表达自己的想法、感受与态度，并较快、正确地解读他人的信息，从而了解他人的想法、感受与态度的技巧。沟通技巧涉及许多方面，如简化运用语言、积极倾听、重视反馈、控制情绪等。虽然拥有沟通技巧并不意味着成为一个有效的管理者，但缺乏沟通技巧则会使管理者遇到许多麻烦和障碍。

沟通的目的是让对方达成行动或理解自己所传达的信息和情感，即沟通的品质取决于对方的回应。良好的沟通是要说对方想听的，听对方想说的。要想达到这个目的就必须进行有效的编码、解码与反馈。所以，真正的沟通力是百分百的责任，不能将“对牛弹琴”的沟通责任彻底归于弹琴者。

宠物店员工沟通的技巧包括以下几个方面。

1. 表达的技巧

当与顾客交流时，语言应该从“生活随意型”转到“专业型”。既要有个性化的表达沟通，又必须掌握许多有共性的表达方式与技巧。

(1)选择积极的用词与方式。在保持一个积极的态度时，沟通用语也应当尽量选择体现正面意思的词。

(2)在顾客面前维护宠物店的形象。如在向顾客进行电话回访时，顾客抱怨在宠物店所受的待遇。为了表示对顾客的理解，适当的表达方式是“我完全理解您的苦衷”。有的顾客的要求没法满足时，可以这样表达“对不起，我们暂时还没有解决的方案，但我一定尽力而为”。

(3)服务用语具体表达技巧。在顾客服务的语言表达中，应尽量避免使用负面语言。

2. 主动倾听的技巧

(1)倾听的重要性。如果无法主动倾听顾客需求，就可能无法满足顾客的需要或无法提供顾客满意的产品。因此，主动倾听顾客需求是接待员极为重要的工作。

(2)主动倾听的效果。主动倾听，随时都能从顾客的观点初步判定顾客的需求，并赢得顾客的信任。

(3)倾听的注意事项。将全部注意力集中到顾客身上；站在顾客的立场上，表示对顾客的理解；不仅要听讲话的内容，还要注意顾客的表情和声调；理解顾客的需要和担心，不要立刻对顾客和宠物做出判断。

3. 提问的技巧

通过提问，能尽快找到顾客想要的答案，了解顾客的真正需求和想法，通过提问，也能尽快理清自己的思路，这对于接待人员非常重要。

(1)针对性问题。针对性问题的作用是能获得细节，在不知道顾客想要什么答案的时候，通过提出一个有针对性问题，对顾客反映的情况进行了解。

（2）了解性问题。了解性问题是指用来了解顾客信息的一些提问，在了解这些信息时，要注意避免问一些顾客可能反感的问题。

（3）澄清性问题。澄清性问题是指正确地了解顾客所说的问题是什么，以及到什么程度。

（4）征询性问题。征询性问题是告知顾客对于他所提出问题的初步解决方案。如“您看我们这样解决好不好？”。

（5）服务性问题。服务性问题也是顾客服务中非常专业的一种提问。这种提问一般运用在顾客服务过程结束的时候，它可以起到提高顾客满意度的效果。

（6）开放式问题。开放式问题用来引导顾客讲述事实。如“您能说说这个用品出现故障时的具体情况吗”“您能回忆一下当时的具体情况吗”。问一句话，顾客就滔滔不绝地讲了，这就是开放式问题。开放式问题便于更详细地了解情况，或让顾客说出一些接待人员忽略了的细节。

（7）封闭式问题。封闭式问题就是对顾客的问题做一个重点的复述，是用来结束提问的。如当顾客叙述完毕后，接待人员应该说：“您的意思是想重新更换个新牵引绳，是这样的吗？”这就是一个封闭式的问题。

4. 意见处理

建立和维护顾客关系，是宠物店的核心和根本。培养顾客的忠诚度，做到使顾客真正满意，除要重视诸多影响顾客满意度的因素外，还要处理好顾客意见。

（1）处理意见的基本步骤。首先，道歉并倾听顾客陈述；其次，分析原因；再次，探讨解决办法；最后，向顾客说明解决问题的办法，并迅速处理。为了维护客户，还需要进行顾客跟踪、总结经验。

（2）处理意见的方法。换一个时间。当同样的事情多次协商也解决不了的时候，换个时间也是一个好方法。空出一段冷静期，使顾客的心情得以舒缓，从而能找到解决问题的方法。换一个场所。避免让顾客站着陈述，将顾客引到适合的场所坐下来听顾客述说。向顾客表达真诚的态度，使顾客的心情舒缓下来。因人而异。这是最有效的处理方法，根据意见内容和顾客要求来决定是否由其他人员来接待。

案　例

同样的事物，不同的理解

前些日子出差，客户的公司门口有一家宠物店，我看到宠物店中有一只很可爱的博美犬，经过一番讨价还价，把这条犬买了下来。晚上给二姐打电话告诉她我买了一条博美犬，她非常高兴，马上询问犬是什么颜色，多大了，可爱吗等。晚上，大姐打电话来询问我最近的情况，犬在我接电话的时候叫起来，大姐在电话里一听到有犬在叫，就问是否很脏，咬人吗，有没有打疫苗等。

同样是一条犬，不同的人反应却差别很大。二姐从小就喜欢犬，所以一听到犬，她的脑海中会出现一只可爱的宠物犬的形象。而大姐的反应却是关心犬是否会给我们带来麻烦，在脑海中也会浮现出“肮脏凶恶的犬”的形象。

案例点评：

看来，同一件事，不同人对它的概念与理解的区别是非常大的。在我们日常的谈话与沟通当中也是同样的。

当你说出一句话时，你自己认为可能已经表达清楚了你的意思，但是不同的听众会有不同的反应，对其理解可能千差万别，甚至可以理解为相反的意思。这将大大影响我们沟通的效率与效果。所以，我们在进行沟通的时候，需要细心地去体会对方的感受，做到真正用心去沟通。

（五）员工专业知识培训

员工培训是提升员工技术、能力水平、达到人与事相匹配的有效途径。员工培训的一个主要方面就是岗位培训，其中岗位规范、专业知识和专业能力的要求被视为岗位培训的重要目标。人员上岗后也需要不断地进步、提高，参加更高层次的技术提升和职务晋升等方面的培训，使自己的专业知识、技术能力达到岗位规范的统一标准，以适应未来岗位的需要。

对于宠物店的员工来说，因为宠物店的产品和服务的对象都是和宠物相关的，所以必须了解与宠物相关的知识，才能更好地服务客户。要是连服务的对象都不清楚，那么还谈什么服务？

1. 识别宠物品种

随着社会经济的发展，人们饲养宠物的种类也越来越多。宠物店的员工只有熟练地识别出宠物品种，才能更轻松地与进入店内的客户找到共同的话题，进而推销宠物店的产品及服务。

2. 掌握宠物的生理特点

宠物的生理特点是各类宠物生来就具有的。不同宠物的生理特点不一样，生理特点在饲养宠物过程中有着重要的参考价值。对宠物店的员工进行宠物的生理特点及其生活习性等专业知识的培训，能更好地服务客户。

3. 关注宠物健康

宠物健康包括宠物饮食、宠物日常护理、宠物健康识别以及疫苗注射等。

宠物店员工必须先了解宠物的饮食习惯，掌握宠物什么能吃、什么不能吃；除此之外，宠物店员工还要了解制订宠物科学饲喂方式的依据，宠物的日常护理包括定时给宠物修剪被毛和趾甲，定时给宠物洗澡，带宠物散步，这些都会影响宠物的健康。宠物的生理特点对宠物健康识别有着重要的指导作用，疫苗注射对宠物传染病的预防起着关键的作用。宠物店员工只有掌握这方面的专业知识，才能更好地和客户沟通、交流，让客户更加信赖宠物店的员工，从而留住更多的老客户并开发潜在的客户。

4. 了解宠物训练

宠物训练除帮助宠物自身养成良好的习惯，比如定时定点饮食、排便之外，还能给宠物主人带来情感上的安慰，如翻滚、握手等动作，能够增进宠物主人和宠物之间的情感。宠物店员工了解宠物训练的相关内容，也可以更好地和宠物主人沟通，增加宠物主人的信任度，提高店铺的营业额。

任务四　宠物店员工日常管理

员工是宠物店在日常运营过程中的中坚力量，是宠物店得以运转的核心，员工管理直接影响宠物店的运营甚至收入，所以宠物店员工管理不仅是一门学问，更是一门艺术。

一、例会制度

例会制度的目的是加强店铺各职能部门沟通能力、提高工作效率；追踪任务完成进度并更好地下达新计划任务；解决各工作环节出现的问题，明确责任，并提出纠正与预防措施；学习店铺新的指示精神，振奋士气。

例会一般分为每日例会和每周例会两种形式：

（一）每日例会

每日例会就是每天营业之前或晚上闭店之后进行的会议。

1. 晨会内容

（1）各参会人员分别汇报前一天工作完成情况。

（2）各自按照工作要求和指标提出翌日的工作计划（工作计划须注明完成时限，以便能自觉进行时间约束，提高工作效率）。

（3）各自将工作的最新动向向部门主管及相关人员通报。

（4）宠物店管理者总结并指导前一天工作，并布置翌日的工作。

2. 夕会内容

（1）各参会人员分别汇报当日工作完成情况，着重介绍在任务执行过程中出现的问题及解决办法。

（2）各自按照实际情况调整、修订翌日的工作计划。

（3）各自将工作的最新动向向部门主管及相关人员通报。

（4）宠物店管理者总结并指导当日工作，并按实际情况调整翌日的工作计划。

3. 会议注意事项

（1）所有应参会人员均不得无故缺席、迟到、早退，会议记录人员需登记到会情况。

（2）每次例会必须整理会议记录，记录会议内容，记录（纸质及电子版）由记录员负责保管。会议纪要须包含：会议时间、议题、主持人、记录员、与会人员、缺席人员、详细会议内容、商议结果等。所有例会的会议纪要由会议记录人员在会议结束一个工作日内整理完毕并由全体与会人员签名，完成签名后存档，同时妥善保存会议纪要电子稿。

（二）每周例会

所谓每周例会，就是每周定时召开例会，总结上一周的进展，分配下一周的工作的会议。

1. 会议内容

（1）与会人员到场签到。

(2)部门负责人对本周工作进行总结。

(3)部门负责人提出工作中存在的问题,并提出解决方案。

(4)部门负责人提出下一周工作内容,对部门成员部署下一周工作计划。

(5)部门成员提出工作中存在的难题,并发表自己的意见。

(6)各与会人员对提出的问题进行讨论解决,对于不能在会议上解决的问题,及时交给宠物店店主或店长研究解决;对于形成决议的解决办法,直接责任人应向与会人员承诺完成期限。

(7)与会人员需承诺完成新任务的时间表。

2. 会议注意事项

(1)会议结束后,负责会议人员整理会议记录,会议纪要必须包含会议时间、议题、主持人、记录员、与会人员、缺席人员、详细会议内容、商议结果等。所有例会的会议纪要由会议记录人员在会议结束一个工作日内整理完毕并由全体与会人员签名,完成签名后存档,同时妥善保存会议纪要电子稿,以便明确和落实工作。

(2)与会人员必须携带笔记本,记录会议要点,与自己工作相关的内容要详细记录。

(3)例会的内容以激励为主,不要有太多的批评,尽量不影响员工的工作情绪。内容要清晰,开例会的过程中要与每位同事保持目光接触,气氛保持轻松愉快,善于总结会议的内容,开例会前要做好准备,将会议内容按次序编排好,习惯把开例会内容记录在随身携带的本子上。

二、因人而异的管理办法

每个宠物店的特点不同,所有规则不能照搬照抄,必须因人而异地进行管理,灵活运用。可以把员工分为以下几种:明星员工、经验丰富的老员工、问题员工、新人。

(一)明星员工

明星员工就是在宠物店中培养出一批训练有素、技术精湛的“精兵强将”,是宠物店的中坚和骨干力量,是宠物店的“顶梁柱”。明星员工是宠物店人力资源管理的“生命线”,一个公司如果没有留住并使用好明星员工,那它的人力资源管理就是失败的。明星员工一般好学、有冲劲、有信心、有目标、对自己要求高、乐于接受意见、希望有机会发挥自己的才能、不断自我增值、主动提供意见。

对这种员工要做到两点:一是不要把自己最优秀的人才派去做“救火队长”,而应该让他去最能创造业绩的地方。解决问题只能让宠物店正常运行,而创造业绩则能让宠物店更好发展。二是用好人比选好人更重要。有些宠物店总是认为“外来的和尚会念经”,而不注重开发本宠物店员工的积极性和主动性,不注重在自己身边发掘优秀人才。这种做法会严重挫伤自身员工的积极性和主动性,而且浪费许多时间和财力。只有将合适的人放在合适的位置,才能使宠物店的每一个职工都能最大限度地发挥自己的才能。对于特别有能力的人,更应该给他广大的空间和舞台,这样才会使明星员工不会因为有怀才不遇的感觉而流失。

(二)经验丰富的老员工

此类员工在工作中表现稳定、有经验、尽心尽力、任劳任怨,对于宠物店的发展他们是竭尽全力地去做。但是,也有部分老员工仗着与宠物店“同患难,共发展”的心理,不服从管理。

对于此类员工的管理,首先要做到尊重。尊重是最基本的礼貌,因为老员工身上有很多好的经验、方法值得大家去学习。其次要做好沟通工作。由于每个人的性格和经历不同,人与人之间难免会存在想法不同、意见不同等问题。特别对于老员工来说,本来已经适应原先的工作模式,现在发现又要像新员工一样适应新的管理模式,难免心里会不舒服。所以,要想更好地管理老员工,有效沟通是必不可少的管理环节之一。通过沟通,可以真正地了解老员工的想法,而不是在管理中去猜测、猜疑。最后要做到合理规划。老员工已经适应了过去的管理模式,随着宠物店的发展,要适应现代化的管理模式,谈何容易?所以,管理老员工,应该要引起他们对工作职能的规划,勾起他们对工作的重新认识,帮助老员工重新做好职业生涯规划。让老员工不断地“增值和发光”,让他们感受到宠物店更多的关注与培养。

(三)问题员工

我们先来看一个典型的案例。

案 例

凯西是一家中型宠物用品公司的基层管理者,现在被一个秘书搞得束手无策。这位秘书自己规定自己的上下班时间,她总是比公司的正常上班时间晚半个小时,比正常下班时间晚半个小时。她还总是把最后一个小时消耗在到处聊天中。凯西再三要求她正常时间上班,但是她完全忽视了这些要求。接下来的情况更糟糕,其他员工也开始跟着这个秘书学。

凯西想要解雇她,但是这个秘书的工作本身没有什么可以指责的地方。因为这个秘书的工资是按小时计薪的,而她很明显地在正常下班时间之后那半小时是在故意拖时间,于是凯西对秘书最后半小时不予支付报酬,毕竟公司没有强迫她一定要把时间延长到下班之后。

这个案例给了我们什么启示呢?那就是应立刻纠正没有成效的不良工作习惯,而且永远不允许员工任意修改宠物店的规章制度。这里面所谈的正是在宠物店经营管理中遇到的问题员工。

所谓问题员工,就是不断地冲击宠物店管理的底线,其行为方式可能会在团体中引起不必要的混乱,影响他人工作,并导致团体工作效率下降。这类员工如果使用得当,可能成为组织中的中坚力量,产生突出的业绩;但若使用不当,则可能损害宠物店的利益,并使得其他员工怨声载道,不满情绪加重,降低组织的效率。因此,如何使问题员工发挥出应有的甚至是更大的作用,是宠物店不得不面对的一大难题。

首先要摸清底细,对症下药。据美国一项专项调查显示,在问题员工激励要素排序中,管理者的判断与问题员工的实际需求差异较大。管理者通常把薪酬、福利待遇、工作安全感、提升和发展等要素视为关键激励要素,而问题员工自己关注的关键激励要素则是工作参与感、客观评价工作表现、灵活的纪律约束等。因此,摸清问题员工个性化的需求是有效激励的第一步。问题员工的行为主要受自尊和自我实现需求的驱使。自我实现的需求激励着个人为取得成就尽最大的努力，因此，能否展示个体的创造性和发掘自身潜能，常常成为他们最关注的因素。同时，将问题员工一定时期的需求进行固化也是激励的有效手段之一。换句话说，就是将员工成就感的标准在短期内固定下来。这样，在一定时期内，管理者在把握问题员工的需求方面会更具有控制力，变被动为主动。

其次是制定规则，积极引导。激励的精髓确实就是这样一条最简单不过但却往往被人遗忘的道理：想要什么，就该奖励什么。然而问题员工往往喜欢特立独行，与众不同，因此违反公司规定的事时有发生。那么，如何引导问题员工遵守规则呢？问题员工最不喜欢的就是被动地执行规则，因此，最好的办法是让其发挥对规则的影响力，使其参与规则的讨论或制定是较好的办法。多年的店铺管理咨询实践证明，通过利益相关者充分讨论的规则往往是最具执行力的。

最后是个性化激励，增加归属感。第一是宠物店应该非常重视问题员工的情感需求，为了增加问题员工的归属感，宠物店应让其体会到组织的关心。针对不同时期的问题员工，采取不同的激励措施，如子女入学补助、休假、奖励等福利措施，都可以转化为个性化的激励措施。第二是宠物店的激励措施要和问题员工的职业生涯规划联系起来。为问题员工的发展提供更多的培训和晋升的空间，满足其理想诉求，帮助其实现自我价值。第三是宠物店的人性化管理要赢得问题员工的情感认同和忠诚，给予他们足够的信任。因此，在宠物店管理过程中，管理者要与问题员工多沟通，多听听他们的意见，获取足够的信任。

（四）新人

所谓新人就是指进入一个新的领域，刚开始从事某种职业或事业的人。如刚从学校毕业进入社会的学生或刚开始从事某种事业的人。“新人”这个词广泛用于社会职场和各个领域的初始阶段。许多新人到宠物店后在一段时间内无所适从，不知道自己该学什么，或者觉得自己不受重视。新人要在宠物店生存下去，当然要努力去适应宠物店，但是作为宠物店的负责人要对新人负起责任，培养新人的归属感，才有利于宠物店的发展。

案例

小王是刚毕业的学生，到一家宠物店工作没几天。有一天小王在去吃饭的路上遇到了部门的主管，没想到主管看到小王后竟然叫了小王的名字，这让小王很感动，因为小王部门也有好几十个人呢，而主管也仅仅是在面试的时候见过一面，竟然就记住了小王的名字，这让小王久久不能忘怀，在之后当别人问及他觉得部门怎么样的时候，他都会说很喜欢这里，因为这里的领导很好。

作为部门领导，可能有很多的下属，也不能苛求领导对所有下属都要知道名字，或者都要跟自己的下属聊天，但是部门最高管理者应该多关注新员工管理，哪怕是在路上的一个笑容、一句鼓励的话，都会给新人带来无穷的激励。对于新人的管理要做到以下 3 点。

首先是多沟通。新人是一个特殊的群体，对于宠物店的情况可能一无所知，对环境陌生和敏感，这就更需要关怀，不管是部门领导还是直接领导，应该关注新人心态的变化，了解新人的需求、对岗位掌握的情况。这种沟通一来可以拉近管理者与员工的距离，二来可以显示领导对员工的关怀，让员工不会因为初到一个地方而感到孤单。领导及时了解员工动态，发现新人的优点和不足，帮助员工了解自己。作为部门领导更应该通过与新人的沟通来了解部门对于新人的培训是否到位。

其次是安排优秀的人带新人。如果在新人刚进宠物店的时候就让该职位优秀的员工来带新人，相信新人一定可以从优秀的员工那里学到优秀的元素，从而对自己有更高的要求，最终也会成为优秀的员工。

最后是对新人多一点宽容。新员工刚来，还在适应阶段，宠物店对新人可以多一些耐心，多一点宽容，就算刚开始做错了，只要不是很大的问题(如果是很大的问题也要反思一下，为什么在新人还没熟悉的时候要交给新人这么重要的事情)，也可以宽容一些，帮助新人分析做错的原因，并且灌输“第一次就把正确的事做正确”的理念，让新人不断提高对于做正确的事的要求，新人一定会越做越好的。

三、宠物店矛盾调节

我们常说，有人的地方就有矛盾，那么什么是矛盾呢？矛盾反映了事物之间相互作用、相互影响的一种特殊的状态，矛盾不是事物，也不是实体，它在本质上属于事物的属性关系。这种属性关系是事物之间的一种特殊的关系，这种特殊的关系就是“对立”，正是由于事物之间存在着这种“对立”的关系，所以它们才能够构成矛盾。对于宠物店来说，常见的矛盾有店长和员工的矛盾及员工之间的矛盾。

(一)店长和员工之间的矛盾

店长与员工发生矛盾冲突的原因可以说是多方面的。有店长自身素质的缺陷，有思想方法和工作方法的不当，有在利益处理上的不公正等。由于上述原因，店长与员工之间发生某些矛盾有时是正常的，有时也是不可避免的，问题在于怎样处理这些矛盾。

首先是公正。公正也是店长职业道德的核心内容，它要求店长在处理与员工之间关系时公平合理，不偏不倚，一碗水端平。其次是平等。这是店长和员工之间关系的基本要求，这就要求店长合理利用手中的权力，尊重员工的人格、劳动、作用等。再次就是信任。店长越是信任员工，员工就会越尊重店长，使上下级关系处于一种良性的循环之中，特别对于那些能力强、有主见、自信自重的员工，店长的信任会使员工更加积极地工作，也对宠物店的发展有着重要的作用。最后是及时沟通。店长和员工很多矛盾的生成是沟通不及时、不主动，往往只有一方面的努力，而对方则意气用事，消极处之，待对方醒悟，再试图弥补时，这一方又心灰意冷，另生他念，所以在处理关系时，及时沟通非常重要。

(二)员工之间的矛盾

现在宠物店的营业额都是记在每个员工的名下，所以员工之间不可避免地会发生矛盾。这也要求店长随时关注宠物店的员工之间的问题，找出问题发生的根本原因，及时解决矛盾。员工之间矛盾的解决办法如下。

(1)协商解决法。即双方经过冲突，经多方协议以求达到一致的意见。

(2)仲裁解决法。在双方争执不下时，经过调查研究才能判断孰是孰非。

(3)权威解决法。有时对冲突双方很难立即做出对错判断,但又急需解决冲突,这就需要由上一级主管做出裁决,但裁决者应负起必要的责任。

(4)调整政策法。如果是在工作分配上确实有不合理之处,就需要调整政策,使之合理,这样才能使冲突得到良好的解决。

(5)暂缓解决法。有些问题,双方存在冲突,但一时又难以判断是非,如果不是急需解决的问题,可以让双方冷静一下,暂缓解决。

(6)求同存异法。这一方法尤其适用于解决鸡毛蒜皮一类的冲突有效,对解决重大问题的冲突也有积极的作用。冲突的结果不应只是对立,还应相互启发,相互谅解和让步。店长在管理方面要有具体可行的措施及应对方案。

四、绩效考核管理

员工在日常工作中的表现如何,需要有一个完善的绩效考核机制来进行评估,通过对员工的全面考核,店长才能全面掌握员工的工作情况,才能了解他们工作的完成情况、业绩情况是否达到预期的目标。绩效考核管理是宠物店日常人员管理中的一个重要环节。

(一)绩效考核的相关规定

1. 绩效目标设定

(1)设定时间。在下一个绩效周期开始之前或之初,考核主体双方就应该沟通确定绩效目标。

(2)设定内容。需要考核主体双方的充分沟通。绩效目标不能含糊、广泛;目标的设定尽量明确为可度量值,如数量、金额、日期、百分比等。目标的设置应具备适当的挑战性,只有付出一定的努力才能实现,并将设定的内容书面化。

2. 绩效考核

(1)考核时间。绩效考核周期一般而言可以分为月度考核、季度考核、半年度考核和年度考核。每个宠物店也可根据自己的实际需要调整考核次数。

(2)考核项目。一般包括绩效考评、能力考评两部分。

①绩效考评。根据宠物店经营目标与职位功能来确定个人目标,进而考评期限内的作业成果。

②能力考核。根据人格特质、工作态度、管理风格及其他非直接与绩效相关因素,来考核个人在此期间内的表现,作为绩效考核的辅助。

3. 考核分等

(1)根据分数直接确定等级。这是很多宠物店开始尝试绩效管理时所普遍采用的方式,例如,规定绩效考核分数大于等于 90 分为“优秀”,低于 90 分大于等于 80 分为“良好”,低于 80 分大于等于 70 分为“合格”,低于 70 分大于等于 60 分为“待改进”,低于 60 分为“不合格”。这种划分方式对绩效考核的要求较高,只有大家都公平、公正、严格地对待绩效考核工作,评价标准合理、有效,绩效考核分值分布基本合理,才能将绩效考核区分等级,否则就会流于形式。

(2)强制排序法。就是将一定范围内的员工根据绩效考核分数从高到低排序,根据比例强制划分为各个等级。强制排序法的使用需要具备一定条件,否则会带来严重的不公平。尤其是对“待改进”和“不合格”等级做强制规定比例，会对绩效考核的实施带来严重影响，这需要部门负责人具备比较强的执行力。

(3)综合法。就是综合以上两种方法的优点，一方面通过分数范围对考核等级做出强制规定，另一方面通过强制排序来确定各等级人员比例。

(二)绩效考核的实施

1. 材料收集与整理

在对店铺员工绩效考核前，店长需要安排相关人员观察员工的行为表现或听取店内其他员工眼中的该员工的行为表现。收集意见是考核的基础工作，需要认真地对待。收集的材料主要有工作表现记录，如出勤情况、同事或顾客的抱怨次数、顾客表扬情况、请假次数等，还包括部门负责人和店长及其他同事的评价。

2. 书面考核

每个店铺根据自身的情况制作“员工自我鉴定表”“员工考核量化表”，并把表发给员工，由员工自己填写并上交店长或主管部门，进行自我考评，即被考评店员的自我认识。通过这种方式，主管部门或店长可以了解被考评员的真实想法，为考评工作进行充分的准备；同时，员工在自我考评的时候，也能充分认识到自己的不足和需要改进的地方。

当员工的绩效考核结果出来以后，应该由店长或主管部门与员工一起进行考核面谈，其主要内容包括告诉该员工的考核结果，分析该员工需要改进的不足之处及以后努力的方向，并征询该员工对本次考核过程的意见和建议。

知识拓展

拓展一　员工奖励制度

一、奖励条件

(1)在本职工作中有突出贡献者，改进经营管理方法、提高经济效益、提出合理化建议等方面做出突出成绩者。

(2)工作中敢于坚持原则，对弄虚作假、贪污、盗窃、破坏公共财产者大胆揭发、勇于斗争有功绩者。

(3)在工作中发现事故隐患并采取措施，避免重大事故发生，以及保护店铺财产和利益有突出贡献者。

(4)在其他方面做出重大成绩者。

二、奖励的种类

店铺奖励分表彰和店铺特别奖励 2 种。

1. 表彰

店铺内部通报表扬。

2. 店铺特别奖励

奖励内容为晋升或经济奖励。由店铺在重大节日庆典或专门颁奖仪式上颁发。

三、奖励程序

员工获奖应由直属上级向店铺提出申请，店铺提供意见并决定奖励级别与方式，由店铺向获奖人员发布获奖通知，并进行公示。

拓展二　员工惩罚制度——红黄线管理制度

红黄线是指违背店铺企业文化和倡导的价值观，利用工作之便，谋取个人利益给店铺造成名誉或经济损失的行为。

一、红黄线管理规定

（一）红线标准

直接开除并解除劳动合同，永不录用到本店铺或其他任何店铺，有违法犯罪行为依法移交公安司法机关进行处理。

（1）违反国家法律法规，或有其他违反社会道德规范、公共秩序，造成不良影响者。

（2）在任何情况下，使用不正当方式对待客户、同事，或者串通一方损害另一方利益者。

（3）罢工、怠工或者煽动员工，造谣生事、拉帮结派、聚众要挟，或张贴、散播煽动性图文，足以破坏店铺经营秩序者。

（4）以任何方式，谋取不正当利益的，携款潜逃或挪用公款用于他处者。

（5）窃取或泄露顾客资料或隐私，向第三方变卖获取收益，对外泄露以及帮助他人窃取店铺秘密的。

（6）弄虚作假，伪造证明，隐瞒事故实情。

（7）员工宿舍私自留宿，发生意外事件造成不良影响者。

（8）严重损害店铺信誉或经济损失者。

（9）员工被发现或者被举报有出现任何虐待宠物的行为，经核实存在者。

（二）黄线标准

违反店铺纪律，有触犯红线的风险倾向，视情况给予口头或书面警告。

（1）玩忽职守，聚岗、擅自脱岗半天以上或未经请示不按要求出岗上班者。

（2）虚假承诺客户、向顾客搬弄是非，无视顾客需求，造成不良影响者。

（3）损害店铺、顾客、员工利益的，或知情不报者。

（4）与客户发生不正当关系，造成不良影响者。

（5）对违反店铺红线制度的行为进行纵容、隐瞒、包庇者。

（6）员工宿舍私自留宿，但未造成影响者。

（7）对业务流程的具体操作不把关，发现问题不及时加以解决，权限范围内事务处理不善，给店铺造成信誉、经济损失或在店铺内部造成不良影响者。

(8)遇到超出权限的工作或者重大事件,未及时上报至所属部门领导或责任人,给店铺造成信誉、经济损失或在店铺内部造成不良影响者。

(9)店铺内部拉帮结派、恶意挑起同事间不团结,给店铺造成不良影响者。

(10)对店铺颁布的政策、制度及流程未及时了解,导致工作失误者。

(11)恶意竞争,不利于员工团结者。

(12)同其他部门合作时不予配合、态度恶劣,影响工作进展者。

二、违规违纪处罚细则

员工违反红线一律解除劳动合同,违反黄线处罚种类:口头警告、书面警告。

口头警告的生效时长为 6 个月,两次口头警告等同于一次书面警告。

书面警告的生效时长周期为 12 个月,如在实效期内累计满 2 次书面警告,则店铺有权力无条件开除该员工或给该员工降职降薪。

员工某一行为同时触犯多类违纪条款时,处罚种类取重避轻。给店铺造成损失的,赔偿店铺损失。赔偿金直接从违纪员工工资收入中扣除。但每月扣除金额不得多于工资的 20%,当月收入不足以抵扣时,以后逐月抵扣,离职当月可以一次性扣除。

员工违纪处罚的依据,主要参照国家和地区相关法律法规、店铺发文执行的正式文件,以及国家机关出具的法律文书或法院的生效裁决。

三、红黄线与绩效晋升

员工本人触犯红黄线,除受到相关制度处罚外,店铺将对其“限制晋升”,凡在限制期内的责任人,不具备评优资格,并取消晋升资格以及绩效发放。细则如下:口头警告限制 3 个月,书面警告限制 6 个月。

考核评价

1. 宠物店员工招聘的依据是什么?
2. 宠物店员工招聘的方式有哪些?
3. 宠物店员工招聘前的准备工作有哪些?
4. 宠物店员工面试的形式有哪些?
5. 在员工面试过程中,如遇到技术很好但性格古怪的人该怎么处理?
6. 为什么说“礼仪”在宠物店管理经营中具有重要作用?
7. 在宠物店员工培训中,你认为哪项内容最重要?说说你的观点。
8. 谈谈你对宠物店例会制度的看法?
9. 怎样看待宠物店员工之间的矛盾?

项目四

宠物店客户管理

学习目标

知识目标：掌握宠物店客户管理的意义和方法等基本知识。
能力目标：掌握宠物店客户管理的技巧，妥善处理宠物店客户投诉处理。
素质目标：提高解决问题的能力，在解决矛盾的过程中，养成良好的职业素养和人际关系。

学习任务

店铺经营是直接面对终端客户的一种经营方式，其经营本质说到底就是通过各种合法途径说服客户购买本店的产品和服务，这是一个经商的过程，更是一个人际关系处理的过程，对于店长来说，客户关系管理也就成了其日常工作中一项至关重要的内容，要处理好与客户的关系，需要先了解店铺的目标客户。遵循"顾客是上帝"，一切以顾客为主的理念。

任务一　宠物店客户管理的意义和方法

在激烈的社会竞争中，争取市场份额已不是店铺唯一的目标，很多时候，更不是店铺最重要的目标。对很多店铺来说，前20%的客户往往带给了它们超过50%的利润，所以怎样能更好地把这些大客户保留下来，增加他们对店铺的服务或产品的购买，是一个非常重要的问题。

如今客户管理得到了前所未有的重视，它正在帮助宠物店获得宝贵的财富，也是宠物店在市场经济竞争中脱颖而出的法宝。因此，越来越多的店铺正在研究和实施客户关系管理的战略，帮助宠物店获得更多的资源。那么，客户管理到底有哪些益处呢？

一、宠物店客户管理的意义

1. 提高客户忠诚度

对于宠物店来说，吸引新客户需要的投入远远高于保留老客户的费用。宠物店必须加大成本为老客户提供优质的服务，将已经争取的客户变为长期客户，把长期客户变成VIP客户，这样才能为宠物店创造更大的利润。从宠物店的长远发展来看，建立长期的客户关系就是降低争取新客户的费用，并简化销售和服务流程。

2. 减少宠物店宣传的成本

通过客户关系管理，把产品和客户进行细分，针对不同的客户群投放不同的广告，有选择性地进行广告宣传。不仅如此，可以根据客户的需要生产个性化的产品，这样既可以减少成本，又可以吸引消费者。良好的客户关系管理可以使宠物店获得强大的竞争优势，在同样的销售成本下可以保持较高的市场占有率，宠物店的交易成本逐渐降低，获得成本上的领先优势。

3. 保留老客户，吸引新客户

一方面，通过对客户信息的整合，帮助宠物店捕捉、跟踪、利用所有的客户信息，在宠物店内部实现资源共享，从而使宠物店更好地管理销售、服务和客户资源，为客户提供快速优质的服务，这样做的目的是留住老客户。另一方面，客户可以选择自己喜欢的方式同宠物店进行交流，并得到更好的服务。客户满意度得到提高，就能帮助宠物店留住更多的老顾客，有效地吸引新客户。

4. 其他

通过客户管理，可以对客户信息进行全面整合，实现信息充分共享，为客户提供更为快捷与周到的服务；优化宠物店的业务流程，把“为客户解决需求”的理念贯彻到宠物店的所有环节中。同时，也可以从客户那里得到更多有关竞争对手的情况，据此合理地定位本店的产品，从而建立起自己的竞争优势。

二、宠物店客户管理的方法

客户管理的办法，一般包括三种方法，即有效开发顾客、核心顾客管理及顾客数据库管理。

（一）有效开发客户

有效开发客户包括顾客开发途径、服务顾客秘诀及与顾客建立亲密关系。

1. 顾客开发途径

对于店铺来说，顾客就是衣食父母。因此，店铺需要为顾客提供尽量好的商品与服务，促使顾客从买到持续购买，口碑相传，给店铺带来更多的利润。

（1）维持老顾客。店铺业绩来自两类顾客——新顾客和老顾客。店铺要想长久发展，必须维持与老顾客的良好关系，培养老顾客对店铺的信任和忠诚，争取让老顾客介绍新顾客。

①维持老顾客忠诚的方法。

首先忠实的员工才能够带来忠实的顾客。对于新顾客的销售只是锦上添花，没有老顾客作稳固的基础，对待新顾客的原则是从保持现有顾客并且扩充新顾客，使销售额越来越多、销售业绩越来越好的角度销售也只能是对所失去的老顾客的抵补，总的销售量不会增加。从服务利润链分析可以得出，要保持顾客忠诚必须从员工着手。

其次可以给老顾客提供系统化解决方案，不仅仅停留在向客户销售产品层面上，要主动为他们量身定做一套适合的系统化解决方案，在更广的范围内关心和支持顾客发展，增强顾客的购买力，扩大其购买规模，或者和顾客共同探讨新的消费途径和消费方式，创造和推动新的需求。

最后还可以把更多优惠措施反馈给老客户，如数量折扣、赠品、更长期的赊销等；而且经常和顾客沟通交流，保持良好融洽的关系和和睦的气氛。

②维持老顾客忠诚的意义。维持老客户忠诚的意义在于维持费用低而收益高。据调查资料显示，吸引新顾客的成本是保持老顾客的5倍以上，所以假如店铺一周内流失100个顾客，同时又获得了100个顾客，虽然从销售额来看，仍然令人满意，但这样的店铺是按“漏桶”原理运行业务的，实际情况是争取100个新顾客，已经比保留100个老顾客花费了更多的费用，而且新顾客的利润也往往低于老顾客。老顾客能产生良好的口碑效益，据统计，一个忠诚的老顾客通常可以影响15个消费者，诱发8个潜在客户产生购买动机，其中至少会有一个人产生购买行为。老顾客能给店铺源源不断地带来新顾客。

维持老顾客忠诚的意义还有能带动相关产品和新产品的销售。当老顾客对店铺产生好感后，对店铺的其他产品也就产生了好感，进而产生了购买欲望，即便是新产品也容易接受。

(2)电话营销。电话营销是指通过使用电话、传真等通信手段来实现有计划、有组织并且高效率地扩大顾客群、提高顾客满意度、维护顾客等市场行为的做法。

①主要对象。

老顾客：曾来过本店并留下资料的顾客。

潜在顾客：商圈内通过正常途径获得联系方式的顾客。

②非促销时间。可以通过在非促销期间打电话关心老顾客，对潜在客户可以预约送产品目录上门服务。

③促销时间。也可以在促销期间打电话提醒老顾客和潜在客户，吸引他们前来消费，增进感情。

(3)关联店的联合。关联店的合作方式主要包括相互交换同等数量的基本顾客资料，或者区域性联合促销活动，或者共同举办公益活动、社区活动，提升店铺形象。但关联店要选择一些信誉好、经营财务状况良好的商家或连锁店铺。

2. 服务顾客秘诀

要想留住顾客，就得在对顾客服务时有优秀的接待和应对技巧。

(1)待客技巧。

①了解顾客心理。对于进店消费的顾客，他们的年龄、性别、职业、习惯都不同，但是作为消费者，他们的一个共同特点就是希望花最少的钱买性价比高的物品。销售员根据每个人的情况，推荐顾客满意的商品，才能获得成功。

②探知顾客爱好。在接待顾客时要善于察言观色，了解顾客的性格，探知顾客的爱好。对于注重理性的人，和他们的谈话要条理清楚，层次分明；对于注重感情的人，要投入情感因素和他们交流；对于实惠的人，要介绍商品的实用性；对于犹豫不决的人，要解决后顾之忧，让他们放心地去购买商品。

③符合顾客兴趣。有些顾客购买商品是从兴趣出发的，特别是年轻人，他们很容易从自己的兴趣出发购买商品，为此要抓住顾客的兴趣，从他们感兴趣的话题开始，推荐感兴趣的商品。要是顾客对谈话不感兴趣，应立即转移话题，以免浪费时间和精力。

④探知顾客反应。顾客的年龄、性别、职业、文化程度不同，对销售谈话反应也是不同的，因此在接待这些对象时，要采用不同的接待方法。

(2)服务原则。在店铺销售人员服务顾客时,要有一定的服务原则。服务原则有:热情主动、业务精练、顾客利益至上、良好的情操修养、整洁的仪表仪容等。

(3)沟通艺术。在听取顾客意见时,不要打断,一定要让顾客把话说完,要带着虚心的态度去倾听。没有听清楚顾客的意见时,可以要求顾客再说一次。待顾客说完以后,也不要马上回答,可以适当地放松一下,略做思考再回答。虽然有些时候顾客的问题只是一般的问题,但员工稍加思考后往往能用更加适当的方式来回答问题。同时,也要站在顾客的角度考虑问题,这样就容易理解顾客的心情,明白他们的观点。这样做给顾客的印象是员工在销售物品的时候是非常诚恳的,是值得信赖的。

3. 与顾客建立亲密关系

(1)记住顾客的面孔。

(2)记住顾客的名字。

(3)建立名册。

(4)运用名册影响顾客。

(5)把自己的名字告诉顾客,并告诉顾客"请随时找我"。

(6)如果忘记顾客姓名,可先委婉地询问顾客的会员卡号,查找确认顾客姓名后进行接待。

(二)核心顾客管理

核心顾客是指与店铺关系最为密切,对店铺贡献最大的那部分客户群体。

1. 日常服务

维护好客户关系,留住核心顾客,在平时的服务中要做到位。让每个顾客都能体会到优质全面的服务。在日常工作中,发挥最大的工作职能,为客户提供最优质的服务,帮助客户的效益最大化,让客户实实在在地得到收益,赢得客户的信任,建立良好口碑。

2. VIP 特权

为消费多、项目大的客户提供 VIP 服务。但这并不是要差别对待不同的客户,而是在保质保量,确保服务到位的基础上,为核心大客户提供与之配合度更好的服务。因为核心顾客的业务量巨大,情况一般也更复杂,开通绿色通道既可以使大客户更加高效快捷地完成交易,也可以减少店铺运行成本。

3. 定期活动

为核心顾客定期举办活动,如品酒会、茶话会、高尔夫比赛、划艇等活动。在活动中可以加入竞赛成分,设置奖品。通过活动联络客户,加强与客户的沟通交流,同时客户之间也可以在活动中拓展业务,达到双赢。

4. 建立档案

为核心客户建立一份单独的档案库,详细记录每个客户的业务特点,追踪定位到每一笔业务往来,形成一份专属的客户资料,不仅有利于归档,还可以用来作为大数据分析,以达到更好的服务效果。要注意的是,客户资料要做好保密工作,不得外泄。

5. 回访调研

每年定期做好专访调研,每个季度进行固定的回访;从回访中找到问题,改善缺陷,也可以使客户资料更加丰富完善。

（三）顾客数据库管理

1. 顾客数据库的内容

（1）所有顾客的基本信息，如姓名、性别、电话、地址、职业等。

（2）开店以来顾客的交易信息，如订单、咨询、投诉等。

（3）顾客的购物喜好，如购买产品名称、购买习惯、购买频率、购买数量等。

2. 建立数据库步骤

以前的商家认为市场竞争力在于人、财及物，现代的店铺认为市场竞争力的核心是顾客。因此，店铺的店主或店长必须做到像了解商品一样了解顾客，像了解库存变化一样了解顾客的变化。

（1）以现有档案为依据建立首批顾客数据库。

（2）通过促销活动或终端活动等方式建立数据库。

（3）收集好顾客基本资料后，按其经济状况、购买习惯、购买频率等把顾客的信息分类统计处理。

（4）制定首期促销活动方案，吸引顾客消费。

（5）根据促销结果，分析消费者的变化及销售反馈。根据分析结果，及时调整经营策略，以吸引更多的顾客购买及开发潜在客户。

3. 顾客数据库的管理

（1）专人负责。店铺应有客户资料管理的专门的规章制度，且随着店铺的成长，逐步完善该制度。客户资料要有专人收集、整理及管理，客户资料仅限店铺内部使用及借阅，严禁客户资料流向市场或其他商家。

（2）客户资料动态管理。因为客户在不断变化，客户资料也在不断变化，如果发现客户资料有变化的情况，应及时填写客户资料，补充新内容，删除陈旧的内容，不断地对客户资料进行完善，完成客户资料的跟踪。注意客户资料的管理是变化的、动态的。

（3）客户资料保存期限。店铺的客户资料是店铺财富的一部分，所以要保存 3 年甚至更长时间。

任务二　宠物店顾客购买行为分析

一、顾客购买行为的定义

顾客购买行为是指人们为满足需要和欲望而寻找、选择、购买、使用、评价及处置产品、服务时介入的过程活动，包括顾客的主观心理活动和客观物质活动两个方面。

（一）顾客购买行为的过程

需求是顾客产生购买行为的基础，它影响顾客购买行为的全过程。顾客的购买过程分为

6 个阶段，在每一阶段中都存在一个引导顾客向下一个阶段发展的密码。

1. 知晓(know)阶段

顾客个人发现自己真实需要的产品。在这个阶段，一个真实的、能够满足顾客需要的产品是关键。厂商在做广告宣传时，要真诚地向顾客传播真实、有效的商品信息，以引起顾客的注意。

2. 了解(realize)阶段

顾客个人了解产品的效用。顾客购买商品的目的是通过使用满足自己的需要，因此需要切实了解产品的效用。在这个阶段，销售人员要熟练地向顾客演示产品的使用过程，耐心地向顾客介绍产品对顾客的实际效用。产品的效用是吸引顾客的核心因素。

3. 喜欢(like)阶段

顾客个人对产品产生良好印象。要使产品在顾客心中有一个良好的印象，产品的外形、性能、效用等必须引起顾客足够的重视，最起码与别的产品相比，它具有独特的、引人注目的地方，使人喜欢。

4. 偏好(partial)阶段

顾客个人对产品的良好印象已扩展到其他方面。这是一个“爱屋及乌”的心理变化过程，是顾客由前几个阶段的对产品的知晓、了解、喜欢而产生的，也是他对销售人员前几个阶段的热情、真诚的表现所产生的一种肯定态度。

5. 确信 (certitude)阶段

顾客由于对产品或销售人员有了“偏好”这个基础，进而产生购买愿望。他认为购买是明智的选择，并且不断地强化这个观念。

6. 购买 (action)阶段

顾客把自己的购买态度转变为实际的购买行动，而且始终坚持他自己所选择的产品。

上述 6 个阶段，顾客从最初接触店铺的某个产品直至转变为购买行为的过程是一个完整的思维活动过程。每个阶段的实际效果取决于顾客的 3 种基本心理状态：认识，即顾客个人对产品的认识思维；感情，即顾客个人对产品或销售产品的人员的情绪偏向；意愿，即顾客个人在了解产品的效用后所产生的购买动机。通常把认识 (cognition)、感情 (heart)、意愿 (desire) 称为顾客购买的心理密码，简称为 CHD。

(二)顾客购买需求分析

顾客购买需求层次同马斯洛需求层次理论相吻合。马斯洛人类需求五层次理论见图 4-1。

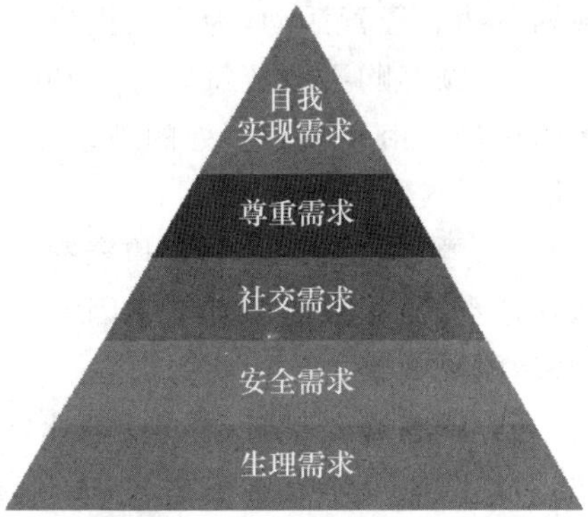

图 4-1　马斯洛人类需求五层次理论

1. 生理需求

这是人类维持自身生存的最基本需求，包括衣、食、住、行等方面的需求。如果这些需要得不到满足，人类的生存就成了问题。在这个意义上说，生理需求是推动人们行动最强大的动力。马斯洛认为，只有这些最基本的需求达到满足维持生存所必需的程度后，其他的需求才能成为新的激励因素，而到了此时，这些已经相对满足的需求也就不再成为激励因素了。

2. 安全需求

这是人类要求保障自身安全、摆脱丧失事业和财产的威胁、避免职业病侵袭等方面的需求。马斯洛认为，整个有机体是一个追求安全的机制，人的感受器官、效应器官、智能和其他能量主要是寻求安全的工具，甚至可以把科学和人生观都看成是满足安全需求的一部分。当然，当这种需求相对满足后，也就不再成为激励因素了。

3. 情感需求

这一层次的需求包括两个方面的内容。一是友爱的需求，即人人都希望伙伴之间、同事之间的关系融洽或保持友谊和忠诚；人人都希望得到爱情，希望爱别人，也渴望接受别人的爱。二是归属的需求，即人都有归属于一个群体的感情，希望成为群体中的一员，并相互关心和照顾。感情上的需求比生理上的需求来得细致，它和一个人的生理特性、经历、教育、宗教信仰都有关系。

4. 尊重需求

人人都希望自己有稳定的社会地位，个人的能力和成就得到社会的承认。尊重的需求又可分为内部尊重和外部尊重。内部尊重是指一个人希望在各种不同情境中有实力、能胜任、充满信心、能独立自主。总之，内部尊重就是人的自尊。外部尊重是指一个人希望有地位、有威信，受到别人的尊重、信赖和高度评价。马斯洛认为，尊重的需求得到满足，能使人对自己充满信心，对社会充满热情，体验到自己活着的用处和价值。

5. 自我实现需求

这是最高层次的需求，它是指实现个人理想、抱负，发挥个人的能力到最大限度，完成与自己的能力相称的一切事情的需求。也就是说，人必须做称职的工作，这样才会使他们获得最大的快乐。马斯洛提出，为满足自我实现的需求所采取的途径是因人而异的。自我实现的需求是在努力实现自己的潜力，使自己越来越成为自己所期望的对象。

二、顾客购买行为的特征

认清顾客购买的特点，意义十分重大，它有助于宠物店根据顾客购买特征制订销售策略，规划宠物店经营活动，为市场提供顾客满意的商品或服务，更好地开展市场销售活动。

(1)顾客购买涉及每一个人和每个家庭，购买者多而分散。因此，顾客市场是一个人数众多的市场。由于顾客所处的地理位置各不相同，闲暇时间不一致，造成购买地点和购买时间的分散性。

(2)顾客购买是以个人和家庭为购买和消费单位的，由于受到消费人数、需要量、购买力、储存地点、商品保质期等诸多因素的影响，顾客为了保证自身的消费需要，往往购买批量小、批次多，购买频繁。

(3)顾客因受年龄、性别、职业、收入、文化程度、民族、宗教等影响，其需求有很大的差异性，对商品的要求也各不相同，而且随着社会经济的发展，顾客消费习惯、消费观念、消费心理会不断发生变化，从而导致顾客购买行为差异性较大。

(4)绝大多数顾客缺乏相应的专业知识、价格知识和市场知识，尤其是对某些技术性较强、操作比较复杂的商品，更显得知识缺乏。在多数情况下，顾客购买商品时往往受感情的影响较大。因此，顾客很容易受广告宣传、商品包装、装潢以及其他促销方式的影响，产生购买冲动。

(5)顾客常常“货比三家”，加之在市场经济比较发达的今天，人口在地区间的流动性较大，因而导致消费者购买的流动性较大，顾客购买行为经常在不同产品、不同地区及不同宠物店之间流动。

(6)有些商品顾客需要常年购买、均衡消费，如食品、副食品、牛乳、蔬菜等生活必需商品；有些商品顾客需要季节性购买或在节日购买，如一些时令服装、节日消费品。

(7)顾客购买也会受到时代精神、社会风俗的影响，从而使人们对消费购买产生一些新的需要。如亚太经济合作组织(APEC)会议以后，唐装成为时代的风尚，随之流行起来；又如社会对知识的重视，对人才需求量的增加，从而使人们对书籍、文化用品的需要明显增加。这些显示出消费购买的时代特征。

(8)随着社会的发展和人民消费水平、生活质量的提高，消费需求也在不断向前推进：过去只要能买到商品就行了，如今开始有了对品牌的追求；过去不敢问津的高档商品(如汽车等)，如今也能消费得起了；过去自己承担的劳务也由劳务从业人员承担了，各种新的需要不断产生，而且是永无止境的，使顾客购买行为具有发展性特点。

三、顾客购买行为的决策过程

顾客购买是较复杂的决策过程，一般可分为以下5个阶段，销售人员可以据此制订相应的销售策略。

(一)确认需要

当顾客意识到对某种商品有需要时，购买过程就开始了。顾客需要可以由内在因素引起，也可以由外在因素引起。此阶段必须通过市场调研，促使顾客认识到需要的具体因素，销售活动应致力于做好两项工作：发掘消费驱策力和规划刺激、强化需要。

(二)寻求信息

在多数情况下，顾客还要考虑买什么品牌的商品、花多少钱、到哪里去买等问题，需要寻求信息，了解商品信息。寻求的信息一般有产品质量、功能、价格、牌号、已经购买者的评价等。顾客的信息来源通常有以下4个方面：商业来源、个人来源、大众来源及经验来源。

宠物用品销售任务是设计适当的市场销售组合，尤其是产品品牌广告策略，宣传产品的质量、功能、价格等，以便使顾客最终选择本宠物用品的品牌。

(三)比较评价

顾客进行比较评价的目的是识别哪一种品牌、类型的商品最适合自己的需要。顾客对商品的比较评价，是根据收集的资料对商品属性做出的价值判断。顾客对商品属性的评价因人因时因地而异，有的评价注重价格，有的注重质量，有的注重牌号或式样。宠物用品销售，首先要注意了解并努力提高宠物用品的产品知名度，使其列入顾客比较评价的范围之内，才可能被选为购买目标。同时，还要调查研究人们比较评价某类商品时所考虑的主要方面，并突出进行这些方面的宣传，对顾客购买选择产生尽可能大的影响。

（四）决定购买

顾客通过对可供选择的商品进行评价，并做出选择后，会形成购买意图。在正常情况下，顾客通常会购买他们最喜欢的品牌。但有时也会受他人态度和意外事件的影响而改变购买决定。

顾客修改、推迟或取消某个购买决定，往往是受已察觉风险的影响。“察觉风险”的大小，由购买金额、产品性能及购买者自信心决定。宠物用品销售应尽可能设法减少这种风险，以推动顾客购买。

（五）购后评价

顾客购买商品后，购买的决策过程还在继续，他要评价已购买的商品。宠物用品销售对于顾客的评价须给予充分的重视，因为它关系到产品今后的市场和店铺的信誉。判断顾客购后行为有两种理论，即预期满意理论和认识差距理论。

宠物用品销售应密切注意顾客购后感受，并采取适当措施，消除不满，提高满意度。如经常征求顾客意见，加强售后服务和保证，改进市场销售工作，力求将顾客的不满降到最低程度。

四、顾客的类型

一般来讲，从性格上可以将顾客分为沉默型、腼腆型、慎重型、犹豫型、顽固型、商量型和刻薄型 7 大类。

1. 沉默型顾客

沉默型的顾客在整个购买过程中表现消极，对推销冷淡。这种类型的顾客对于店员的任何陈述或服务都表现得很沉默。对于此类顾客，店员可以适当地提出一些简单的问题来刺激顾客的谈话欲，拉近彼此的距离。

2. 腼腆型顾客

腼腆型的顾客容易脸红、额头冒汗、手忙脚乱，对于这样的顾客，店员应尽量少注视对方，注意投其所好，给予对方最大的购买空间。

3. 慎重型顾客

慎重型的顾客凡事考虑得比较周全，也反映在他们购物时的态度上。他们在购买商品时考虑的问题比较多，如质量、包装、价格、售后服务等。通常会综合评价商品值不值得购买。这类顾客通常令店员头疼，店员需要具备多方面的知识去回答他们的问题。

4. 犹豫型顾客

犹豫型的顾客在购买商品时通常在浪费很多时间后还没有定下来要不要买这个商品，或者商品的一个小问题也能令其思考很久。对于这样的顾客，最好的做法是找一个机会，从旁提醒他，以帮助他做最后的决定。

5. 顽固型顾客

顽固型的顾客一般多为老年顾客，他们对新产品往往不愿意接受，不愿意轻易改变原有的消费模式与结构，但他们也是在消费上具有特别偏好的顾客。对于这类顾客，店员不要试图在短时间内改变他们，否则会引起对方的反感甚至抵触，从而流失客户，最好的办法是先发制人，不给对方拒绝的机会。

6. 商量型顾客

商量型的顾客总体来说性格开朗，容易相处，他们容易被店员说服，面对这类顾客，店员应确立责任心，不能以随意的态度敷衍顾客，应该根据顾客的实际情况帮助顾客做出适当的判断，店员不能为了获利向顾客推荐贵重的商品，应做到卖出去的商品令顾客非常满意，把他们作为长久的顾客。

7. 刻薄型顾客

刻薄型的顾客在购买商品的时候会表现得淋漓尽致，店员甚至会招架不住，这时店员可以适当“示弱”或者少说话。

五、不同顾客的购买心理与购买行为

不同性别、不同年龄的人购买的心理状态是不一样的。

1. 男性消费者的购买心理与购买行为

首先，男性消费者的购买动机形成迅速、果断。男性消费者一般具有较强的自信心、较理智，他们善于控制自己的情绪，处理问题能够冷静地权衡各种利弊因素。他们还具有独立性和自尊心。这些特点直接影响他们在购买过程中的心理活动。因此，他们的动机形成一般要比女性果断、迅速，并能立即导致购买行为；即使在情况比较复杂的情况下，也能够迅速、果断地做出决策。还有许多男性消费者不愿意“斤斤计较”，购买商品不追究细节问题，基本满意就可以。

其次，男性消费者购买动机具有被动性。男性消费者的购买动机往往受外界因素的影响，具有被动性。所以，在店铺经营过程中也能够看到，许多男性消费者进店买东西都是事先记好商品名称、规格、大小等，如果店内有他们想要的商品，就会采取购买行动；如果没有满意的商品，他们会很快放弃购买行动。

最后，男性消费者的购买感情色彩比较淡。一些国外心理学研究表明，男性消费者在购买某些商品时最显著的特点是决策过程不易受感情支配，如果遇到的商品符合他们心理的要求或审美要求，就会立即做出购买决策。

2. 女性消费者的购买心理与购买行为

随着国民经济的快速发展、人民生活水平的提高和女性地位的不断提高，女性的消费观念发生了明显的变化，因此现在很多宠物店都在研究女性的消费心理与购买行为。调查研究显示，女性单独购买的比例占55%，说明女性消费者的购买行为具有较强的主动性和灵活性。女性消费者有较多的购买活动，原因是多方面的，有时是家里宠物的客观需要；有的则是随流行变化不断地购买各种潮流商品；还有的女性消费者把逛宠物店作为一种乐趣或消遣。

女性消费者在购买商品时带有浓厚的感情色彩。如看到宠物店一款秋装非常新颖漂亮，马上会联想到自己的宠物穿上这套服装会是什么样子，从而引起积极的心理活动，产生喜欢等感情，促进购买动机。甚至有的女性消费者会对某一件宠物用品产生一种“一见钟情”的感觉，这个时候会毫不犹豫地买下来。但是女性消费者的购买动机易受外界因素影响，波动性较大，如商品广告宣传、店员的服务、其他消费者的意见等。针对这种情况，宠物店要经常性地开展

“减价商品”“处理商品”等活动，吸引她们的注意力，以便留住和招揽更多的顾客。

3. 青年消费者的购买心理与购买行为

对于宠物行业来说，青年消费者的力量是不可忽视的。他们是流行商品的消费带头人，对推动商品更新换代有先导作用。年轻人容易接受新事物，追随时代潮流，喜欢购买富有时代气息的商品。现代社会的年轻人有一定的经济来源，加之没有较重的经济负担，所以购买商品的范围十分广泛。随着宠物行业人们消费观念由保守型向开放型转变，青年消费者的时代感也越来越强烈，因此凡是能够满足他们这方面需求的商品，都能引起他们的兴趣，激发其购买动机。

年轻人的特点是朝气蓬勃、精力旺盛，一方面表现为果断迅速、反应敏捷，另一方面表现为感情冲动，所以在购物的时候也是具有明显的冲动性。他们购买商品的时候，可能会先注意宠物商品的外观设计，其次才注意质量、价格等，不能冷静地分析商品的各种利弊因素。因此，青年人购买的随机性、波动性很大。同时，他们经常和外界接触，思想观念容易受到各种因素的影响，购买动机也易受社会因素的影响。

4. 老年消费者的购买心理与购买动机

在宠物行业，随着社会老龄化的到来，老年人的养宠比例也越来越大，宠物已经成为他们家庭一员，所以老年人的消费能力也不可忽视。但老年消费者一般都是在追求舒适与方便的心理状态下购买的，购买动机的形成常取决于这些商品给他们带来的方便与舒适的程度。同时，他们对商品的质量、价格、使用性能也比较关心，反而对商品的外观设计、颜色等较为忽视。

老年消费者的体力、精力虽然随着年龄的增长而下降，但心理活动过程却相对稳定，而且他们见多识广、经验丰富，往往表现出较强的自信和自尊，加之多年养成的消费习惯，使他们的购买动机具有较强的理智与稳定性，不易受外界因素的干扰，也不为商品的某一特点所动，而是全面评价、综合分析商品的各种利弊因素，再做出购买决策。

任务三　宠物店客户投诉处理

客户投诉是指客户对宠物店产品质量或服务的不满意而提出的书面或口头上的异议、抗议、索赔和要求解决问题等行为。客户投诉是消费者因商家的产品质量问题、服务态度等各方面的原因，向商家主管部门反映情况，检举问题，并要求得到相应补偿的一种手段。因此，员工应充分认识到客户对服务进行投诉是正常现象。从某种意义上讲，投诉也是沟通管理者和顾客的桥梁，它可能会使被投诉的部门或人员受到相应的惩罚，甚至会使所有员工都感到难堪；但同时投诉又是一个信号，反映其服务和管理中存在着问题。形象地说，投诉的客户就像是给服务部门治病的医生，是在为其提供诊断并对症下药，进而使自己的服务及设施得到改进与提高，从而吸引更多的客户前来消费。

一、正确认识客户投诉

1. 客户投诉可以使管理者认识到服务与管理中的不足

有些问题虽然存在，但并不是自己能发现得了的。一方面是因为有些问题是潜在的，不容易发现；另一方面则是因为“入芝兰之室，久而不闻其香；入鲍鱼之肆，久而不闻其臭”的道理，部门的管理者及员工长期在自己的岗位上工作，一切已习以为常，往往发现不了自身存在的问题。而客户则大不相同，他们支付了一定的金钱，就是希望物有所值，能得到相应的服务，他们对服务有一定的预期。因此，他们对设备及服务方面存在的问题是非常敏感的。

另外，虽然对员工进行了严格的培训，提出了相应的要求，但并非所有员工都能做到，他们可能是有领导在场的情况下约束自己，做得比较好，一旦领导离开，就会放松对自己的要求，行为上出现一些不妥之处，而这些行为，管理者也是发现不了的，只有客户作为服务的直接消费者，才能够及时地发现问题并指出问题。

2. 客户投诉有利于改进员工的服务，提高服务水平

通过客户的投诉，员工发现自身存在的问题，如果能及时针对这些问题进行认真的整改，必然会使服务质量不断提高。

3. 维护客户关系

客户投诉提供了与客户修补关系、缓和矛盾的契机，从而有利于稳定客户，形成良好的口碑。

二、客户投诉处理的基本原则

即使是最完善的服务也难免有疏漏和不周之处，再细心的员工也有需要完善的地方，所以员工应以平和的心态对待顾客投诉，不应有逆反、烦躁情绪。一般情况下，在处理客户的投诉时应遵循以下几个原则。

1. 弄清事实

(1)在接待客户时，接待人员首先要表明自己的身份，使对方产生一种信任感、信赖感，愿意并相信你能把问题处理好。

(2)客户是宠物店的“上帝”，不管客户态度如何都要保持冷静，以倾听、了解的态度去接待和处理客户投诉。

(3)迅速通过有关渠道，了解客户投诉事件的来龙去脉，做到心中有数。

2. 诚恳道歉

诚意是打动顾客的法宝。在弄清事件真相后，及时诚恳地向他们道歉，满足他们的要求，为圆满处理事件铺平道路。

3. 维护宠物店应有的利益，做出恰当的处理

(1)明显属于服务工作中的过错，应马上道歉，在征得客户同意后，做出补偿处理。

(2)对一些复杂问题，在真相不明之前切忌急于表态和当面贬低店铺、部门或员工。除非客户物品、财产因宠物店原因遭到遗失或损失，应先平息客户的情绪，然后与有关部门共同处理。

(3)对于不合理的投诉，要做到有礼、有理、有节，讲清道理，说服客户，不失客户面子，做出恰如其分的处理。

(4)对一时处理不了的投诉，要让客户知道事情的进展。

4. 诚实面对投诉

投诉事项中，若涉及本人的记录不得涂改、撕毁，更不得造假。

5. 态度友好，本着为客户服务的原则，真诚地为客户解决问题

客户对服务投诉，应认识到是自己的工作和服务中存在着一定的问题，因此员工应理解客户的反应，同情客户的遭遇，尽心尽力地帮助客户，满足他们的要求。只有这样，才能赢得客户的好感与信任，为整个部门树立一个良好的形象。

6. 克制、有耐心，不与客户争辩

客户一般是遇到了麻烦、不顺之后才来投诉的，往往心里是有气的，难免会表现在言语行为之中。对待怒气冲冲的客户，员工首要的做法就是理解、克制，应该心平气和地听客户把自己的遭遇讲完，对客户表示歉意。如果客户情绪很激动，前厅服务人员就更应该注意礼貌，绝不能与客人发生争执，一旦争执，就会给客户留下糟糕的印象，进而影响客户对服务部门的印象，或许就再也不会光临。因此，员工一定要努力克制自己，设法平息客户的怒气，必要时可将管理人员请出来接待客户，解决问题。

7. 维护整体利益

前台员工在处理客户投诉时，一方面，要注意平息客户的情绪，帮客户解决问题；另一方面，要注意维护整体的利益，懂得一些处理问题的技巧。例如，在对客户所投诉的问题进行解答时，不能简单地把一切责任都推卸给其他部门，随意贬低其他部门，以此来暂时平息事件。这种做法虽然能消除客户的心头之气，但却损害了整体的利益，是不可取的。此外，简单地退款或减少收费也不是解决问题最有效的办法，一般来说，服务员可以通过面对面的额外服务，以及对客户的关心、照顾来得到解决。

三、处理顾客投诉的基本方式

1. 承认错误

如果商品瑕疵和服务质量不能令顾客满意，就应当承担错误，并争取顾客谅解，而不能推卸责任，或寻找借口，因为你在顾客面前的任何推诿都会使矛盾激化。承认错误是第一步，接着应当在明确承诺的基础上迅速解决问题，不能拖延时间，要在事发的第一时间解决问题，这样处理的成本最低，顾客会认可，一旦时间长了，就可能另生事端。

2. 转移话题

转移话题是指对顾客的投诉可以不予理睬，而将话题转入其他方面。有时顾客过分挑剔或不合理的投诉，最好不予理睬，而应当迅速转移话题，使顾客感到店铺不想与之加深矛盾。

3. 平息怒气

通常顾客会带着怒气投诉，这是十分正常的现象，此时服务人员首先应当态度谦让地接受顾客的投诉，引导顾客讲出原因，然后针对问题解释和解决。这种方法适用于所有的投诉处理，运用这种方法，应把握 3 个要点：一是认真倾听顾客的投诉，搞清楚顾客不满意的要点所在；二是表态明确，对此事的态度使顾客感到店铺有诚意对待他们的投诉；三是承诺能够马上解决的立即解决，不能马上解决的，给一个明确的承诺，直到顾客感到满意为止。

4. 转化问题

转化问题适用于因误解所导致的投诉，所以处理这种投诉时应当先让顾客明白问题所在，当顾客明白是因为误解导致争议的时候，问题也就解决了。

5. 婉转否认

当顾客投诉后，员工首先应肯定对方的投诉，然后再陈述自己的观点，这种方法特别适用于澄清顾客的错误想法，鼓励顾客进一步提出自己的想法，常常会起到出人意料的效果。

四、顾客投诉处理的流程

一旦遇到顾客投诉，一般按以下流程处理顾客投诉。

1. 聆听

应认真地听完顾客的投诉内容。

2. 保持冷静

倾听顾客投诉，要保持冷静心态。

3. 表示同情

对顾客的感受，应予以理解，对顾客的处境应表示同情，同时应使用恰当的语言安慰顾客。

4. 给予特别的关心

应尽快处理此事，千万不能怕麻烦或有大事化小、小事化了的态度，而应尽快着手解决。

5. 转移目标

无论当时多么繁忙，都应将注意力集中到顾客所投诉的问题上，而不可随便走开或随意隐身，更不可发牢骚，嫁祸于他人或责怪店铺等。

6. 记录要点

将顾客投诉时的主要内容记录在备忘录上，这样做不但能使顾客的讲话速度放慢，缓和其激动的情绪，而且还能让顾客感觉到店铺对其投诉的重视。此外，记录要点可作为今后解决问题的依据。

7. 采取的措施应告诉顾客

听完顾客投诉的问题，应立即考虑并决定采取的解决办法，并将其告诉顾客，让顾客选择解决问题的方案或补救措施，尊重他们，不能一直向顾客道歉，请求谅解，而对顾客投诉的具体内容置之不理，不可在顾客面前流露出因权力有限而无能为力的态度。

8. 立即行动

应立刻着手调查，弄清事实，找出根源，并将问题解决的进展通知顾客。

9. 检查落实

问题解决后，应与顾客再次联系，征询顾客投诉的问题是否已得到圆满的解决，做到有始有终。将该投诉的处理过程整理出材料，并进行归类存档，同时将其计入顾客的投诉档案，避免顾客再次来本店发生类似的投诉事件，应将本次投诉事件变为真正改进服务的动力。

五、顾客投诉处理的技巧

1. 注意倾听

（1）如客户上门，做好投诉客户的接待，为避免影响其他客户，最好将客户引至专门的接待区，待客户落座后，及时为客户送上饮品，转移或减少客户的抱怨。

（2）客户在陈述投诉理由时，不得随意打断客户的话，让客户把话讲完，避免影响客户的情绪。

（3）要认真倾听，准确记录，尽量做到不让客户重述，避免客户的怒气升级。

（4）如客户说话太快，可以对客户说："对不起，请您慢慢讲，我会尽力帮助您。"如确实没有听清楚，可以对客户说："对不起，我没有听明白，请您再说一遍好吗？"

（5）适时给予回应，点头并同时发出"嗯"等语气词或说"嗯，是这样……"等口语，用以缓和气氛。

（6）倾听时，表情要严肃并流露出非常关注的神态，向客户表示你对这件事的关注程度。

2. 询问

（1）当客户陈述完投诉内容后，要对全过程进行详细询问。

（2）询问时，语速保持适中，并做详细的投诉记录。

（3）询问时语气要有亲和力，表情要真诚，鼓励客户给予最好的配合。

3. 安抚

（1）如客户表现出气愤、焦急、伤心、激动等异常的情绪，先要自我暗示，让自己保持冷静，再去安抚客户，安抚时要学会转移客户注意力。

（2）安抚客户时，要从客户的角度出发，同情和理解客户。

（3）使用一般安抚语，如"发生这样的事，我能感受到您的失望，我们可以帮助您的是……""请您息怒，我非常理解您的心情，我们一定会竭尽全力为您解决的"。

4. 解释

（1）无论是否是店铺的原因，不得先强调店铺的理由，要从客户的角度出发，做合理的解释或澄清。如是店铺的原因，必须诚恳道歉，注意保持恰当的语气，同时提出解决问题的办法。如是客户的原因，也应委婉地向客户解释，不得表露出对客户的轻视、冷漠或不耐烦。

（2）在没有完全了解清楚客户投诉的问题时，不得马上将问题转交其他同事或相关部门。如需要其他同事帮忙，接转过程中不要让客户等待得太久。

（3）在解释过程中，如客户提出异议，不得与客户争辩或一味地寻找借口，更不得试图推卸责任。

（4）在解释过程中，应尽力维护公司形象，不得在客户面前评论公司、其他部门或同事的不是。

5. 确认

（1）当了解整个事件全部过程后，对客户投诉的内容向客户进行简要复述。

（2）必须向客户核准你的记录，请客户签字确认，以便保证客户陈述问题的准确性；可以采用确认语，如"刚刚您所讲的就是这些吗？"或其他类似的话语。

（3）也许客户真的是误会了，但还是要耐心解释，禁止批评客户。

知识拓展

拓展一　顾客投诉的处理

一、准备处理阶段

(1)控制自己情绪,保持冷静、平和。

(2)先处理顾客的情绪,改变客户心态,然后处理投诉的内容。

(3)应将顾客的抱怨行为看成是公事,进行实事求是地判断,不应加个人情绪和喜好。

(4)抱着认真负责的心态,真正关心顾客投诉的问题。

二、接受投诉阶段

(1)认真倾听,保持冷静,同情理解并安慰顾客。

(2)给予客户足够的重视和关注。

(3)不要让客户等太久。

(4)注意对事件全过程进行仔细询问,语速不宜过快,要做详细的记录。

(5)立即采取行动,协调相关部门解决问题。

三、解释澄清阶段

(1)不得与顾客争辩或一味寻找借口。

(2)注意解释语言的语调和语气,不得给顾客有受轻视、冷漠或不耐烦的感觉。

(3)换位思考,易地而处,从顾客的角度出发,做合理的解释或澄清。

(4)不得试图推卸责任,不得在顾客面前评论公司、其他部门或同事的不是。

(5)在没有彻底了解清楚顾客所投诉的问题时,不得马上将问题转交其他同事。

(6)如果确实是我方原因,必须诚恳道歉,但不能过分道歉,注意管理顾客的期望,限时提出解决问题的方法。

四、提出解决方案阶段

(1)根据投诉类别和情况,提出解决问题的具体措施。

(2)向顾客说明解决问题所需要的时间,及其原因。

(3)如果顾客不认可或拒绝接受解决方法,坦诚向顾客表明你的权限。

五、跟踪回访阶段

(1)根据处理时限的要求,注意跟进处理进度。

(2)及时将处理结果告知投诉的顾客。

(3)关心询问顾客对处理结果的满意程度。

六、纠正和预防措施

(1)对顾客提出的每项投诉,应在投诉处理结束后进行原因分析。

(2)并根据原因分析结果提出防止问题再次出现的纠正措施。

(3)对引起客诉的相关员工进行考核。

拓展二　顾客投诉处理的注意事项

(1)态度要中肯,不可居高临下,也不必奴颜示弱。

(2)在未弄清事实真相时,不要轻易做出判断或许诺。

(3)尊重事实,如确认是我方责任的要勇于承担、积极处理,对非我方责任的也应感谢顾客对我们的关心。

(4)对顾客进行解释时,要掌握分寸,严守相关行业机密,婉转回答。

(5)遇有敲诈、勒索或不合理要求,应进行电话录音,对其讲明我方处理方式,如对方拒不接受,可请消协或质量监督管理局仲裁解决。

(6)处理投诉时最好是去相对安静的环境,不宜在顾客较多的场合进行。

(7)顾客投诉处理过程中应有详细记录备查。

(8)遇到媒体记者应坦然面对,不要躲闪回避。必要时可以寻求公司相关部门协助。

考核评价

1. 以“以客户为中心”的客户管理意义有哪些?

2. 客户管理的本质是什么?

3. 如何正确地看待客户的投诉?

4. 如何正确地处理客户的投诉?

5. 如何分析宠物店顾客购买的心理行为?

项目五
宠物店商品经营管理

学习目标

知识目标：掌握宠物店商品种类、商品结构、商品采购与验收策略、商品组合策略、商品陈列策略、商品定价策略、商品促销策略等知识。
能力目标：掌握宠物店商品陈列技巧、定价策略、促销策略等宠物店经营与管理技能。
素质目标：养成关爱宠物、关爱亲人、服务顾客、热爱生活的职业素质，提高行业认知和行为规范意识。

学习任务

任务一　宠物店商品种类

宠物用品是指直接为宠物购买或制造，供宠物使用的相关产品。宠物用品有犬类附属用品，猫类附属用品，猫、犬清洁用品；其他小动物附属用品有两栖类动物、昆虫及爬行动物用品；笼养鸟、飞禽、野鸟等用品；淡水或海水观赏鱼用品；给宠物及其主人的礼品、纪念品。宠物用品的分类还可按来源分为进口用品和国产用品；按质量可分为高档、中档和低档宠物用品；按功能可分为清洁美容用品、服饰、笼具、食具、玩具、牵引绳等。

一、宠物食品与营养用品

（一）宠物食品

1. 宠物食品的定义

宠物食品是经过加工专门为宠物提供的食品，是介于人类食品与传统畜禽饲料之间的高档动物食品。传统的宠物喂养方式是用残羹剩饭、自制食物以及从自然界中获取的食物。随着人们生活水平的提高、消费观念的转变，大部分顾客已经认识到宠物专用食品对宠物的益处，并逐渐开始用购买来的加工型食品喂养宠物。

2. 宠物食品的作用

(1)宠物食品可以为各种宠物提供最基础的生命保障、生长发育和健康所需的营养物质。

(2)宠物食品具有营养全面、消化吸收率高、配方科学、质量标准、饲喂方便以及可预防某些疾病等优点。

3. 宠物食品的分类

(1)按照宠物食品的形态分。宠物食品分为干燥型宠物食品,如鱼食、犬粮、猫粮、休闲零食;半干型宠物食品,如宠物罐头食品、自制犬粮、猫粮;宠物流质食品,如宠物肉酱、宠物营养粥等。

(2)按照宠物食品的用途分。宠物食品分为宠物日粮、宠物日粮伴侣、宠物保健食品、宠物零食、宠物处方食品等。

宠物食品一般都用塑料袋包装,设计比较精美,外观引人注目。宠物食品的外形可以是各种形状,形状在一定程度上决定着食品的适口性,一般扁圆形、三角形和圆柱形比较多(图 5-1,图 5-2)。

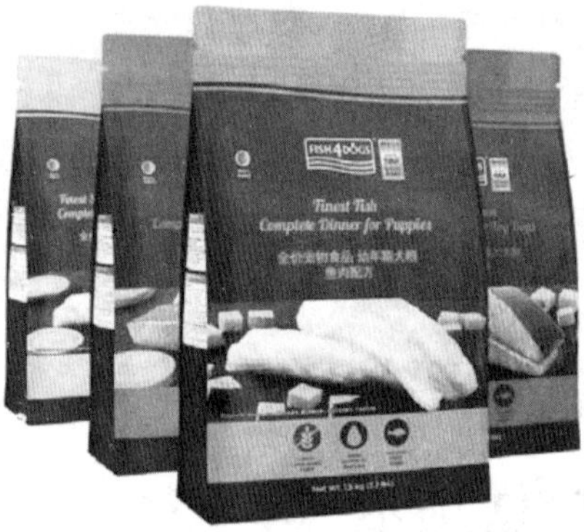

图 5-1 犬粮

图 5-2 猫粮

(二)宠物营养用品

宠物营养用品就是根据宠物的生理状况等制定的营养调理品,这种食品有利于宠物的健康发育和成长,同时也可作为辅助治疗患病的宠物,随着宠物行业的发展,越来越多的宠物主人给爱宠配备营养品,尤其是患病的宠物和在某些方面存在不足的宠物。

1. 宠物营养用品使用对象

(1)对于挑食、饮食结构单一的宠物,有必要补充一定的营养,如维生素、矿物质等。

(2)体弱、年老的宠物,因为饮食量少容易引起营养不良。

(3)因为疾病需要特别补充某种维生素或矿物质的宠物,如患皮肤病的宠物,可以通过补充 B 族维生素来辅助治疗。

2. 宠物营养用品分类

(1)健康营养用品。健康型营养品与全身机能和机能调整有关,是维持及增进机体健康的营养成分,如宠物乳粉(图 5-3,图 5-4)。

(2)选择营养用品。选择型营养品含有改善健康和以治疗为目的的营养成分。包含关节保护类、调理胃肠类、健骨补钙类和美毛护肤类等营养品(图 5-5,图 5-6)。

图 5-3　宠物犬乳粉

图 5-4　宠物猫乳粉

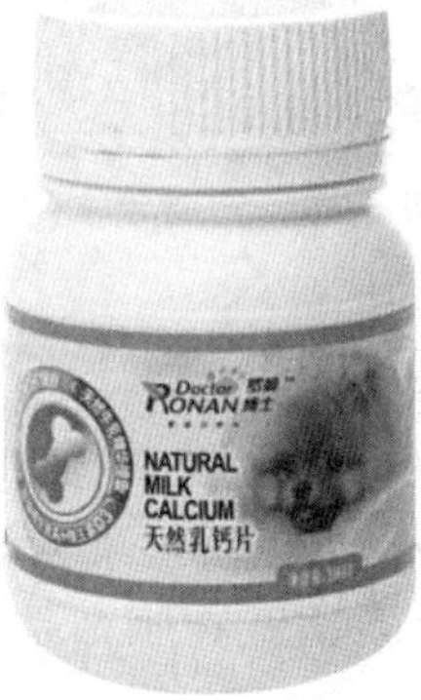

图 5-5　宠物犬钙片

图 5-6　宠物美毛营养膏

(3)基础营养用品。基础型营养品,补充机体缺少及损失的营养成分,这些成分是机体的构成要素,是保持身体健康不可或缺的营养成分,如普通全价营养膏(图 5-7,图 5-8)。

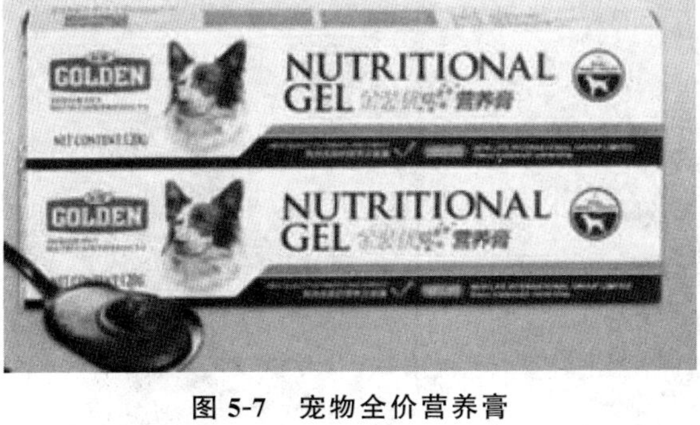

图 5-7　宠物全价营养膏

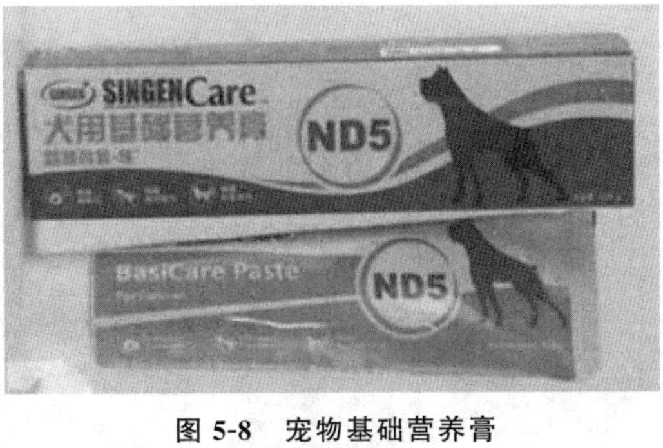

图 5-8　宠物基础营养膏

二、宠物食具、水具

食具(图 5-9)、水具(图 5-10)可以分为犬类食具、水具,猫类食具、水具和其他小动物食具、水具。宠物食具、水具的功能如下。

(1)装载宠物粮食和饮用水,起到容器的作用。

(2)随着人们生活水平的提高,自养宠物的食品安全卫生也是宠物主人关注的问题,宠物主人开始逐步关注食具、水具的材质,所以安全卫生成为宠物食具、水具的另外一个作用。

(3)由于人类生活节奏的加快,食具、水具的功能性也成了宠物主人更高的要求,如自动喂食、自动饮水,控制喂食量和饮水量。

(4)美观性也是考虑因素之一,款式的多样化增加了宠物主人的个性化需求。

图 5-9 宠物食具

图 5-10 宠物饮水用具

三、宠物服饰

随着宠物经济的不断繁荣,人们对宠物文化也越来越关注。宠物服饰的流行就是伴随着宠物文化的繁荣而产生的。宠物服饰可以装扮宠物以取悦主人,给生活增添色彩;宠物服饰是人类对宠物温情关爱的体现,也是人类自身情感寄托的方式。新型宠物服饰是宠物文化的新元素,必将促进宠物文化不断发展。

(一)常见的宠物服饰种类

宠物常见服饰种类包括宠物裙子、宠物 T 恤、宠物毛衣、宠物雨衣、宠物变身衣、宠物连体衣、宠物鞋袜、宠物帽子、宠物围巾等(图 5-11 至图 5-20)。

图 5-11 宠物裙子

图 5-12 宠物 T 恤

图 5-13 宠物毛衣

图 5-14　宠物雨衣

图 5-15　宠物变身衣

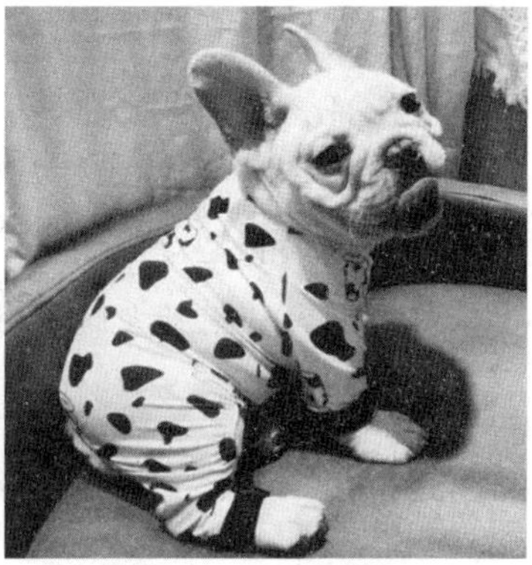

图 5-16　宠物连体衣

图 5-17　宠物鞋子

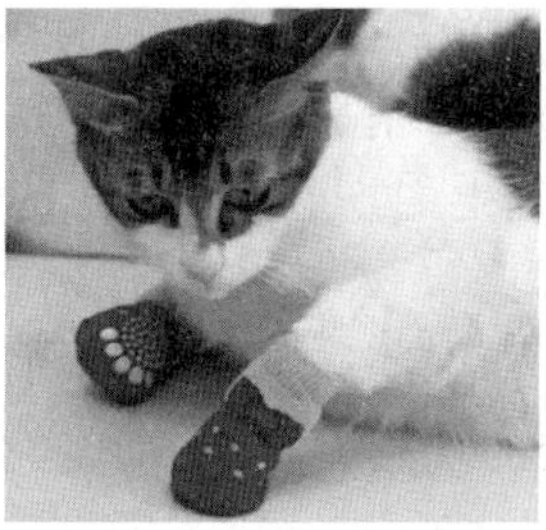

图 5-18　宠物袜子

图 5-19　宠物帽子

图 5-20　宠物围巾

(二)宠物服饰的功能

1. 保暖

宠物衣服可以起到保暖的作用,这是所有宠物衣服都具有的一个共同作用,这也是最初宠物服饰兴起的原因之一。

2. 防雨

宠物穿上雨衣可以在雨中玩耍而不感冒。

3. 卫生

给宠物穿上衣服,可以预防宠物掉毛和生理期现象。

4. 安全

宠物夜行衣可以预防夜晚遛犬时丢失和交通事故的发生。

(三)如何给犬类选择衣服款式

宠物衣服的种类越来越多,如唐装、牛仔类、运动 T 恤类、运动夹克、裙子、四脚类、风衣类,漂亮的款式很多,但可能适合的类型就几种,所以在选择上除了尺寸,最重要的就是款式了。

1. 标准型

如贵宾犬和雪纳瑞犬都是属于标准型的犬,所以比较容易选择衣服。

2. 运动型

如八哥犬和斗牛犬都是属于运动型的犬，身体较短，这种犬就要选择短款的衣服，并且最好是扣式的衣服，或脖子处宽松些的衣服。

3. 身体偏长型

如可卡犬和腊肠犬属于身体偏长型的犬，这样的犬适合穿紧身类衣服，最好无袖口。

4. 娇小型

如博美犬和吉娃娃犬属于娇小型的犬，这样的犬就要选择俏皮、短款的衣服，如背心、蓬蓬裙等。

四、宠物玩具

宠物玩具是指一种基于将宠物作为人类伙伴关系而诞生的一种亲子类型的用品，这种玩具存在的目的就是让人类和宠物真正地互动起来，在情感上得到更多的交流和互动。宠物玩具是人类与宠物的关系达到了非常亲密程度而诞生的产物，同时也是宠物作为人类的一种亲密伙伴关系的标志。

宠物玩具的作用有以下几点。

（1）在宠物换牙时期为其准备一些可以啃咬的玩具，可以帮助宠物磨牙，缓解长牙、换牙的不适感，如犬咬球（图 5-21）。

（2）为宠物准备一些新鲜的玩具，可以吸引宠物的注意力，让其保持一种开心兴奋的状态，让宠物可以积极愉快地度过每一天，而不会因为无聊而沉闷，如猫爬架（图 5-22）。

图 5-21 犬咬球

图 5-22 猫爬架

（3）为宠物准备玩具，让其可以玩耍嬉戏，这样就可以很好地避免宠物破坏家具等行为，降低宠物的破坏力，如逗猫棒（图 5-23）。

（4）在宠物和主人的互动环节，宠物玩具起着很重要的作用，如互动铃铛（图 5-24）。

图 5-23　逗猫棒

图 5-24　互动铃铛

五、宠物出行用品

（一）宠物窝箱

宠物和人类一样，也需要自己的“房子”，在宠物休息、睡觉的时候都需要一个属于自己的空间，也就是宠物窝箱。一般的宠物窝箱根据其用途分为室内用窝箱（图 5-25）和室外用窝箱（图 5-26）。室内用窝箱一般是棉质材料，宠物躺在上面非常舒服，可以缓解宠物的疲劳；室外用窝箱一般是塑料材质，结实耐用，在旅行、户外活动中用得比较多。

图 5-25　宠物室内用窝箱

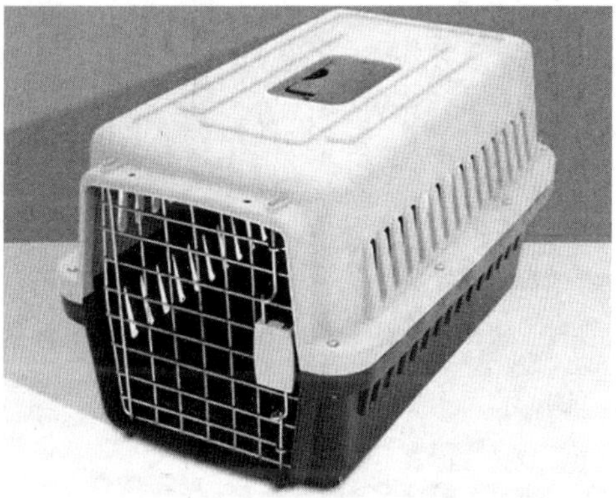

图 5-26　宠物室外用窝箱

（二）牵引绳

牵引绳分为胸背式牵引绳和项圈式牵引绳两大类，二者的主要区别是牵引绳在犬身上接触的位置不同。随着社会的进步和宠物养殖数量的增加，大众对宠物主人在公共场所约束宠物行为提出了更高的要求，越来越多的宠物主人选择使用牵引绳（图 5-27、图 5-28）。具体来说，使用牵引绳的作用有如下几点。

（1）可以预防犬在外出或在公共场合攻击或吓到老人、小孩等弱势群体。

（2）可以防止在遛犬的时候胡乱吃脏东西或其他不干净的食物，引起不必要的麻烦。

（3）使用牵引绳可以防止交通事故，保护犬的生命安全。

(4)使用牵引绳可以增强犬训练的效果。

图 5-27　项圈与牵引绳

图 5-28　胸背式牵引绳

六、宠物美容用品、护理用品

(一)洗澡用品

宠物洗澡用品包括浴液、吸水毛巾、洗澡按摩梳、美容梳等(图 5-29 至图 5-32)。

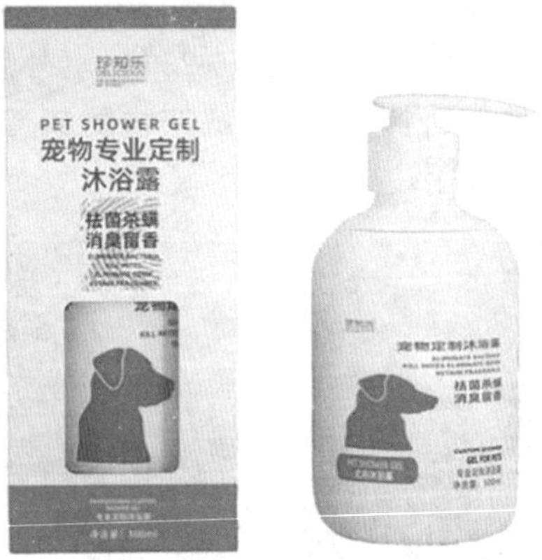

图 5-29　浴液

图 5-30　吸水毛巾

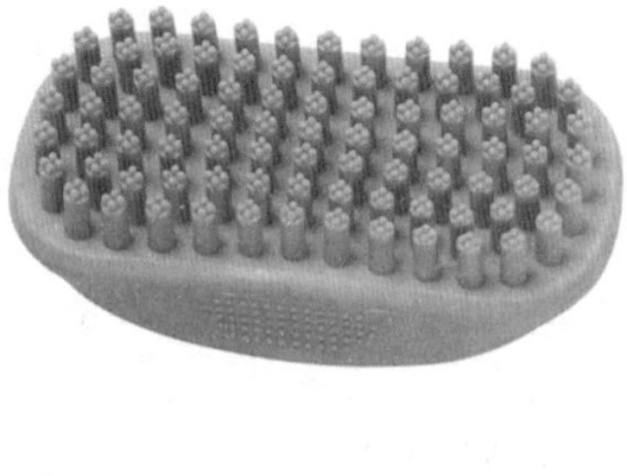

图 5-31　洗澡按摩梳

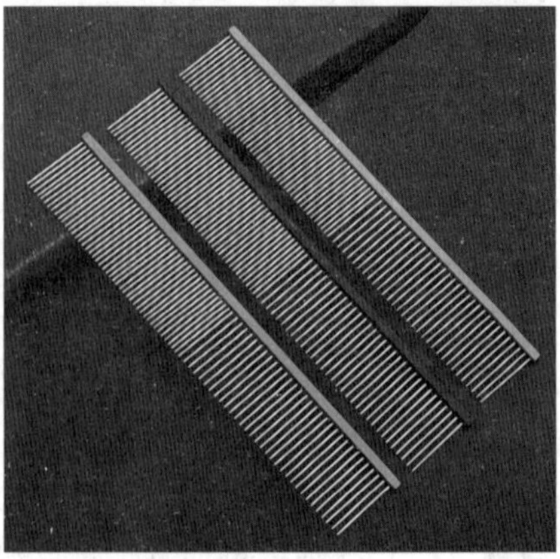

图 5-32　美容梳

（二）美容用品

宠物美容用品包括美容剪刀（图 5-33）、电剪（图 5-34）、美毛染色剂、美毛粉（图 5-35）、美毛油等。

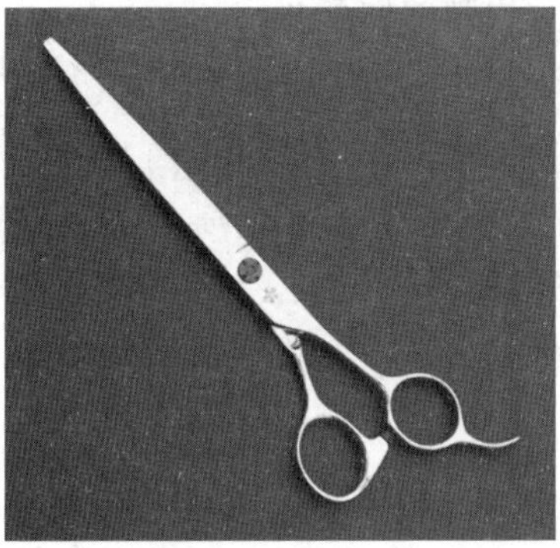
图 5-33　美容剪刀

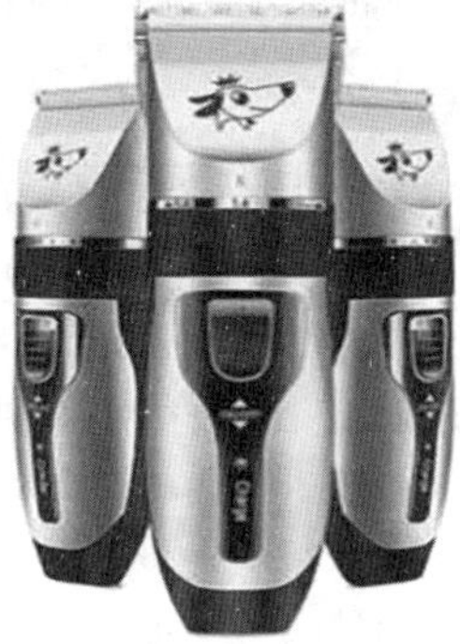
图 5-34　电剪

图 5-35　美毛粉

（三）护理用品

宠物护理用品包括趾甲钳（图 5-36）、趾甲套（图 5-37）、止血粉（图 5-38）、泪痕滴眼液、洗耳液、SPA 精油、SPA 浴盐。

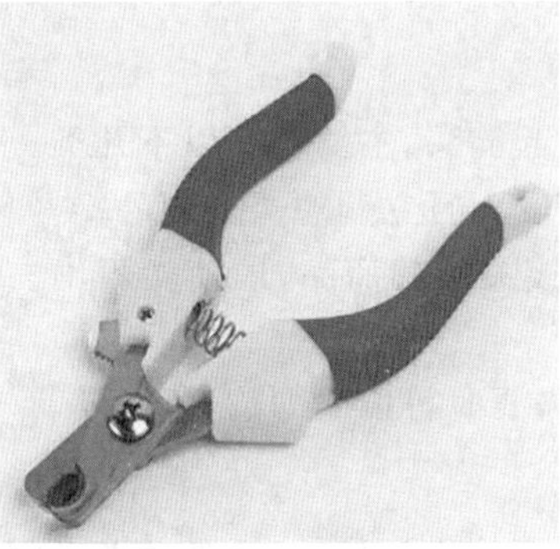
图 5-36　趾甲钳

图 5-37　趾甲套

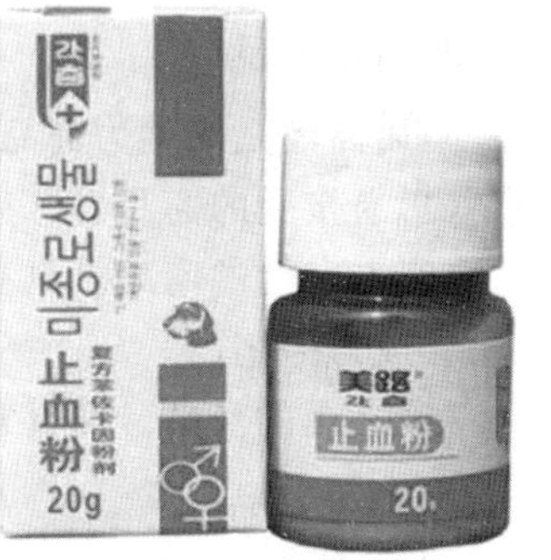

图 5-38　止血粉

任务二　宠物店商品结构

一、宠物店商品结构的定义及组成

（一）宠物店商品结构的定义

宠物店商品结构是指在一定的经营范围内，按一定的标志将所经营的商品划分为若干类别和项目，并确定各类别和项目在商品总构成中所占的比例。商品结构在店铺的经营中居于枢纽位置，经营目标能否圆满完成，经济效益能否顺利实现，都和商品结构有着密切的联系。

(二)宠物店商品结构的组成

合理的商品结构是宠物店经营的基础。一个店铺定位之后，主辅商品分明、价格合理、陈列突出将会把店铺经营带入一个良性的循环中，反之，会杂乱无章、无序可循，店铺的经营状况会越变越差。常见的商品结构包括主力商品、辅助商品、附属商品和刺激商品。

1. 主力商品

一个店铺的主力商品体现店铺经营方针、经营特点以及店铺性质，可以说，主力商品的经营效果决定着店铺经营的成败。主力商品是在店铺经营中数量上和价值上占主要部分的商品，主力商品内容的充实与否，可以左右整个店铺的魅力，所以主力商品在构成上，尤其在商品收集的齐全性、品质水准、性价比等方面，应比竞争对手更具优越性。主力商品包括销量好的商品、季节性商品、选购性商品。

2. 辅助商品

辅助商品是对主力商品的补充。辅助商品不要求与主力商品有关联性，只要是店铺能够经营，而且又是顾客需要的商品就可以。它可以衬托出主力商品的优点，成为顾客选择商品时的比较对象。辅助商品不但能够刺激顾客的购买欲望，还可以使商品种类更加丰富，克服商品的单调感，增加顾客光顾频率，对主力商品的销售有促进作用。

但是对于辅助商品，必须考虑它的季节性和流行性，因此辅助商品的配备，应随季节变化和流行变化而调整，做到少进、勤进、快销。

3. 附属商品

附属商品是与主力商品有主从关系的商品，可与主力商品一起购买，主要包括以下几类。

(1)易接受的商品。陈列在店内，只要顾客看到，就很容易接受而且立刻想买的商品。

(2)安定性的商品。具有实用性，而与设计、格调、流行无直接关系的商品，即使卖不出去也不会成为滞销品。

(3)常用的商品。即日常所使用耗材和零件类的商品，顾客需要时可以立即购买到。

4. 刺激商品

刺激商品是为了刺激顾客购买欲望而选出的重点商品，少而精，影响大，一般要做大力宣传，主要包括以下几类商品。

(1)战略性商品。配合经营战略的需要，用来吸引顾客，选出在短期内大量销售的重点商品。

(2)开发的商品。为了促使以后大量的销售，店铺积极开发，并与厂商配合所制出的重点商品。

(3)特选的商品。利用陈列的表现或加以特别的组合，具有强烈展示力且顾客容易冲动购买的商品。

二、合理的商品结构的意义

合理的商品结构对于店铺的经营有着重大意义，具体表现在以下三个方面。

(一)有利于满足顾客需求

宠物店要满足消费者需求,不仅要保证基本需求、共同性需求,还要向顾客提供选择条件,保证不同的需求。

(二)可以加强商品经营计划

宠物店组织商品进销存计划。确定商品销售、库存情况,必须研究确定商品结构,以保持合理的比例关系。从商品进销存的比例关系来看,应以销售占比为中心,掌握进货占比和库存占比,达到进销存之间的平衡,店铺经营者应研究确定并经常分析三者之间的关系,力争达到较为适当的商品结构。

(三)有效利用经营条件

合理的商品结构可以使店铺经营者按照商品构成比例,合理调配人力、财力、物力,集中力量加强主力商品的经营,突出经营特色,发挥经营优势。同时,又督促经营者通过对商品结构的检查分析,及时加以调整,适应市场变化,减少经济损失。

三、影响商品结构的因素

(一)顾客的构成和消费结构

首先是顾客的构成和消费结构会影响商品结构,随着顾客的结构、顾客的购买能力和消费偏好的变化,商品的结构也应做出相应的调整。

(二)商品的季节性

季节性商品在不同时期内有着不同的经营比例,以适应生产季节或消费季节的需要,调整各个时期的比重,既能保证顾客的需要,又能防止过季商品的积压。

(三)经济环境

经营特色的变化、经营规模的扩大或缩小、人员增加或减少,都会影响商品的结构,从而增加或减少商品经营的种类。

(四)其他因素

社会风气和生活习惯的改变、国家某项政策的实施、科学文化事业的发展,都会直接或间接影响商品结构的变动。

四、商品结构的调整

在宠物店经营过程中,商品结构受多种因素的影响,因此在宠物店经营过程中要及时调整商品结构。

(一)商品结构的调整应符合顾客的需求

店主根据地区的特点和目标客户对商品结构的选择要求,来确定商品的构成比例,保持应备的花色、品种、规格和款式。对于一些配套使用的商品及连带消费的商品，应当列入商品计划，以方便顾客购买，增加店铺的利润。

（二）处理好经济效益与商品的关系

既要处理好不同利润率的商品之间的比例关系，保证经济效益，又不能大利大干，微利不干，否则就不能保证顾客的需要，造成的结果往往是顾客慢慢地流失。

（三）经常分析检查商品结构

主要从各类商品经营比重、库存指标、品种、档次等方面进行纵向与横向的对比分析。通过各种指标在不同时期的对比和相互间的对比，以及同行业有关比重的横向比较，寻找一定的规律，发现存在的问题，及时进行调整。

任务三　宠物店商品采购与验收策略

宠物店出售的商品一般不是自己生产的，而是通过厂商采购的，那么采购来的商品在成本、数量、质量、时间等方面都对店铺经营的利益有很大影响，由此可见采购是非常重要的。而且就店铺经营活动的循环周期而言，重点工作也是采购，因为没有商品进入店铺，就没有店铺的销售，所以店铺经营离不开成功的采购。

一、采购渠道

一般来说，宠物店的进货渠道有以下几种。

1. 从厂家直接进货

店主可以联系一些生产宠物用品的厂家，与厂家协商，从厂家进货，这是一种比较安全的渠道，其优缺点如图 5-39 所示。

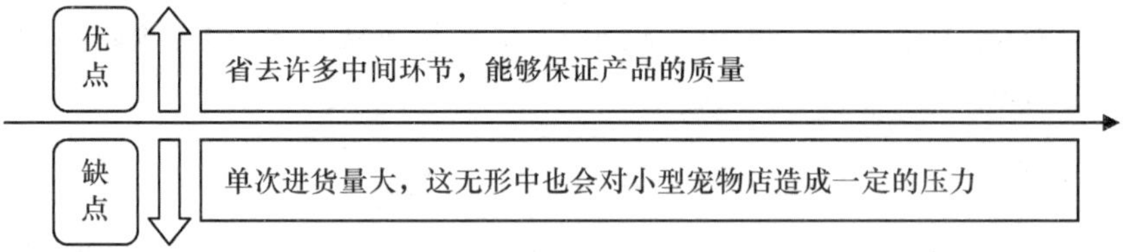

图 5-39　从厂家直接进货的优缺点

2. 从批发市场进货

从批发市场进货，一次可以不需要进大量的货，从而降低库存积压的风险。但是从批发市场进货，其弊端如图 5-40 所示。

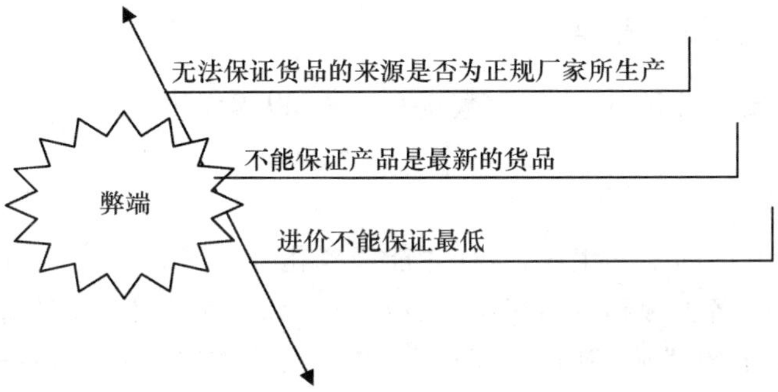

图 5-40　从批发市场进货的弊端

3. 从代理商处进货

无论是国外的知名品牌还是国内的厂商，往往都有自己的代理。一般来说，厂家会把产品销售交给代理，然后由代理分发到全国。当然，每层的代理商都要加价，这对创业者来说，无疑增加了进货成本。

4. 加盟连锁店进货

如果是加盟连锁店的话，进货就不必担心渠道问题了。连锁总部一般会提供货源，解决进货渠道的问题。

除上面介绍的几种采购渠道外，创业者也可以参加当地的宠物用品展览会，在展览会上，可以与多家宠物用品批发商或制造厂商建立联系，从而拓宽采购渠道。

二、采购原则

任何事物都有自己的原则，宠物店商品的采购也是一样，一般来说，应遵循以下原则。

1. 按不同商品的供求规律来采购

对于供求平衡、货源正常的商品，快销就快进，多销就多进，少销就少进；对于时断时续，供不应求的商品，根据市场需要，随供随进；对于扩大销售，而销量却不大的商品，应当少进多样，在保持品种齐全和必备库存的前提下，随进随销。

2. 按商品季节产销特点来采购

季节生产、季节销售的商品，季初多进、季中少进、季末补进；常年生产、季节销售的商品，淡季少进，旺季多进。

3. 按商品供应地点来采购

当地供货，要少进勤进；外地供货，适当多进，适当储备。

4. 按商品的生命周期来采购

新产品要先进行试销，此时宜少量进货，打开销路后，再增加进货，即进货从少到多。

5. 按商品的产销性质来采购

按商品的产销性质来进货，注意销售数量和动态，以需定进。

三、采购的组织

商品的采购要有专门的采购组织，这样才能规范化。

采购部门可以由一名主管和数名采购人员组成。如果是中小型店铺，其采购工作常由自己单位执行，其优点是机动性强、弹性与变化大，缺点是成本难以控制，且采购与使用合一，将无法达到核查功能，极易产生弄虚作假的现象。

如果是大型或连锁经营的店铺，其采购工作应由专业采购部门或专职人员来执行。那么采购人员业务中最重要的环节就是充当供应商与使用者之间的桥梁，将有关货品的规格、功能、技术知识等，代替供应商转达给使用人员，并将其他单位使用后的效果加以分析评估，作为下次采购时的依据。

四、店铺商品采购的程序

商品采购是一项非常严肃的事情，任何环节都要注意，总的来说，采购的程序包括以下内容。

(1)制订需要采购的商品目录，将要采购的商品详细列明。

(2)选择供应商，洽谈商品供销事宜。

(3)进行市场询价，与供应商的价格进行比较，作为商品采购价格的基础。

(4)查看货样，看样选购。

(5)与供应商议定商品供应价格。

(6)签订订购合同。

(7)审阅供应商的各种发票单据。

(8)收货及核验数量，并记录存档，制作卡片。

(9)跟踪管理，根据商品销售情况，调整商品摆放位置、陈列面积，促进商品销售。

在采购时，大多数人侧重于考虑尽可能压低进货价格，以降低成本。实际上，应同时考虑进货商品的价格与品质，最好的做法是在价格相差不大的情况下，选择质量最好的产品。

五、商品采购注意事项

(1)掌握最新、最准确的市场消息，通过科学的市场预测方法来确定市场对于量、质、品种、价格等方面的需求，从而采购适销对路的商品，避免因库存积压造成损失，以便更好地提高经济效益。

(2)培养采购人员对市场行情的判断力，确定以什么样的方式销售什么样的商品，只有这样才能提高采购水平。

(3)掌握现场实务经验，增加正确判断的概率。

(4)多选几家供应商进行比较，挑选出合适的产品。

(5)不可泄露采购计划。

(6)进货后再付款，特别是对于中小型店铺很重要。

(7)不要落入"杀价圈套"。

(8)实现与供应商双赢,与供应商保持良好的关系并采用灵活的合作方式。

(9)注意产品多样化。进货要注意产品的结构,不要单独进某种货品,这些货品会造成宠物店丧失大量的运营资金,而且同样的货品,也不利于宠物店顾客选择。

六、宠物店商品的验收

商品验收是加强商品管理的重要环节。通过商品验收可以防止财产损失、减少和消灭差错事故的发生。通过店铺经营过程可以知道,由于商品验收不严,会造成差错事故,招致店铺财产损失;会造成质量低劣的商品进入消费领域,损害消费者利益,破坏店铺商誉;会产生零售柜台矛盾,使售货员与顾客发生争执,影响店铺服务质量。所以,商品验收在店铺经营管理中非常重要。

(一)商品验收的原则

(1)明确商品质量的验收标准。对新品种或新经营的品种,要在订货时就按照订货样品,明确质量标准,并将样品封存,作为验收时的依据。

(2)逐次验收,明确经济责任。从商品进入店铺到上柜出售,随着每次商品管理权的转移,在各个环节分别进行验收,明确责任。

(3)根据商品的不同性质、商品管理的不同分工、商品包装的不同状况,采取不同的验收方法。

(4)商品验收记录必须及时、迅速、准确,做到随时进货,随时验收。

(5)做好每一件商品的验收记录。验收记录是进行商品验收的重要书面记载,验收记录一般包括收发货单位名称、凭证号码、实收商品数量、规格、质量及验收日期、地点、验收人等。

(6)在验收过程中,如发现商品数量短缺,应及时要求供货单位补上,如商品质量不合格或有残损时,应根据不同情况要求退换,对于损害消费者利益的产品,应拒绝上架。

(7)在商品验收过程中发现问题,应及时向店铺管理人员汇报,进货人应积极协助仓库或柜组与供货单位联系解决问题。

(二)商品验收的内容

商品验收是通过商品的检查来实现的。商品验收时,主要依据供应商的发货单和进货发票,这两个凭证缺一不可。验收时需要做好以下三方面的检查,保证货单相符、数量准确、质量完好。

1. 发票检查

要将自己的订货单与供应商的发票一一核对,包括核对每一商品项目的数量、价格、质量标准、销售期限、送货时间、结算方式等项目。通过检查确认供应商所供货物是否与自己需求完全吻合。

2. 数量检查

清点货物数量,不仅要清点大件包装,而且要开包拆箱分类清点实际的商品数量,甚至要核对每一包装内的商品式样、型号、颜色等的数量。一旦发现商品短缺和溢余,应立即找供应商协商解决。

3. 质量检查

一是要检查包装是否完好。一般说来，商品在运输过程中出现损伤情况，往往由运输者或保险人承担责任。二是检查货物质量，是否有低于订货质量要求的商品。发现低于订货质量要求的商品，要尽快提出来，因为低质量的商品会给店铺带来诸多问题，如影响销售、利润，也会损害店铺的形象。

关于检查的方法则有多种，有直检、盲检、半盲检等。商品验收是一项细致的工作，要确保验收工作的有效，就必须做到明确商品质量的验收标准；逐次验收，明确经济责任；针对不同的包装采取不同的验收方法；在验收的时候做好商品验收记录；在商品验收的时候如果发现问题，应及时和对方联系、沟通。

任务四　宠物店商品组合策略

商品组合又称商品经营结构，是指一个店铺经营的全部商品的结构，即各种商品线、商品项目和库存量的有机组成方式。简而言之，店铺经营的商品的集合，即商品组合。商品组合一般由若干个商品系列组成。随着现代科学技术和生产力的发展，新产品层出不穷，由于店铺经营费用和经营条件是有限的，而生产领域创造的商品是无限的，为实现店铺的经营目标，优化商品的组合显得尤为重要。

一、商品功能定位

商品的功能不一样，销量也不一样，所能带来的利润也不一样，需要通过一定的组合，才能发挥最大的整体效益。

1. 吸客商品

吸客商品就是对顾客产生一定吸引力的商品。例如，品牌的畅销商品，或具备足够吸引力的商品，或价格超低的日常消费品，不需要宠物店特别宣传，就可将顾客吸引进店。

2. 带货商品

带货商品属于刚性需求类商品，顾客对此类商品较为熟悉，并且已经形成购买的习惯，会重复且持续购买。

3. 利润商品

利润商品就是利润丰厚的商品，是店铺利润的主要来源。

4. 品牌商品

商品本身的品牌知名度非常高，品牌档次也较高，能在一定程度上消除顾客对宠物店的陌生感，且能在一定程度上提升店铺的整体档次。

5. 竞争商品

竞争商品就是用来和竞争对手“打仗”的攻击竞争对手的主打商品，也可用来转移顾客的注意力，避免价格战损害自己利润的商品。

6. 培养商品

培养商品就是目前销售量低，但未来前景很好，值得花时间和精力来宣传的商品。

二、商品结构框架

根据商品的功能确定商品的结构框架。常见商品结构见表 5-1，价格带商品结构见表 5-2。

表 5-1　常见商品结构

类目	商品类型	参考销售比重/%	说明
常规商品比重	吸客商品或带货商品	40～50	最常见的商品类型是利润商品。
	利润商品	20～30	
	品牌商品	5～10	
	竞争商品	0	
常规利润比重	吸客商品或带货商品	30～50	不管这种商品的比重怎么设置，最终的目的都是利润，不同的商品类别，所承担的利润贡献比例是不一样的。

表 5-2　价格带商品结构

类目	商品类型	参考销售比重/%	说明
不同价格带区间	10～30 元	5～10	此种商品组合考虑的因素，就是价格带模式，同一品类的商品，需要设置不同的价格带，来满足不同层次的消费者需求。
	30～60 元	20～40	
	60～100 元	30～40	
	100～300 元	10～20	
	300 元以上	5～10	
产品特性需求	普通消费	30～40	是难度最大的商品组合设计，是按照商品的特性来设计商品组合，需要对消费者的购买习惯、商品品类非常熟悉才行。

第一种是最常见的商品结构类目，在常规商品比重中，吸客商品或带货商品占比较高，占 40%～50%，其次是利润产品，占比 20%～30%，品牌商品占比 5%～10%，竞争商品的占比最低，占比为 0；在以利润为目的的商品结构中，吸客商品或带货商品的比例可达到 30%～50%。

第二种是根据价格带确定商品结构，中间价位的商品占比较高，如价位为 60～100 元的商品比例达到 30%～40%，低价位商品的比例为 5%～10%，高价位商品的比例也达到 5%～10%，不同价位的商品，满足不同消费者的需求。根据产品特性需求来确定商品结构，即按照商品的特性来设计商品组合，需要对消费者的购买习惯、商品品类非常熟悉才行，是难度最大的商品组合设计。

三、商品组合的内容

宠物店在调整产品组合时，可以针对具体情况选用以下产品组合策略。

1. 商品组合的宽度

商品组合的宽度是指店铺经营的商品有多少系列或种类，如宠物食品、宠物洗护用品、宠物出行用品等。商品组合宽度越大，商品经营的综合性越强。

2. 商品组合的长度

商品组合的长度是指商品项目即同一类商品的品种。宠物店商品的品种越来越集中在商品的品牌上，如犬粮的品牌就有皇家、比瑞吉、慕斯、好主人等。

3. 商品组合的深度

商品组合的深度是指某一商品项目之下的规格品种和花色品种。例如，比瑞吉的犬粮有2种规格和3种配方，那么此犬粮的深度就是6。

4. 商品组合的关联度

商品组合的关联度有3层含义，包括商品之间的关联度、商品区域的关联度及相关程度。

四、商品组合的思路

顾客对某一店铺的偏好，不是来自所有商品，而是来自某个商品群。正是由于特色商品群对顾客偏好产生最直接的影响，所以宠物店要不断推出和强化有创意的商品群组合，以吸引更多的顾客来店铺消费。

1. 增加商品种类

即宽度组合。在已有的商品群中增加新的商品种类，扩展商品组合的宽度。

2. 扩大商品项目

即深度组合。在已有的商品群中不增加商品种类，每一种类之下增加品种、规格和花色，以拓展商品组合的深度。

3. 等价变换组合

将商品群构成中的一个或几个成分经过等价变换组合成新的商品群。

4. 类比思考组合

类比思考组合可以启发组合出许多崭新的商品群。

5. 主辅调整组合

主辅调整组合只需要在已有的商品群中将其主要商品和辅助商品加以调整，即可组合成新的商品群。

6. 使用环境组合

使用环境组合突破传统的商品分类，将在同一环境中的不同商品组合起来，形成新的商品群。

7. 特定使用目的组合

特定使用目的组合就是突破传统的商品分类，将同一使用目的的不同商品组合起来，形成新的商品群。

8. 消费意境组合

消费意境组合就是为适应当今消费潮流，在满足物质需求消费的同时，注重精神需求消费，创造出美好的消费意境，并根据消费者意境创造出崭新的商品群。

9. 根据供应商进行商品组合

根据供应商进行商品组合，为突出某一品牌，强调该品牌的影响力，可以将该品牌所有商品组合起来，成为一个同一品牌商品群。

任务五　宠物店商品陈列策略

商品陈列是指以产品为主体，运用一定艺术方法和技巧，借助一定的道具，将产品按销售者的经营思想及要求，有规律地摆设、展示，以方便顾客购买，是提高店铺销售效率的重要的宣传手段，是店铺销售广告的主要形式。

一、宠物店商品陈列的目的

从消费者购物的8个心理阶段（注意、兴趣、联想、欲望、比较、信任、行动、满足）可以看出，越是前面的几个阶段体现在商品陈列上的要求越高，如果想要增加商品对顾客的影响力，需要特别注意商品的陈列，否则顾客可能根本不会走进店里。只有顾客被陈列商品所吸引，才会走进店里，店铺也才有可能销售商品，因此从消费者购物的心理阶段也可以看出商品陈列的重要意义。

（一）尽可能延长顾客活动的“动线”长度

店铺商品陈列的第一个作用是尽可能延长顾客活动的“动线”长度。延长“动线”长度意味着提高洄游性，可以通过制订动线计划，多设置磁石商品（广告商品、特卖品等）引导顾客长时间走动，从而延长其洄游路线。

（二）提高顾客的停留率

首先，打造令人愉快的宠物店，让顾客觉得花费时间有价值，延长购物时间，从而提高购买率；其次，通过布局提高停留率，如增加关联性商品的陈列，诱导顾客进行非计划性购买，或利用POP广告等辅助手段和陈列方法提高顾客停留率。

（三）刺激顾客的购买欲望

刺激顾客的购买欲望，“临时起意”的购买行为也是店铺业绩来源所在，就是靠吸引人的陈列装饰来刺激顾客购买欲望，促使其心甘情愿进行消费。因此，将重点商品摆在顾客视线区域内可以达到良好的刺激效果。如果能在陈列的形状、包装、颜色等方面排列出令人眼前一亮的商品陈列面，也能发挥陈列装饰刺激顾客购买欲望的作用。

(四)提供商品最新信息

提供商品最新信息，就是以最快的方式告诉顾客本行业最新流行的宠物用品及相关的信息，及时地服务顾客，特别是年轻人，喜欢新颖的商品，会立即决定购买，从而增加店铺的利润。

(五)提高商品周转率

提高商品周转率，也是商品陈列最重要的目的之一，商品以不同形式陈列在店铺内，进店消费的顾客才可以看到该商品，增加顾客选购的机会，提升商品的销售速度，提高商品的周转率。

(六)提升店铺形象

好的陈列装饰给予顾客易看、易找、易放的购物环境，容易博得顾客好感，给顾客留下一个好印象，顾客下次购买商品的时候自然而然会想到该店铺，从而树立该店铺的信誉。

二、宠物店商品陈列的基本原则

(一)显而易见原则

显而易见原则是首要选择，店铺里的所有东西都要尽可能地放在顾客能一眼看到的地方，特别是商品的正面以及价格，因为有很多顾客会因为商品的价格没标上或者没找到而不选购这件商品，商品间不应互相遮挡，否则就没有陈列的必要了。

(二)丰满原则

商品陈列时一定要丰满。顾客来到宠物店最关心的就是商品，所以顾客一进门就会把目光投向柜台货架，这时候，如果柜台货架上商品琳琅满目，他们的精神就会为之一振，产生较高热情，同时无形中就会产生一种意识——这儿的商品这么多，一定有适合自己的。相反，如果货架上商品稀稀拉拉，店铺里空空荡荡，顾客就会泄气，也会产生一种意识——这儿的商品这么少，会有什么好货？一旦顾客产生这种心理，就会对消费产生极大的阻力。因此，商品陈列时要求商品摆放要丰满。

(三)容易辨别、容易拿取原则

容易辨别的字面意思，是能让顾客很容易地判断出来这是什么，有的是进口产品，顾客不一定能看懂说明文字，所以价格牌上要写清楚是什么，否则摆放的位置再显眼，顾客都不一定选购。容易拿取的字面意思，是顾客伸手就能拿到。拿不到的一般是方便理货员补货用的，所以商家在理货的时候一定要注意方便客户拿取。

(四)先进先出原则

这里是指按照商品的出入库顺序进行摆放，也就是先进货的产品要放在外面先让顾客购买，和产品的生产时间有关，不能总是有积压商品，尤其是有保质期和流行的商品更要遵守这样的陈列原则。

(五)相关联陈设原则

相同属性或者相关商品放在一起,如宠物食品和食具水具放在同一个区域,宠物零食放在同一个区域,浴液和浴巾等也放在同一个区域,这就是相关联陈设。顾客看到某个商品会想起相关商品是否有需要,这也是店铺提高销量的一种方法。

三、宠物店商品陈列高度和销售量的关系

商品陈列高度变化会引起销售额变化。宠物店常见的货架高度与销售量的关系见图 5-41,图 5-42。

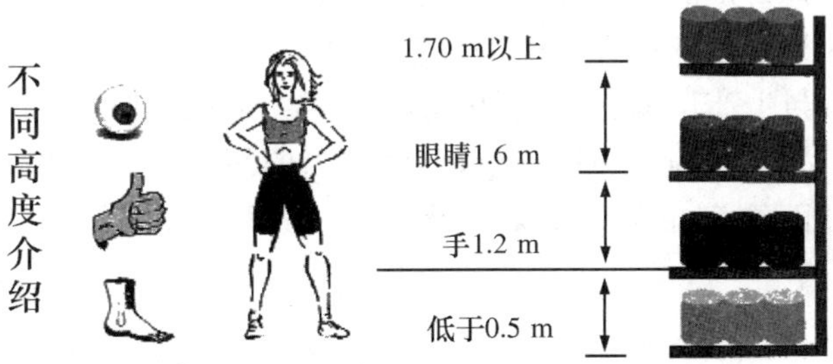

图 5-41　宠物店常见的货架高度

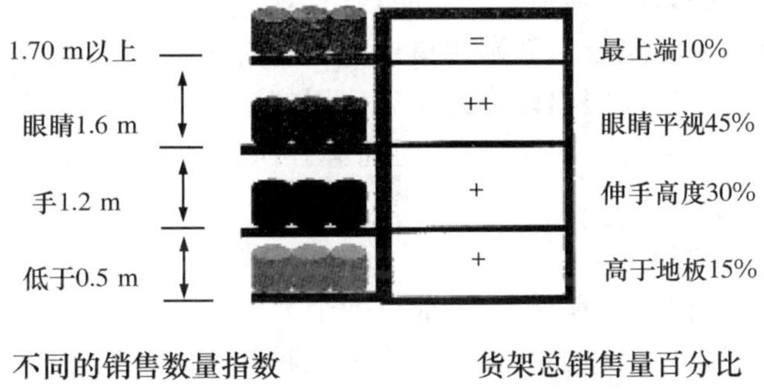

图 5-42　宠物店货架高度与销售量关系

从图中可以看到,货架与眼睛平视的高度,商品的销售量是最高的,男性一般为 1.6 m,女性一般为 1.5 m,又称为黄金陈列高度,销售量可以达到 50%左右,因此在陈列的时候一般陈列主力商品或店铺有意推广的商品。货架的伸手高度一般陈列次主力商品,销售量可达到 30%左右。货架的下端或上端,销售量一般比较低,用于陈列低利润、补充性和体现量感的商品,有时候上端还可以有一些色彩搭配和装饰。

四、宠物店商品陈列的基本方法

宠物店合理地陈列商品可以起到展示商品、刺激销售、方便购买、节约空间、美化购物环境等各种重要作用。据统计,店铺如能正确运用商品的配置和陈列技术,销售额可以在原有基础上提高 10%。下面介绍几种商品陈列的方法。

(一)主题陈列

主题陈列又称为专题陈列,即在商品陈列时利用各种艺术手段、宣传手段、陈列用具,并利用声音、色彩突出商品。对于一些新商品,或者满足某一时期的流行商品,以及由于各种原因要大力推销的商品,可以在陈列时利用特定的展台、平台、陈列道具台、陈列道具等突出宣传;必要时,配以集束照明的灯光,使大多数顾客能够注意到,从而产生宣传推广的效果,主题陈列的商品可以是一种商品,如某一品牌的犬粮、某一品牌的服装等;也可以是一类商品,如系列浴液、浴巾等,不论是一种还是一类,应尽量少而精地摆放,与其他商品有明显的陈列区别,以突出推销重点。在陈列时,如果有推销人员随行解说,会加大商品的吸引力。主题陈列可以配合特定的节日,将这一节日畅销品单独陈列,在热闹的节日气氛中,加上热烈的色彩点缀,突出陈列场所的气氛,将使这类商品取得良好的销售效果。

另外,店铺还可以与生产厂家合作,利用主题陈列的形式,共同开展某种商品的展销促销活动,为厂家的主要产品专门辟出一块场地,配以适当的用具展示出来,使这类商品同其他类商品明显区分开,一方面给商品陈列带来变化,另一方面又促进了这类商品的销量,扩大了市场。

(二)端头陈列

端头即货架两端,这是销售极强的陈列位置。端头陈列即在货架两端进行的陈列,陈列的商品可以是单一品种商品,也可以是组合商品,后者效果更佳。

端头陈列的商品如果是组合商品则比单件商品取得更大的利益,所以端头陈列应以组合式关联性强的商品为主。目前国内许多宠物店使用的中央陈列架有许多是半圆形端头,白白浪费了黄金陈列空间。发挥端头商品的陈列优势,可将半圆形的端头去掉,放上一个单面货架,就可进行端头陈列了。

端头陈列的注意事项如下。

(1)组合陈列时商品种类不宜过多,一般以5个为限。

(2)组合的商品之间要有关联性,决不可将无关联的商品陈列在同一货架上。

(3)在几种组合商品中可选择一种商品为牺牲品,以低廉价格出售,目的是带动其他商品的销售。

(4)端头的特殊位置可以用来专门陈列特价商品、重点推荐商品或热销商品。

(5)可以将同一个商品在不同的陈列架上进行陈列,也就是同一商品可在不同的货架上重复出现,但这种重复陈列必须是关联商品组合陈列在一起。

(三)突出陈列

突出陈列,即将商品放在篮子、车子、箱子或突出板(货架底部可自由抽动的隔板)内,陈列在相关商品的旁边销售,主要目的是诱导和招揽顾客。

突出陈列的注意事项如下。

(1)突出陈列的高度要适宜,既要能引起顾客的注意,又不能太高,以免影响货架上商品的销售效果。

(2)突出陈列不宜太多,以免影响顾客正常的行动路线。

(3)不宜在窄小的通道内做突出陈列,即使比较宽敞的通道,也不要配置占地面积较大的突出陈列商品,以免影响通道畅通。

(四)关联陈列

关联陈列是指将不同种类但相互补充的商品陈列在一起,运用商品之间的互补性,可以使顾客在购买某商品后,也顺便购买旁边的商品。它可以使得店铺的整体陈列多样化,增加了顾客购买商品的概率。它的运用原则是商品互补,打破品种类别、表现顾客的实际需要而陈列的方法。

(五)悬挂陈列

悬挂陈列是指将形状扁平、细长等无立体感的商品悬挂起来陈列的一种方式。悬挂陈列能使顾客从不同的角度来欣赏商品,具有化平淡为神奇的促销作用。有些商品由于物理性方面的限制,其外观平淡无奇,不足以打动消费者,运用悬挂陈列可以增加其观赏性,增加销售的可能性。一般适用于日用小商品,如宠物的牵引绳、手套、袜子、帽子、头饰品等可以采用悬挂陈列法。

(六)岛形陈列

运用陈列柜、平台、货柜等陈列工具,在卖场的适当位置展示陈列商品。这种陈列突出季节感、时鲜感和丰富感。岛形陈列注意事项如下。

(1)陈列工具应与商品特征相结合。

(2)陈列工具一般适宜放置在卖场的前部和中部,这样就能向顾客充分展示岛形陈列的商品,如果陈列在后部往往会被货架挡住视线。

(3)陈列工具不宜太高,以免影响顾客的视线。

(4)陈列工具最好装有滑轮和搁板,以便根据需要调整。

(七)量感陈列

量感陈列一般是指商品陈列的数量多寡。应指出只强调商品的数量并非最佳做法,现在更注重通过陈列的技巧使顾客在视觉上感到商品很多。量感陈列的具体手法很多,如店内吊篮、店内岛、壁面挑选、铺面、平台、售货车及整箱大量陈列等。其中整箱大量陈列是大中型店铺常用的一种陈列手法,即在卖场辟出一个空间或拆除端架,将单一商品或2～3个种类的商品作为量感陈列。量感陈列一般在下列情况下使用:低价促销、季节性促销、节假日促销、新产品促销、媒体大力宣传、顾客大量购买等。

任务六　宠物店商品定价策略

商品价格是买卖过程中的一个重要因素,影响顾客的购买意愿及店铺的盈利情况。店铺的店主必须运用价格杠杆管理好商品价格,为店铺创造尽可能多的利润。

一、影响宠物店商品定价的因素

(一)商品的成本

商品的成本包括生产成本、销售成本和储运成本,对于宠物店来说通常指的是进货成本。一般而言,商品的成本会影响商品的价格,而商品的价格又会影响顾客的需求。

(二)市场需求

市场需求通常是定价的主要因素。如果在某一时间内某一市场对某一产品的需求量是增加的,则可以采取适当的提价措施,反之,则应适当地降价。

(三)市场的环境结构

市场的环境结构对于产品的价格有着直接的影响。在纯粹竞争和自由竞争的理想情况下,买卖双方的行为只受价格因素的支配,店铺不可能采用提价的方法获得利润,只能依靠降低各种消耗而降低成本的方法取得利润。店铺在独占市场的情况下,由于没有一个现成的替代品市场,此时容易引起消费者的反对政府的干预,或以减少消费的方法来抵制。还有垄断竞争和寡头垄断,对市场的成交价格和数量起着比较大的作用。

(四)商品特点及其他因素

商品的价格会受消费者的购买率、标准化程度、季节性、市场的需求量、企业的生产规模和价格格局、社会经济形势、货币流通量、市场范围、国家政策法令、流行产品等多种因素的影响。

(五)店铺的定价目标

宠物店在制定价格时,不但要参照店铺的战略目标和价格目标,还要分析市场,从供求关系和竞争关系灵活掌握,通常店铺根据自身的情况采取以下几种定价目标。

(1)以取得一定的投资效益为目标。

(2)以追求最大利润为目标。

(3)以保持或增加市场占有率为目标。

(4)以保持稳定的价格为目标。

(5)以防止或应付竞争对手为目标。

(6)以保持良好的销售渠道为目标。

无论店铺采取哪一种价格目标,都会对店铺定价产生影响。

二、宠物店商品定价决策

(一)定价决策的步骤

一般来说,价格决策可按照下面的步骤进行。

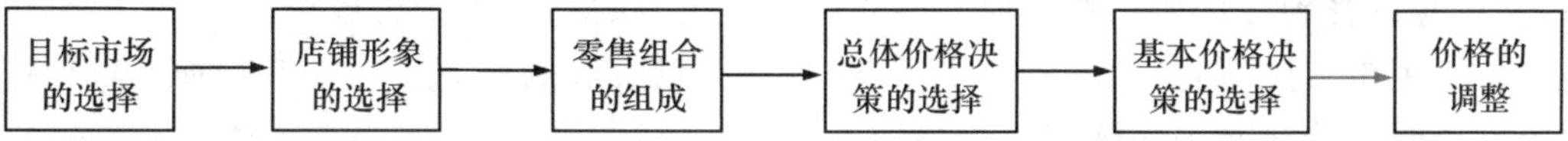

这 6 个步骤环环相扣，每一个步骤都给下一个步骤设定了限制。其实就是制定、执行、调整、再制定的连续不断的决策过程。尤其是目标市场的选择，它不仅是店铺价格决策的基础，也是经营者制定任何策略的起点。

（二）价格决策的类型

宠物店的总体价格决策一般有以下 3 种类型。

1. 制定的价格与市场价格一致

按本行业流行品种的市场售价来制定销售价格。通常制定这种价格决策的绝大多数店铺是没有独特竞争优势的。这样一来，他们就只有按市场价格水平制定店铺销售价格，选择余地很小。

2. 制定的价格高于市场价格

这是需要此店铺有一种高水平的非价格的竞争优势，如店铺独特的地理优势、店铺员工服务水平高、店铺商品品种齐全、有非常稀有的品牌销售等。

3. 制定的价格低于市场价格

在这种决策时，价格低廉往往成为该店铺最突出的特点。该店铺一般具有以下条件：业务经营费用比较低，存货周转速度快，为顾客提供的服务和其他的费用开支必须保持在最低限度。

三、宠物店商品定价策略

定价策略是店铺为实现定价目标所采用的手段。由于价格主要受市场需求、成本费用和竞争状况这 3 个因素的影响，定价的着眼点各有侧重，形成了 4 类定价策略。

（一）需求导向定价

这种定价方法是以消费者需求为基本依据，确定或调整商品价格的定价方法。引起消费者需求变化的因素很多，如需求价格弹性、消费者价格心理、消费者收入水平等，这些因素在很大程度上影响着消费者对价格的反应。价格是店铺为消费者提供的一种选择，只有当这种选择与消费者的价格承受能力、价格理解力以及心理满足感相适应时，才能促成购买、实现交易。需求导向定价法具体有以下两种方法。

1. 理解价值定价法

理解价值定价法是以顾客对商品价值的感受及理解作为定价的基本依据。顾客对商品价值的感受和理解是他们根据自己对商品的功能、效用、质量、档次等方面的印象对价格做出的判断，即顾客在买东西时常说的“值”或“不值”。

为加深顾客对商品价值的理解程度，从而提高其对价格的心理承受能力，店铺定价前要先搞好店铺的市场定位，以店铺形象、服务、经营品种、促销组合等各方面的特色或优势来影响消费者，使顾客感受到在该店铺购买商品能获得相对更多的利益。在此基础上，店铺制定出一个可行性价格范围，进而估算不同价格水平下的销量、成本和利润，最后选定一种店铺和顾客双方最容易接受的价格作为实际销售价格。

2. 需求差异定价法

需求差异定价法是以销售对象、销售地点、销售时间等条件变化所产生的需求差异作为定价的基本依据。这种定价方法，对同一商品在同一市场上制定两个或两个以上的价格，或使不同商品价格之间的差额大于其成本之间的差额。其好处是可以使宠物店定价最大限度地符合市场需求，促进商品销售，有利于宠物店获取最佳的经济效益。

（二）成本导向定价

以产品单位成本为基本依据，再加上预期利润来确定价格的成本导向定价法，是宠物店最常用、最基本的定价方法。成本导向定价策略又衍生出了总成本加成定价法、目标收益定价法、边际成本定价法、盈亏平衡定价法等几种具体的定价方法。

1. 总成本加成定价法

在总成本加成定价法下，把所有为生产某种产品而发生的耗费均计入成本的范围，计算单位产品的变动成本，合理分摊相应的固定成本，再按一定的目标利润率来决定价格。

2. 目标收益定价法

目标收益定价法又称投资收益率定价法，根据宠物店的投资总额、预期销量和投资回收期等因素来确定价格。

3. 边际成本定价法

边际成本是指每增加或减少单位产品所引起的总成本变化量。由于边际成本与变动成本比较接近，而变动成本的计算更容易一些，在定价时多用变动成本替代边际成本，所以边际成本定价法又称为变动成本定价法。

（三）竞争导向定价

在激烈的市场竞争中，宠物店通过研究竞争对手的生产条件、服务状况、价格水平等因素，依据自身的实力，参考成本和供求状况来确定商品价格。这种定价策略就是通常所说的竞争导向定价策略，竞争导向定价策略主要有以下几种定价方法。

1. 随行就市定价法

在垄断竞争和完全竞争的市场结构条件下，任何一家宠物店都无法凭借自己的实力在市场上取得绝对的优势，为了避免竞争特别是价格竞争带来的损失，大多数宠物店都采用随行就市定价法，即将本宠物店某产品价格保持在市场平均水平上，利用这样的价格来获得平均报酬，此外，采用随行就市定价法，宠物店就不必去全面了解消费者对不同价差的反应，也不会引起价格波动。

2. 产品差别定价法

产品差别定价法是指宠物店通过不同销售价格，使同种同质的产品在消费者心目中树立不同的产品形象，进而根据自身特点，选取低于或高于竞争者的价格作为本宠物店产品价格。

因此，产品差别定价法是一种进攻性的定价方法。

3. 密封投标定价法

许多大宗商品、原材料、成套设备和建筑工程项目的买卖和承包以及出售小型宠物店等，往往采用发包人招标、承包人投标的方式来选择承包者，确定最终承包价格。一般来说，招标方只有一个，处于相对垄断地位，而投标方有多个，处于相互竞争地位。标的产品的价格由参与投标的各个宠物店在相互独立的条件下来确定。在买方招标的所有投标者中，报价最低的投标者通常中标，它的报价就是承包价格。这样一种竞争性的定价方法称为密封投标定价法。

（四）亏损前导定价

亏损前导定价策略是指店铺以某一种商品作为前导，以低于成本的价格销售，以吸引广大顾客在购买低价商品的同时也购买其相关的商品，从总体上扩大销量而增加盈利。

四、宠物店商品定价方法

定价就是根据市场的具体情况制定出灵活机动的价格，它不仅是一门科学，更是一门艺术。

（一）心理定价法

心理定价法就是根据不同消费者的消费心理来制定价格。例如，在店铺经营过程中经常见到一些消费者认为货真价实的商品，而另一些消费者则认为价格太高。即使同一消费者，面对不同商品价格的心理反应差别也很大。同时还可以看到这种现象：商品越是大幅度削价，消费者越是不买；而有些商品的价格越高，销售量也越高。这就是消费者的心理，心理定价法通常分为两种：不二价和弹性定价。

1. 不二价

不二价是指店铺对于本店铺出售的商品都固定一个价格，在买卖过程中不讨价还价。不二价让人产生信赖感，是店铺销售常用的方法。有时也会满足消费者高消费的心理，使顾客感到消费这种商品与其地位、身份、家庭等方面协调一致，从而迅速做出购买决定。

2. 弹性定价

弹性定价是允许顾客讨价还价的，一般来说，店铺指定弹性价格需要较高的初始价格并配有合格的销售人员，交易成功率才高。

（二）尾数定价法

尾数定价法又称为奇零定价法，即采用零头定价。许多商品的价格，宁可定为 0.98 元或 0.99 元，也不定为 1 元，是适应消费者购买心理的一种取舍。尾数定价使消费者产生一种价廉的错觉，反应积极，促进销售。另外，又因标价精确给人以信赖感，满足顾客需求、求廉的消费心理。

（三）整数定价法

整数定价法和尾数定价法相反。一律不保留零头，这是根据一部分消费者的心理而采取的定价策略。对于一些高质量、知名品牌采用整数定价法会抬高商品的“身价”。此外，整数定价法还便于结算、增加店铺的利润。整数定价法的目标客户为高端消费者。

（四）声望定价法

利用店铺的名声、品牌等因素，把商品价格定得高于同类产品。这种定价方式有利于树立店铺形象，提高商品的市场地位，增加店铺利润。使用范围是信誉较高的、商场销售的、确有质量保证的商品，目标客户为高端消费者。

（五）招徕定价法

有些店铺会把经营商品中的一种或几种商品价格定得很低，吸引消费者进店，使消费者不仅购买标价低的商品，同时顺便购买连带商品，从而提高店铺销售总额。此种定价方法一般用于周转率高、顾客经常购买的商品。

（六）折扣定价法

大多数宠物店通常都酌情调整其基本价格，以鼓励顾客及早付清货款、大量购买或增加淡季购买。这种价格调整称为价格折扣或折让。

1. 现金折扣

现金折扣是对及时付清账款的购买者的一种价格折扣。例如，“2/10 净 30”，表示付款期是 30 d，如果在成交后 10 d 内付款，给予 2% 的现金折扣。许多行业习惯采用此法以加速资金周转，减少收账费用和坏账。

2. 数量折扣

数量折扣是宠物店给那些大量购买某种产品的顾客的一种折扣，以鼓励顾客购买更多的货物。大量购买能使宠物店降低生产、销售等环节的成本费用。例如，顾客购买某种商品 100 单位以下，每单位 10 元；购买 100 单位以上，每单位 9 元。

3. 职能折扣

职能折扣是制造商给予中间商的一种额外折扣，使中间商可以获得低于目录价格的价格，又称为贸易折扣。

4. 季节折扣

季节折扣是宠物店鼓励顾客淡季购买的一种价格折扣，使宠物店的生产和销售能保持相对稳定。

5. 推广津贴

推广津贴是指为扩大产品销路，宠物用品生产厂商向中间商提供促销津贴。如销售商为宠物店产品刊登广告或设立橱窗，宠物用品生产厂商除支付部分广告费外，还在产品价格上给予一定优惠。

（七）习惯定价法

习惯定价法是指按照消费者的习惯价格心理制定价格。如宠物店的日常消费品的价格，通常易于在顾客心中形成一种习惯性标准。符合其标准的价格被顺利接受，偏离其标准的价格则易于引起疑虑。高于习惯价格被消费者认为是不合理地涨价，低于习惯价格被消费者怀疑是否货真价实。但是，在特殊的情况下，如成本上升，必须调整价格，这个时候应采取策略，引导消费者逐步适应价格的调整。

（八）差别定价法

宠物店可以根据不同顾客、不同时间和场所来调整产品价格，实行差别定价，即对同一产品或服务定出两种或多种价格，但这种差别不反映成本的变化。主要有以下几种形式。

（1）针对不同顾客群制定不同的价格。

（2）针对不同的花色、品种、式样制定不同的价格。

（3）针对不同的部位制定不同的价格。

（4）针对不同时间定不同的价格。

任务七　宠物店商品促销策略

促销策略是指宠物店通过人员推销、广告、公共关系和营业推广等各种促销方式，向消费者或用户传递产品信息，引起其注意和兴趣，激发其购买欲望和购买行为，以达到扩大销售的目的。

促销和广告是有区别的。广告是把产品介绍给消费者，通俗地讲，广告是引导消费者去接近产品，而促销则是销售人员直接把产品带到消费者面前。两者相互配合，对销售量的提高很有帮助。

一、宠物店商品促销的作用

促销作为店铺的经营策略之一，对于有效提升宠物店的营业额、促进店铺的市场知名度等，都具有明显的作用。具体作用如下。

1. 有效传递商品信息

店铺在开展商品促销时，促销商品的店面广告通常会在媒体平台宣传，或以各种形式张贴在销售地点的墙壁上或楼梯口等处，传达有促销商品的各种有关信息，有利于消费者了解商品的功能、价格、使用方式及售后服务等方面的信息。促销有时候被称为无声推销员、最忠诚推销员。

2. 加速商品进入市场的进度

促销可以让广大消费者尽快知晓该商品，加速商品进入市场的进度。

3. 唤起消费者购买动机和购买欲望

促销可以借助各种促销工具，如新颖的宣传图案、绚丽的色彩等吸引消费者，使其停留下来，进而对商品产生兴趣，产生购买行为。

4. 促使消费者形成购买习惯

促销可以以多种方式进入消费者的心理，促使消费者形成购买习惯。

5. 有效抵制竞争对手的促销活动

促销可以激起消费者的兴趣，有效抵制竞争对手的促销活动。

6. 带动关联产品的销售

促销活动既可以带动消费者进店消费，也可以带动关联产品的销售。

7. 可以塑造店铺良好的形象

店铺促销的作用是非常大的，那么是不是任何时候都可以进行促销呢？实际上不是这样的，在店铺经营过程中，进行促销之前需做仔细的分析，促销也是一种有计划的活动。促销前的缜密思考是必要的，一般要做好以下两点分析：一是分析店铺的实力。通过分析确定店铺定位，是服务有特色还是商品有特色；二是分析市场环境。看看竞争对手经营状况如何，店铺所在地的消费水平如何。通过以上两点的分析，可以初步制订出自己的促销计划。

二、宠物店商品促销的媒介

促销活动需要不同的宣传工具，因为不同的宣传工具适用于不同的促销活动，而不同的促销商品也需要最合适的促销宣传工具，以便将促销商品的信息以最佳的方式传递给消费者。

（一）广告

通过报刊、广播、电视、电影、路牌、印刷品、霓虹灯等媒介或形式，将产品的质量、性能、特点、功能等进行宣传，唤起消费者的消费欲望，从而达到广告目的。具体包括：

（1）利用报纸、期刊、图书、名录等刊登广告。

（2）利用广播、电视、电影、录像、幻灯等播映广告。

（3）利用街道、广场、机场、车站、码头等建筑物或空间设置路牌、霓虹灯、电子显示牌、橱窗、灯箱、墙壁等广告。

（4）利用影剧院、体育场（馆）、文化馆、展览馆、宾馆、饭店、游乐场、商场等场所张贴广告。

（5）利用车、船、飞机等交通工具设置、绘制、张贴广告。

（6）利用馈赠实物进行广告宣传。

（7）利用网络、微信、E-mail、横幅等进行广告宣传。

（8）利用手机短信、微信、彩信（服务）等进行广告宣传。

（9）利用其他媒介和形式刊播、设置、张贴广告。

（二）人员

利用人员促销，是指宠物店通过派出销售人员与一个或一个以上可能成为购买者的人交谈，通过口头陈述推销商品，促进和扩大销售。人员推销是销售人员帮助和说服购买者购买某种商品或服务的过程。人员推销的基本形式包括。

1. 上门推销

上门推销是最常见的人员推销形式。它是由推销人员携带产品样品、说明书和订单等走访顾客，推销产品。这种推销形式可以针对顾客的需要提供有效的服务，方便顾客，故被顾客广泛认可和接受。

2. 柜台推销

柜台推销又称门市推销，是指宠物店在适当地点设置固定门市，由营业员接待进入门市的顾客，推销产品。门市的营业员是广义的推销员，柜台推销与上门推销正好相反，它是等客上门式的推销方式。由于门市里的产品种类齐全，能满足顾客多方面的购买要求，并且可以保证产品完好无损，故顾客比较乐于接受这种方式。

3. 会议推销

会议推销是指利用各种会议向与会人员宣传和介绍产品，进行推销活动。例如，在订货会、交易会、展览会、物资交流会等会议上推销产品，这种推销形式接触面广、推销集中，可以同时向多个推销对象推销产品，成交额较大，推销效果较好。

(三)营业推广

营业推广是一种适宜短期推销的促销方法，是宠物店为鼓励购买、销售商品或服务而采取的除广告、公共关系和人员推销之外的所有宠物店销售活动的总称。营业推广的方式包括以下几种。

1. 赠送促销

向消费者赠送样品或试用品，赠送样品是介绍新产品最有效的方法，缺点是费用高。样品可以选择在商店或闹市区散发，或在其他产品中附送，也可以公开赠送或入户发送。

2. 折价券

在购买某种商品时，持券可以免付一定的金额。折价券可以通过广告或直邮的方式发送。

3. 包装促销

以较优惠的价格提供组合包装和搭配包装的产品。

4. 抽奖促销

顾客购买一定的产品之后可获得抽奖券，凭券进行抽奖获得奖品或奖金，抽奖可以有各种形式。

5. 现场演示

促销员在销售现场演示宠物店的产品，向消费者介绍产品的特点、用途和使用方法等。

6. 联合推广

宠物店与生产商联合促销，将一些能代表宠物店优势和特征的产品在商场集中陈列，边展示边销售。

7. 参与促销

通过消费者参与各种促销活动，如技能竞赛、知识比赛等活动，获取宠物店的奖励。

8. 会议促销

在各类展销会、博览会、业务洽谈会期间的各种现场进行产品介绍、推广和销售活动。

(四)公共关系

公共促销并不是推销某个具体的产品，而是利用公共关系，把宠物店的经营目标、经营理念、政策措施等传递给社会公众，使公众对宠物店有充分的了解；对内协调各部门的关系，对外密切宠物店与公众的关系，扩大宠物店的知名度、信誉度、美誉度。为宠物店营造一个和谐、亲善、友好的销售环境，从而间接地促进产品销售。公共关系的促销方式包括以下几种方式。

1. 内部刊物

这是宠物店内部公关的主要内容。宠物店各种信息载体，是管理者和员工的舆论阵地，是沟通信息、凝聚人心的重要工具。

2. 发布新闻

由公关人员将宠物店的重大活动、重要政策以及各种新奇、创新的思路编写成新闻稿，借助媒体或其他宣传手段传播出去，帮助宠物店树立形象。

3. 举办记者招待会

邀请新闻记者发布宠物店信息。通过新闻宣传宠物店重要的活动和产品信息，引起公众的注意。

4. 设计公众活动

通过各类捐助、赞助活动，努力展示宠物店关爱社会的责任感，树立宠物店良好的形象。

5. 宠物店庆典活动

营造热烈、祥和的气氛，展现宠物店蒸蒸日上的风貌，以树立公众对宠物店的信心和偏爱。

6. 散发宣传材料

公关部门要为宠物店设计精美的宣传册、画片、资料等，这些资料在适当的时机向相关公众发放，可以增进公众对宠物店的认知和了解，从而扩大宠物店的影响。

三、宠物店商品促销的方式

在店铺经营过程中，顾客的购物心理复杂多样，极难把握，这就要求促销必须采取多种多样的形式，以引起不同顾客的兴趣。下面介绍一些常见的促销形式。

(一)免费样品促销法

免费样品促销法，是指店家向顾客赠送样品，使顾客能充分了解产品的性能、质量等，从而给顾客留下一个良好的印象。特别是新产品在进入市场时，免费样品的赠送对顾客了解该产品有一定的推动作用。

免费样品是一种十分有效的促销方法，它能迅速吸引顾客，刺激顾客购买。免费样品的送出方式最为关键，包括以下几种方式。

1. 定点分送

可以在店铺入口处设立赠送点，顾客进店消费就可以看到。

2. 逐户投递

将样品逐户投入信箱，以方便使用。

3. 邮寄样品

将能邮寄的样品直接寄到消费者家里。

4. 商品附赠

将样品附赠在其他商品上，赠送出去。

5. 媒体分送

将样品附赠在报纸或杂志上，送至消费者手中，

（二）馈赠促销法

馈赠促销法是以较低的价格或免费向消费者提供一定物品，以刺激其购买或消费某一特定产品。其形式多种多样。

1. 产品附赠品

可以附在产品包装内，也可以附在产品包装外。

2. 购物免费获赠品

消费者出示消费凭据，即可获得赠品。

3. 自我清偿性赠品

即以低于一般零售价的价格，向需要此种商品的消费者出售的商品。

（三）优惠券促销法

优惠券是店家给予消费者的一种优惠凭证，消费者可凭此券享受折扣特惠券，换取某种赠品甚至免费优待。优惠券有多种方式，店铺可根据自身情况以及产品特色、市场状况、成本计算等方面综合决策。

（四）包装促销法

包装产品的外表，包装促销就是凭借某些特殊的商品包装而使得产品显得较为突出，从而增加销售，实现利润。良好的包装可以树立良好的产品形象，给消费者以美的享受。在市场同类产品竞争激烈的情况下，这种方法效果最佳。

包装促销的形式包括包装内赠送、包装外赠送、包装上赠送和利用包装赠送等。

（五）心理促销法

心理促销法是利用顾客的心理来进行促销的一种方法，此种方法有多种方式。

1. 自尊心理促销

要求员工热情待客，主动出击，察言观色，服务周到，满足顾客被尊重的需求，引导其购物。

2. 顺应潮流心理促销

通过对社会时尚变化的分析，把握社会热点的需要和顾客追赶时髦、潮流的心理，进行销售。

(六)有奖促销法

有奖促销法是一种更具诱惑力的促销方法。它集竞赛、抽奖、促销于一身,通过有奖竞猜、抽奖等形式吸引消费者,从而扩大销售。这种方式只能给店铺带来短期的效益,而且这种方式的成本较高,花费较多,虽吸引了消费者,但仅仅是竞赛本身对消费者具有吸引力,而不是产品本身的魅力所致。

(七)方便促销法

所谓方便促销法,就是在销售产品过程中,尽量为顾客提供搬、运、装、配套、维修等服务内容,以促进销售。

(八)示范促销法

示范促销法就是现场示范产品功能,能给顾客产生视觉冲击,可有效促进产品销售。

(九)以旧换新促销法

为了帮助消费者解决部分尚有使用价值的式样陈旧、规格过时的商品的销售,及时购买新颖、时髦的新商品,店铺可协同生产企业开展以旧换新的业务,这种促销方法易赢得顾客的信任。

(十)反时节促销法

宠物店很多商品都具有季节性,进行反季节促销往往会出奇制胜,此种促销方法可达到先声夺人的效果,改变以往旺季削价促销的被动局面。

知识拓展

拓展一 不同经营项目所需的证件

不同经营性质的店铺所需的证件也不尽相同。

1. 经营宠物美容和宠物用品

如果宠物店经营宠物美容和宠物用品,只需要个体营业执照和税务登记证即可。在营业范围上注明宠物用品零售和宠物美容,有些地方还要求注明宠物服务。这个因地方不同而有所差别。

2. 经营宠物买卖

如果有宠物买卖的业务,还需要到相关部门办理《犬类经营许可证》《兽医卫生合格证》。

比如《北京市从事犬类经营活动管理办法》第三条规定:重点限养区内禁止从事犬类销售、养殖和举办犬类展览。在一般限养区内从事犬类销售、养殖和举办犬类展览,以及在本市开办为养犬服务的商店和医院,必须向所在地区、县公安机关和农业农村部门分别提出申请,报市公安局、市农业农村部门批准后,凭市公安局核发的许可证和市农业农村部门核发的兽医卫生合格证向市场监督管理局申请营业执照。无许可证、兽医卫生合格证和营业执照的，不得从事任何犬类经营活动。

如果店铺做犬类活体繁殖，还需要办理《犬类养殖许可证》。

3.经营宠物医疗

《动物诊疗机构管理办法》第五条规定：国家实行动物诊疗许可制度。从事动物诊疗活动的机构，应当取得动物诊疗许可证，并在规定的诊疗活动范围内开展动物诊疗活动。

《动物诊疗机构管理办法》第六条规定：从事动物诊疗活动的机构，应当具备下列条件：

(1)有固定的动物诊疗场所，且动物诊疗场所使用面积应符合省、自治区、直辖市人民政府农业农村主管部门的规定；

(2)动物诊疗场所选址距离动物饲养场、动物屠宰加工场所、经营动物的集贸市场不少于二百米；

(3)动物诊疗场所设有独立的出入口，出入口不得设在居民住宅楼内或者院内，不得与同一建筑物的其他用户共用通道；

(4)具有布局合理的诊疗室、隔离室、药房等功能区；

(5)具有诊断、消毒、冷藏、常规化验、污水处理等器械设备；

(6)具有诊疗废弃物暂存处理设施，并委托专业处理机构处理；

(7)具有染疫或者疑似染疫动物的隔离控制措施及设施设备；

(8)具有与动物诊疗活动相适应的执业兽医；

(9)具有完善的诊疗服务、疫情报告、卫生安全防护、消毒、隔离、诊疗废弃物暂存、兽医器械、兽医处方、药物和无害化处理等管理制度。

《动物诊疗机构管理办法》第七条规定：动物诊所除具备本办法第六条规定的条件外，还应当具备下列条件：

(1)具有一名以上执业兽医师；

(2)具有布局合理的手术室和手术设备。

《动物诊疗机构管理办法》第八条规定：动物医院除具备本办法第六条规定的条件外，还应当具备下列条件：

(1)具有三名以上执业兽医师；

(2)具有X光机或者B超等器械设备；

(3)具有布局合理的手术室和手术设备。

除前款规定的动物医院外，其他动物诊疗机构不得从事动物颅腔、胸腔和腹腔手术。

《动物诊疗机构管理办法》第九条规定：从事动物诊疗活动的机构，应当向动物诊疗场所所在地的发证机关提出申请，并提交下列材料：

(1)动物诊疗许可证申请表；

(2)动物诊疗场所地理方位图、室内平面图和各功能区布局图；

(3)动物诊疗场所使用权证明；

(4)法定代表人(负责人)身份证明；

(5)执业兽医资格证书；

(6)设施设备清单;

(7)管理制度文本。

申请材料不齐全或者不符合规定条件的,发证机关应当自收到申请材料之日起五个工作日内一次性告知申请人需补正的内容。

拓展二　货物的验收

一、收货准备

(1)了解物流配送路线,和送货司机确认具体到货时间(如有需要)。

(2)尽量安排1名收货员、1名管理人员进行收货和验收。

(3)准备好干净的收货拖车、收货地毯和相应数量的货物周转箱(如有需要)。到货前将收货区域打扫干净,收货区域不可以设在消防安全通道的区域。

二、收货流程

(1)加盟商收到货品后,应第一时间安排收货人员根据《采购订单》和《入库单》核对商品,包括但不限于商品包装、数量、条形码、有效期等内容。核对无误后做入库操作,若有异议应及时联系供应商进行处理。

(2)根据入库单上内容,收货人员应仔细清点货物数量,并进行货品验收。验收确认好的货品应根据品类放入不同的周转箱内。

(3)验收时,务必仔细确认货品的数量、包装、标签、温度、有效期、品质是否符合公司采购要求。对于未达到要求的货品,店铺在货单上标注、拍照后现场拒收或后续退货。

(4)所有货物,食品和非食品都需要分开摆放,化学物品必须单独放置。

(5)货物需整齐地摆放在周转箱内,纸箱、周转箱叠放不要过高,避免将货物压坏,确保人身安全。

(6)所有货物清点确认后,收货人员将异常情况标注在收货单上,并让送货司机签字确认,收货单店铺保留3个月。

三、收货标准

(1)商品名称是否一致。

(2)商品条形码是否一致。

(3)商品数量是否一致。

(4)商品外包装是否完好无损。

(5)商品有效期是否符合要求。

四、货物转移

(1)将确认好的货物快速转移至收货拖车上,摆放整齐。摆放时注意下重上轻、下大上小的原则。

(2)化学物品必须单独运送。

(3)在转运货物过程中,收货区域必须有一名人员进行货物看管,直至货物转运结束(适用于商场指定卸货点的店铺,确保货品不会遗失)。

五、货物储存

(1)所有货物不可落地摆放,不可放置在顾客视线范围内的任何区域。

(2)所有货物都按先进先出原则放置到货架、橱柜或商品陈列柜上。

(3)冰箱内的货品必须拆除纸箱后进行摆放。如果纸箱上留有大量的虫卵,说明存在非常大的安全风险。

(4)整箱货物摆放时,务必拆箱后确认小包装产品的有效期、包装、标签是否正确完好,品质是否正常(无胀气、发霉、变质等情况)。发现异常时,拍照留档,然后单独放置并做退货处理。

六、单据管理

(1)送货单必须(物流公司、店铺)双方签字确认,漏签、拒签均视为无效单据。

(2)店铺每日将货单保存在相关文件夹内。

(3)店铺每月将上月送货单按日期进行整理、装订,至少保存 3 个月。

(4)对于货单存在异议时,请及时向上级单位汇报。

七、其他事项

(1)收货区域应选择地势较高、阴凉干燥、防雨遮阳棚的地方,尽量避免货物被雨淋和日晒。

(2)收货区域必须保持干净、整洁,远离垃圾存放区。

(3)收货拖车和收货地毯每次收货结束后必须清洗干净并消毒。

(4)应根据店铺收货数量安排适合的人员数量进行收货,整个收货过程应控制在 1 h 之内。

拓展三　危机管理

什么是危机?

凡是对店铺的人员安全(包括员工、顾客)、声誉形象、资源及财产方面构成无可预计的负面影响并需要立即处理的事件,均可称为危机。

当发生危机时,做好以下几点。

(1)保持冷静。冷静才会更好地处理每一件事情。

(2)收集事实。根据事实做出恰当的决定。发生了什么事?何时何地发生的?涉及哪些人?查明并收集地点、电话、姓名、涉及员工、管理组等信息。

(3)沟通报告。了解事件情况,及时联系相关人员(当事人、警方、公司等)。

(4)提醒注意。如果影响到品牌或其他市场,那么应提醒公司及其他市场注意。

(5)采取行动。根据相关指示或指导,采取解决危机的行动。

(6)档案记录。保存相关证据(文件、照片等物件)。

(7)不要等候危机自动消失,危机不会自动消失,应主动予以解决;除非不得已,不要把公司品牌牵扯进任何可能触发危机的事件或谣言中。

(8)记住:避免卷入他人的事件;有些时候当我们表态时,情况会变得更糟,更不利于公司;尽量不引起媒体注意。

(9)不要让员工与其他无关人员议论该事件。

(10)在获悉真相之前,不要假定或推测导致危机的原因,也不要承认任何责任和赔偿。

切记! 在采取任何行动时,都应确保自身的安全。

一、危机情境——能源中断

(一)电力中断处理程序

(1)打开应急灯,关闭所有设备电源以及总开关。

(2)安抚现场顾客,必要时请全部顾客撤离店铺。

(3)安排员工在主要通道、门口等地方维持秩序,并向顾客致歉。

(4)检查寄养区宠物情况。

(5)判断当时情况,与物业、公司工程人员或电力公司联系。

(6)若短时间内无法恢复供电,应张贴暂停营业的告知,及时联系当天预约洗护、美容的未完单顾客,解释原因并另约服务时间。

(7)关闭断电时间段内的系统预约功能,恢复供电后及时进行调整。

(8)在确保安全的情况下,店铺可以进行零售服务。

(二)水源中断处理程序

(1)关闭用水设备的电源及水源开关。

(2)判断当时情况,与物业或自来水公司联系,了解原因。

(3)做好营运安排,如使用接水管向隔壁商铺进行借水、调整用水岗位工作程序等。

(4)若短时间内无法恢复供水,应张贴洗护暂停服务的告知,及时联系当天预约洗护、美容的未完单顾客,解释原因并另约服务时间。

(5)关闭断水时间段内的系统预约功能,恢复供水后及时进行调整。

(6)在确保安全的情况下,店铺可以进行零售、寄养服务。

(三)处理要点

(1)不要惊慌,沉着冷静。

(2)在停电的时候,店长的位置应在内、外场交界处,照顾好顾客的情绪,安置好顾客,并让顾客能关注到宠物店内寄养宠物的情况。

(3)夜间断电时,应做好应急照明,门口处安排员工向顾客解释。

(4)关闭设备电源时,热水器、自动补水的设备要优先关掉。

(5)恢复供电后,不要立即同时启动所有用电设备,分批次开启设备电源,先逐个打开配电开关,再逐个打开设备开关。

(6)店内应常备蜡烛、手电筒、应急灯、急救药箱。

(7)店内应备有物业、房东、煤气、电力、自来水公司的联络人及电话。

(8)特别注意员工的人身安全,避免烫伤、摔伤。

二、危机情境——员工受伤

(一)处理程序

(1)立刻关注受到伤害的员工,并维护秩序,使人群远离伤者。

(2)对于受轻伤的员工,应建议就医,人力充足的情况下安排一位员工陪同,以便提供必要的帮助。

(3)若受伤员工拒绝就医,应要求伤者作出书面声明。

(4)对于受伤较重的员工,应立即拨打120救护电话。除非有潜在的危险,否则不要移动伤员,因为盲目移动身体有时会加重伤情(尤其是颈背部受伤)。

(5)及时与员工的亲属或朋友联系,告知相关情况。

(6)保持冷静,尽快使店铺运营恢复正常。

(7)若有现场顾客询问,及时安抚顾客情绪。

(8)尽可能多地收集有关事实(起因、时间、地点、顾客姓名、地址等),寻找相关的目击者,以便后续定责(尤其是警方介入时)。

(9)找出危机原因,并尽快采取改善措施,避免同样的事情再次发生。

(二)处理要点

(1)不要惊慌,沉着冷静。

(2)尽量不要让受伤的员工立即投入工作。

(3)尽可能制止店铺其他员工在公众场合议论此事。

(三)注意事项

(1)员工有权利和义务报告不安全的工作条件、安全隐患以及他人违反安全安保规定的行为。

(2)员工依法有权报告疾病、不安全工作条件或方式、工作相关损伤,不用担心报复。

三、危机情境——宠物受伤处理程序

(一)处理程序

(1)根据宠物受伤处理流程对宠物伤口进行处理。

(2)及时送往最近的宠物医院。

(3)安抚顾客情绪。

(4)按照顾客投诉处理流程进行处理。

(二)注意事项

宠物伤口的处理一定要正确且规范,避免造成二次伤害。

四、危机情境——火灾

(一)处理程序

(1)保持镇静,关闭煤气和电源的总开关(在确保自身安全的前提下)。
(2)致电 119 消防中心。
(3)如果出现人员伤亡,立即呼叫 120 救护车。
(4)判断当时情况,如果需要,应疏散店铺内的所有人员。
(5)统计员工人数,确保没有失踪人员。
(6)将员工、顾客安置到安全场所。
(7)如果条件允许,准备好急救箱备用。
(8)将所有收银机和保险柜锁好(在确保自身安全的前提下)。
(9)如有需要,及时联系员工家属,告知实际情况。
(10)协助、配合相关部门进行事故调查。

(二)处理要点

(1)不要惊慌,沉着冷静。
(2)不要以任何理由再次进入店铺。
(3)不要打开店铺内的任何电源及煤气开关。
(4)不要随意接受新闻媒体的采访。
(5)不要议论发生的情况。
(6)及时与相关部门联系,并获取有效协助。
(7)店铺做好日常消防培训,确保消防设施设备完好!

考核评价

1. 在商品结构中,怎样突出主力商品?
2. 为什么要进行商品结构的调整?
3. 你认为宠物店商品采购中最重要的因素是什么?
4. 宠物店商品验收的内容有哪些?
5. 宠物店如何通过商品组合来达到吸引顾客的目的?
6. 如何确定宠物店商品的组合?
7. 谈谈你对宠物店商品陈列的看法。
8. 宠物店商品陈列的方法有哪些?
9. 谈谈你对宠物店商品尾数定价法的看法。
10. 对于宠物店商品定价,你有哪些策略?
11. 谈谈你对宠物店促销的看法。
12. 你喜欢哪种促销方式? 并说出理由。

项目六

宠物店财务管理

学习目标

知识目标：掌握宠物店财务管理基本制度、成本控制管理、现金管理等基本知识。
能力目标：掌握宠物店财务管理、成本控制管理、现金管理等技巧。
素质目标：提高管理宠物店的能力，在管理中不断提升人际交往能力、分析问题能力。

学习任务

财务管理是在一定的整体目标下，关于资产的购置（投资）、资本的融通（筹资）、经营中现金流量（营运资金）的管理以及利润分配。财务管理是店铺管理的组成部分，是根据财经法规制度，按照财务管理的原则，组织店铺财务活动，处理财务关系的一项经济管理工作。简单地说，财务管理是组织店铺财务活动、处理财务关系的一项经济管理工作。

任务一　宠物店财务管理基本制度

一、宠物店财务管理目的

一个宠物店要通过财务管理促进店铺的发展，通常为了实现以下 3 个目的。

（1）通过财务管理积极筹集资金，广辟财源。增加资金积累，并对资金进行合理分配和灵活调剂，以保证宠物店经营活动的顺利进行。

（2）通过财务管理节省开支，降低成本，提高店铺的经济效益。一个店铺只追求增收，不注重节流，成本高，开支大，即使收入增加，利润也不一定增加，因此要讲究精打细算。

（3）通过财务管理实行严格的财务监督，对店铺所有费用开支要认真审查是否合理、合法，对浪费现象要及时采取措施加以堵塞，对店铺的利润分配、工资、资金以及福利要加以正确处理。

二、宠物店财务管理相关制度

（1）财务管理工作必须在加强宏观控制和微观灵活的基础上，严格执行财务纪律，以提高经济效益、壮大宠物店经济实力为宗旨，财务管理工作要贯彻“勤俭办店”的方针，在宠物店经营中制止铺张浪费和一切不必要的开支，降低消耗，增加积累。

(2)宠物店设财务部，财务部经理协助总经理管理好财务会计工作。

(3)出纳员不得兼管会计档案保管和债权债务账目的登记工作。

(4)财会人员要认真执行岗位责任制，各司其职，互相配合，如实反映和严格监督各项经济活动。记账、算账、报账必须做到手续完备、内容真实、数字准确、账目清楚、日清月结、限期报账。

(5)财务人员在办理会计事务中，必须坚持原则，照章办事，对于违反财经法规和财务制度的事项，必须拒绝付款、拒绝报销或拒绝执行，并及时向总经理报告。

(6)财务人员力求稳定，不随便调动。财务人员调动工作或因故离职，必须与接替人员办理交接手续，没有完成交接手续的，不得离职，也不得中断会计工作。

(7)宠物店应严格执行《中华人民共和国会计法》《会计人员职权条例》《会计基础工作规范》等法律法规以及关于会计核算一般原则、会计凭证和账簿、内部审计和财产清查、成本清查等事项的规定。

(8)记账方法采用借贷记账法。记账原则采用权责发生制，以人民币为记账本位货币。

(9)一切会计凭证、账簿、报表中的各种文字记录均用中文记载，数字记录用阿拉伯数字记载。记载、书写必须使用钢笔，不得用铅笔及圆珠笔书写。

(10)财务部要加强对资产、资金、现金及费用开支的管理，防止损失，杜绝浪费，良好运用，提高效益。

(11)银行账户必须遵守银行的规定开设和使用。银行账户只供本单位经营业务收支结算使用，严禁借账户供外单位或个人使用，严禁为外单位或个人代收代支、转账套现。

(12)银行账户的账号必须保密，非因业务需要不准外泄。

(13)银行账户印鉴的使用实行分管并用制，即财务章由出纳保管，法人代表和会计私章由会计保管，不准由一人统一保管使用。印鉴保管人临时出差时应由其委托他人代管。

(14)银行账户往来应逐笔登记入账，不准多笔汇总高收，也不准以收抵支记账。按月与银行核对账单，未达收支，应做出调节，逐笔调节平衡。

(15)根据已获批准签订的合同付款，不得改变支付方式和用途；非经收款单位书面正式委托并经总经理批准，不准改变收款单位(人)。

(16)库存现金不得超过限额，不得以白条抵作现金。现金收支做到日清月结，确保库存现金的账面余款与实际库存额相符，银行存款余款与银行对账单相符，现金、银行日记账数额分别与现金、银行存款总账数额相符。

(17)因公出差，经总经理批准借支公款，应在回单位后 7 d 内交清，不得拖欠。非因公事并经总经理批准，任何人不得借支公款。

(18)严格现金收支管理，除一般零星日常支出外，其余支出都必须通过银行办理转账结算，不得直接兑付现金。

(19)领用空白支票必须注明限额、日期、用途及使用期限，并报总经理审批。所有空白支票及作废支票均必须存放在保险柜内，严禁空白支票在使用前先盖上印章。

(20)正常的办公费用开支，必须有正式发票，印章齐全，由经手人、部门负责人签字，经总经理批准后方可报销付款。

(21)未经董事会批准,严禁为外单位(含合资、合作宠物店)或个人担保贷款。

(22)严格资金使用审批手续。会计人员对一切审批手续不完备的资金使用事项,都有权拒绝办理。否则按违章论处,并对该资金的损失负连带赔偿责任。

任务二　宠物店成本控制管理

一个店铺要想决胜千里,在残酷的市场竞争中立于不败之地,最好的办法就是在提高收入的同时降低成本,也就是所谓的开源节流。开源固然重要,但往往要投入巨大的资金和人力,可能还要经过一个充满波折的过程。而成本对店铺利润的贡献方式则完全不一样,特别是店铺财务管理中的成本控制并不需要复杂的过程和价值转换,节约下来的成本直接记入店铺利润。宠物店经营的基本原则就是以最小的投入获得最大的收益,即以较小的成本获得较大的销售额。

一、宠物店成本费用的组成

一般的宠物店成本费用组成如下:①人员工资,②房租,③设备费用,④水电费用,⑤库存商品费用,⑥应收账款,⑦广告宣传费用,⑧促销费用,⑨杂费,⑩损耗。

费用又可分为固定费用和可变费用,固定费用包括房租、设备费用等;其他费用都属于可变费用。由此可知,有效地控制宠物店成本费用,就需要从这些可变费用着手。

二、宠物店成本控制的基本原则

一个宠物店要想长期健康、可持续发展,必须树立成本控制概念,加强成本控制意识。因此,必须建立健全成本预测、成本决策、成本预算、成本控制、成本核算等成本管理体系。

(一)“全员参与,全员控制”的成本控制原则

该原则就是宠物店要充分调动每个部门和每个职工控制成本的积极性和创造性;加强成本意识,做到人人控制指标,建立成本否决制。而且要摒弃传统的社会成本控制理念,宠物店经营过程中要与时俱进,改变店铺员工传统的价值判断,激励全体人员实现成本管理目标。

“全员参与,全员控制”可实行目标成本管理法,即先制订成本管理目标,以预算的形式制订出目标成本数额,将目标成本层层分解,明确有关部门和责任人应承担的成本控制任务,并赋予其相应的权利。在履行义务的同时实现管理目标。在部门和个人完成自己任务的同时,店铺也达到了整体目标,要做到这一点,店铺内部各部门之间要保持一种稳定的协作关系。

在目标成本管理中,目标成本的修订是一个十分重要的问题。随着店铺所处的内外部环境的变化,目标成本作为一种控制标准,如果一成不变,则会影响成本的控制,因此要对目标成本进行控制。

(二)全过程控制成本原则

在传统店铺的成本管理中,只注重产品成本的控制,而现代企业制度下的成本管理要求以产品生命周期、成本形成的全过程作为成本控制对象。

在以往的观念中，把商品卖出去了，客户离开了柜台，商家的任务就完成了。然而，现在宠物店的管理者如果还恪守这样的观念，在市场经济大潮中，迟早会被淘汰。大家都知道的“上海市第一百货商店”不仅在柜台服务上下工夫，而且在售后服务、便民服务等方面也有完善的制度。同时，他们还专门设立了“三项基金”，即检测基金、调货基金和理赔基金，以确保商品的售前和售后的质量。从经营的长远利益来看，这样做的目的不是消耗成本，而是为了店铺更好地打开销路，创造更大的经济利益。这一售后阶段发生的成本能督促店铺更好地在进货环节把好质量关，在销售环节上更好地把好服务关，最终的目的不是增加这一部分成本，而是不断降低这一部分成本和相对降低其他各个环节的成本。

如果宠物店在经营方面采用此手段或其他先进的做法，必将使店铺成本下降很多，显著提高经营利润。

（三）全方位控制成本原则

全方位成本控制，即店铺经营管理过程中成本的管理与控制，它贯穿于店铺经营管理的全过程，主要包括产品成本、材料采购成本、资金筹集成本、日常费用、人力资源成本、战略成本管理与控制的系统性的管理工程。通过对其在成本中的所占比重、控制成本进行科学分析，帮助宠物店寻找降低成本的快捷途径和合理方法，从而达到店铺价值最大化的最终目的。

通过创新有效降低生产成本。通过消耗定额、限额领料、指标分解等手段进行成本控制，当成本降低到某一个限度后，就再难有所突破，管理上稍一松懈还有可能反弹。因此，当成本降低到一定阶段后，店铺只有从创新着手来降低成本，通过技术创新降低原料用量或寻找新的、价格便宜的材料替代原有老的、价格较高的材料；从工艺创新层面提高材料利用率、降低材料的损耗量、提高成品质量。

三、宠物店成本控制的方法

成本控制是宠物店能否盈利的关键因素，所以宠物店在经营管理过程中，一定要从多个方面着手，加强成本控制。总的来说，宠物店可以从以下几个方面加强成本控制。

（一）采购中的成本控制

在采购过程中，如何才能做到以尽量低的成本引进商品至关重要。为此，店铺要制订严格的采购制度和程序。

1. 核价

在采购过程中，无论采购任何一件商品，都应在采购前熟悉其价格组成，了解供应商生产成品的原料源头价格，为准确核价打下基础。这项任务要有专门的人员来负责管理，经过多渠道收集产品信息。同时，在自媒体时代，作为采购人员要从不同的方面收集物料的采购信息、地域差别等。

2. 选择合适的供应商

选择合适的供应商也非常重要，一个好的供应商能促进宠物店的发展，节约成本，让店铺管理更轻松。而不好的供应商则会为管理带来很多麻烦。供应商的筛选，可以从供应商商品的质量、供货能力、供货时间、路途距离、财务状况等多方面因素综合考虑。

3. 谈判技巧

采购人员的谈判技巧也是控制采购成本的一个重要环节，这要取决于谈判人员的职业技巧和职业道德。综合素质高的采购员不但能为店铺节约成本，还能采购高质量的产品。

4. 批量采购

任何人都懂得批量越大、摊销费用越低的道理，采购人员需把好此关。因此，在判断好市场销售前景的前提下，以提高采购批量来得到供方的低价优惠和返利政策。对于单一品种与多品种大批量产品可直接与生产厂家联系采购，尽量采用集团采购的方式，降低成本。而对多品种小批量可使用中间供应商，争取以连续的不同订单形成对供应商的吸引力，尽量降低成本。

5. 建立店铺的采购信誉

一经确定供应商，必须签订供货合同。按合同执行，建立良好的店铺信誉。同时，在店铺的经营管理中，采购要与合同、核价分开，严把价格预算。实行供应商配额制度，会收到很好的效果。

6. 建立采购人员月度绩效评估制度

建立制度，不但可以激励采购人员工作的积极性，还可以防止采购人员受贿。

7. 严格避免权力集中的现象

在宠物店采购过程中，尽量做到询价、核价、合同签订及采购分开，这样就可以避免权力集中的现象，忌采购、合同、库管、财务集中在一个部门或一个人身上。

（二）库存中的成本控制

成功管理库存并合理控制其成本的首要一点是对库存及其成本构成有正确且全面的认识，因为库存成本的隐蔽性，使得管理人员对其认识总是片面的，常常会忽略一些重要的方面。对库存成本的控制具体可以从以下两个方面展开。

1. 正确确定库存物料

对一般性的店铺来说，其所经营的产品少则几十种，多则上千种，并且在大多数的情况下，不需要也不可能对所有的产品都准备库存。所以店铺的首要任务就是正确确定库存和非库存的物料。一般来说，店铺的库存管理模式可以分为反应式和计划式。

(1)反应式库存管理模式。反应式的库存管理是基于需求（生产或客户的订单），仅在需要时才生产或采购的库存管理模式。这种模式所适用的产品通常有以下特点：

①产品大多数为客户订制，产品的标准化程度较低。

②产品的单价较高，这种产品如果积压大量的库存，对店铺的资金流动会造成巨大的压力。

③产品生产或采购的前置时间可以满足客户订单的交货要求，这种情况下店铺通常没有必要准备库存。

④产品的流动性较慢。

(2)计划式库存管理模式。计划式库存管理模式是指店铺基于预测和需求计划，预先准备一定量的原材料或者成品，以满足随时发生的生产或客户订单的交货需求。这种模式所适用的产品通常有以下的特点：

①产品的标准化程度较高，通用性较强。

②产品的单价适中。

③产品的生产或采购的前置时间不能满足客户订单的交货要求。

④产品的销售具有季节性。

⑤产品的流动性较快。

除个别特殊的行业和店铺外，大多数店铺通常情况下同时采用以上两种模式来管理店铺不同产品的库存。这样既能缩短订单交货时间，增强店铺的竞争力，同时又能降低店铺的库存水平，加快资金的流动。在实际的管理工作中，除根据店铺的产品特性确定正确的库存管理模式外，更重要的是对所确定的库存产品不能一视同仁，而是要区别对待，分类管理，也就是通常所讲的 ABC 分类法。ABC 分类法是将库存按占用资金的多少和销售额的比例进行分类，占销售额比例高的物资归入 A 类，比例稍低的归入 B 类，比例最低的归入 C 类。这种分类的目的主要是通过对重点物资的严格控制，在整体提高店铺交货水平的基础之上，降低店铺的库存水平，同时又适当照顾一般的物资。通过对不同的库存物资进行分类管理，可以大大降低店铺的整体库存水平，从而降低库存的成本。

2. 减少不可用库存

虽然很多时候库存是必须要存在的，但并不是所有的库存都能随时发挥作用来满足生产或交货的需要，或者说这些库存在一定的时间内是不能用的，降低库存成本的一个重要方面就是要尽可能地降低这些不可用库存的量。在实际工作中，不可用库存通常通过以下的途径来降低。

(1)在途库存，缩短交货运输时间。应尽可能地缩短从供应商到店铺这段距离的运输时间，需要根据产品的特性(价格、体积、重量等)选择合适的运输方式，这段时间的管理会大大影响店铺的在途库存量。一般来说，价格高而且体积、重量较小的产品会优先选择空运，反之则路运为常用的运输方式。但是合适的运输方式是要通过仔细比较运输时间对库存乃至库存成本的影响以及对运输费用的影响而做出选择的，否则将不能达到整体优化的目的。

(2)选择合适的交货和付款方式。通过与供应商的谈判，选择对店铺最有利的交货方式，也是降低库存成本的一个重要方面。尤其是在国际采购中，从货物离开供应商的工厂，到实际抵达店铺的仓库，需要经过较长的时间和不同的场所，在这个过程中，货物的所有权越晚交于店铺，付款的期限越长，则店铺所需承担的风险和费用也就越低。

(3)预留库存。控制订单的整批交货，整批交货的订单对客户来说可以大大降低其库存的水平，但是对供货方来说却是不小的压力，所以店铺对此类订单必须要严格控制，在确实需要的情况下，才能向客户提供整批交货的服务。定期检查预留库存的情况，加强与销售部、财务部及客户之间的沟通，尽快消除因付款、客户项目延期等原因造成的预留库存。

(三)人力成本控制

店铺要想可持续发展必须“招兵买马”，但是店铺要增加收益又必须控制人力成本，控制好人力成本，宠物店的经营管理就成功了一半。

1. 人力资源取得的成本控制

人力资源取得的成本昂贵，一旦员工被录用，即使勉强合格也很难辞退。所以，店铺招聘员工可以通过转包、租赁员工、内部提升及内部调用等多种方式进行，实在不能满足店铺的需要时，应采取社会公开招聘的方式。

2. 人力开发的成本控制

店铺要做好调查工作，确定必须做好相关培训，如哪些员工需要培训，哪些工作需要培训，不同的人力开发有不同的成本。店铺经营管理者必须结合财务状况做好权衡、分析与决策。

（四）降低财务成本

店铺的任何组织或部门的运作都必须注重效率，财务部门也不例外。财务部门应当在降低财务成本的同时，尽可能保持甚至提高质量。宠物店可以通过附加价值来提高质量，即降低交易成本、加快处理、寻求获得更好信息的捷径，可以通过以下几个途径降低财务成本。

(1)抓住主要业务。随着宠物店的发展，店铺业务在不断壮大、发展，信息需求不断变化，在繁杂的事务中抓住主要业务是必要的业务流程。

(2)投资更好的技术，帮助财务部门飞速提高生产率。

(3)培养高度敬业的精神，造就一个自我管理的团队，使员工各尽其责，提高效率，降低成本。

(4)提高业务流程的效率。为了降低成本，可以采取业务流程重组、持续改革、共享服务等方式。

（五）广告及促销费用要精打细算

有些广告促销用品要反复利用，或者亲手制作，以节约费用。例如，一些促销的海报，可以采用亲手绘制的方法节约费用；甚至可以组织店内员工进行手绘大赛，既可以丰富店铺的紧张生活，又可以挑选出好的海报作品，并在以后安排使用。

同时，在确定广告宣传计划时要根据媒体的定位、发行量等因素来精心挑选合适的广告载体。例如，在社区内做广告宣传，可以采用直投的方式，就是把海报投入居民的常用信箱里去，也可以组织店铺员工到社区或人口密集的地方进行面对面宣传，节约成本。

促销费用的精打细算更要严格，还可以采取独特的方式，也会起到不错的效果。例如，宠物店为了重阳节促销，可以与所在地的老年协会合作，由老年协会组织老年人开展“重阳登高，宠物相伴”活动，由宠物店出资赞助，设置一、二、三等奖，获奖者可得到不同的优惠券，得到优惠券的老人一般都会凭券购买产品，通过促销店铺扩大了知名度，赢得了顾客，做到了名利双收。

任务三　宠物店现金管理

现金是宠物店的血液，是店铺生存发展的基础。伴随着全球经济的发展，现金管理在店铺财务管理中的重要性空前凸显。正因为如此，“现金为王”已被越来越多的店铺视为应对危机的不二选择。在试图留存更多资金的同时，店铺开始考虑如何提高这些流动资金的使用效率，在保证流动性的同时实现增值保值，现金管理业务因此受到了前所未有的关注。

一、收银工作流程安排

在宠物店的日常经营管理过程中，收银工作是整个店铺营业过程中的一个关键点，店铺几乎所有的营业收入都要通过收银台完成，收银工作直接影响店铺的收入与经济效益。

收银工作的内容繁杂而琐碎，除每日的例行工作外，还有每周、每月的固定工作。以下对每日、每周、每月的收银工作安排予以介绍。

(一)每日工作流程安排

收银工作每日工作的区域范围除为顾客结账的收银柜台之外，还包括服务台的部分。

(二)每周工作流程安排

(1)订货(指收银必备物品)。

(2)清洗购物车、篮。

(3)确定收银员排班表。

(4)更新特价宣传单。

(5)向银行兑换零钱。

(6)所有营业收入存入银行或委托总部收款。

(三)每月工作流程安排

(1)月初库存及上个月的统一发票存根联。

(2)月底购买下个月的发票。

(3)必备文具的申请或购买。

(4)单月份申报营业额。

(5)整理并传送以月为统计单位的各式收银表单至相关部门或主管。

(6)定期维修收银机。

二、收银作业规定

(一)营业前

(1)穿着统一整洁的工装，佩戴工号牌，仪容仪表整齐。

(2)认领备用金，清点清楚，备足小面额纸币或硬币。

(3)检验收银机程序是否正常，统计数值是否归零，日期是否正确，收银打印纸是否安装好，防盗系统消磁板是否正常。

(4)整理补充必备物品，包括各种规格购物袋、剪刀、绳子、干净的抹布、空白收银纸、必要的各种笔记本和笔、“暂停结账”牌等。

(5)整理补充收银台前端货架上的商品，核对价目牌。

(6)了解当日变价商品和特价商品，熟记当日新品种、备好促销活动中的赠品。

(7)准备迎宾。

(二)营业中

在文明礼貌的基础上迅速进行收银作业。

(1)面带微笑与顾客目光友善接触,将收银机活动屏幕面向顾客、亲切道一句:“您好,欢迎光临!”,确保顾客能听清楚。

(2)逐条扫入商品条码,登录商品标价,最后报出总金额“总共××元”,并适当提醒顾客出示积分卡,检查购物车(篮)里是否留有未结账商品,并放好购物车,趁顾客付款时,可先行将商品入袋,一旦顾客拿出现金,应立即停止装袋工作,为顾客尽快结账。

(3)收取顾客现金时,应告知顾客“收您××元”,并检查是否为伪钞,若顾客未能及时付账,应礼貌地重复一次,不可表现出不耐烦的态度和言语。

(4)找零钱给顾客时,应告知顾客“找您××元”。同时将现金和收银条一并双手交到顾客手里。

(5)根据商品入袋原则,将商品依次放入购物袋。将购物袋交于顾客手中,目光再次与顾客友善接触,面带微笑,亲切地道出:“谢谢,再见!”

(6)酌情提醒顾客带走所购商品和随手携带的皮夹等物品。对顾客不愿带走或遗忘的收银小票,应注意保存。以备顾客后期需要。

(7)非营业高峰期,听从店长或收银组长的安排从事其他工作。

①整理并补充收银台各项必备物品,包括购物袋、点钞水或油、胶带、绳子、剪刀等。

②整理并补充收银台前端货架上的商品。

③兑换零钱,及时办理营业款的移交。

④整理顾客的退货及临时决定不买而留下的商品。

⑤整理收银台,保持收银台及其周围环境的清洁。

⑥当收银台超过 5 个人以上等候结账时,必须加开收银机,并现场提示。

(8)收银差错、退款折扣的业务要求。

①收银时,若多输入商品数量,不得要求顾客多买商品,必须立即更正。

②发现结账错误,应先向顾客道歉,然后及时纠正错误,并将事情及时地向店主或现场负责人说明。

③顾客因现金不足或经现场负责人员同意退调商品后的退款操作,同上面操作程序,由现场负责人处理。

④每发生一次退款或作废操作,收银当事人、现场当班人或店长都必须在小票上签字确认并据此考核收银员的差错率。

⑤所有退调、作废手续必须在当天营业结束之前按规定办理、确认。

⑥收银员不得私自做折扣处理,如有团购或大宗业务需调整折扣,应由店长或现场当班人操作。

(9)入袋原则。

①商品入袋必须选择合适尺寸的购物袋。易碎和较轻的商品要放置在上方。

②重硬物放袋底,正方形、长方形商品放在袋子的两侧,瓶装、罐装商品放中间。

③注意别让商品尖角扎破购物袋。

④入袋商品不得高出袋口,避免顾客提拿不方便。

⑤避免不是一个顾客的商品装入同一购物袋中的现象。

⑥整箱或体积过大的商品，应用绳子捆扎，方便提拿。

⑦负责人安排人员帮助收银人员为顾客做入袋服务，加快收银速度。

(三)营业后

(1)整理各种票券、现金、POS刷卡票联，正确填写交款单。

(2)清点营业额，将当日销售款、票券等如数上缴。

(3)关闭电源，盖好电脑防尘布，整理收银台及其周围环境。

(4)归拢购物篮(车)，放于指定位置，打扫收银区的卫生。

(5)协助现场负责人处理善后工作。

三、顾客支付方式

随着社会经济的快速发展，顾客的支付方式也越来越多样化，具体的支付方式如下。

(1)线下支付。线下支付最简单的形式就是现金支付，其优点是交易简单、迅速。当顾客使用现金支付时，收银员必须注意：收取的现金是否有效。

(2)线上支付。线上支付是指卖方与买方通过电子商务网站进行交易时，银行为其提供网上资金结算服务的一种业务。它为店铺和个人提供了一个安全、快捷、方便的电子商务应用环境和网上资金结算工具。随着信息化时代的到来，店铺的线上支付方式越来越受欢迎，特别是年轻人比较喜欢这种简单、快捷的方式。店铺常用的线上支付方式有支付宝、微信、网上银行、商家App等。顾客在使用线上支付方式时，收银员需要注意的是看清楚应付款是否到账。

四、现金支出

宠物店在日常经营过程中，不是只有收取现金的时候才会有现金支出的情况。顾客要求退货时，也会发生现金支出的情况。在现金支出之前，要规范好支出流程，做好登记，再将现金支出。

五、大钞管理

(1)收银台不仅人员出入频繁，也是店铺唯一存放现金的地方，其安全格外值得重视。尤其找零钱给顾客时，并不需要用到最大面值的现钞，因此无须将最大面值的钞票放在收银机抽屉内的现金盘中，为了安全起见，可放在现金盘的下面，用现金盘盖住。

(2)当抽屉内的大面值钞票积累到一定数额时，应马上请相关主管收回至门店的金库存放，避免收银台的现金累积太多，引起不必要的麻烦。

(3)每次收取大面值钞票时，经过点数后，必须将收取的现金数额、时间登录在该收银台的“中间收款记录本”上，由收银员及点收主管分别签字确认。

(4)大面值钞票运到金库时，也必须登记在“金库收支簿”上，将时间、收银机号、金额等填写清楚，登记者必须签字确认。

六、营业收入的管理

(1)每天除在收银员交班、打烊时做时段营业收入总结算，以计算收银员执行任务的正确性外，还必须选择一个固定时间做单日营业总结算。单日营业总结算的时间最好选择在每天15:00之前，可以避开营业高峰。

(2)所得的营业收入应于固定时间存入或汇入金融机构。存入时，应有指定人员负责，并妥善规划存放的时间以及路线等，以免运输过程中发生意外。

七、金库管理

现金除存放在店内的收银机之外，只能固定放置在店长室的金库内。金库应设有“金库收支簿”，对于取出或存入现金的各种行为必须予以仔细记录。任何消费性支出，应附有单据或发票。

知识拓展

拓展一　宠物连锁店品牌介绍

宠物连锁店有很多，很多都是品牌连锁店，在这里介绍几个连锁店品牌。

1.寻宠集团

寻宠集团的技术服务与国际接轨，同德国、新加坡、美国等多个国家有着密切的合作关系。集团拥有员工人数超过一千，坚持“以技术为核心，以爱心评天下”的发展理念。公司倍加珍惜每一分殊荣，不断将优质服务贡献于社会。

寻宠集团是全国首家以宠物综合服务为主体的互联网公司，旗下拥有：安徽大嘴狗宠物医院投资有限公司、合肥寻宠记宠物食品有限公司、安徽寻宠人才咨询服务有限公司、安徽寻宠餐饮管理有限公司、广州寻宠文化传媒有限公司5家子公司。

寻宠集团主营业务涉及宠物医疗、宠物美容、宠物食品、宠物用品的开发及销售和人才培育等运营服务，致力于打造集宠物医院、宠物零食美容专卖店、宠物互联网服务、宠物互联网及游戏、宠物培训服务及人才教育服务于一体的宠物行业综合服务性集团。

(1)大嘴狗　安徽大嘴狗宠物医院投资有限公司成立于2009年，是一家与新加坡企业合资创办的宠物品牌运营公司，总部位于安徽省合肥市。大嘴狗是专注于宠物医疗服务、医疗美容技术培训以及宠物食品研发的企业，全面负责大嘴狗宠物医院、大嘴狗美容零食店的品牌推广和管理。

公司拥有数百名国内以及20名国外知名兽医，并从这数百名人员中评选出20名高级兽医，组成专家医疗小组，针对宠物医疗中的疑难杂症以及高难度的手术进行会诊，大大提高了宠物疾病的治愈率。

大嘴狗美容零食店专注研究宠粮科学生产、营养配比，集合国内外一流的食品专家、营养专家对宠粮的配方、制作工艺以及狗和猫的进食习惯进行深入研究，提出了宠粮“纯绿色材料、现做现卖、营养科学、不含任何防腐剂”的新理念。

大嘴狗宠物技术培训学校由安徽大嘴狗宠物医院投资有限公司联合知名院校，是以校企合作的形式，开设“宠物美容、医疗、学历提升、宠物店面运营”等课程的宠物专业技术培训学校。学校依托知名企业联合办学，秉承“一对一教学”与“店面运营服务体系”相结合的办学理念，师资力量强，专业技术精！是新时代技师人员的摇篮！

（2）寻宠记　合肥寻宠记宠物食品有限公司主要经营宠物自制零食、宠物摄影、宠物美容和宠物杂志及游戏等，以品牌自制宠物食品销售带动宠物美容、宠物摄影的整体发展，长久发展致力于寻宠启事、宠物用品、宠物医疗及美容上门服务的专业性互联网服务体系。

公司的核心产品：自制宠粮，分为颗粒粮类、湿粮类（宠物罐头及火腿肠）和零食类产品。产品特色是：①配方健康，分为标准配方及专业配方，现做现卖，不含防腐剂。②独家制作工艺，易操作。③品种丰富，可根据宠物的种类、年龄段、生长需求等不同因素定制配方宠粮。

寻宠记的湿粮是全国首创，并获得发明专利，区别于传统颗粒粮。传统的颗粒粮生产来源于早期人们饲养家禽家畜的饲料制作，工艺简单，但其营养吸收并不充分；湿粮则是品优选材、科学配比、温火炖煮，将所有的新鲜材料充分融合。蛋白质、脂肪、维生素含量均衡，口味多、口感好，宠物吃后营养吸收充分，身体所需营养全面，提高宠物机体的免疫力，受到广大爱宠人士的欢迎。

寻宠记配方健康，分为标准配方及专业配方，现做现卖不含防腐剂 、制作工艺易操作、品种丰富，可根据宠物的种类、年龄段、生长需求等不同因素定制配方宠粮。

2. 宝宝贝贝宠物

宝宝贝贝宠物有限公司成立于 2002 年 1 月，目前已经成为国内最有特色的宠物连锁机构品牌。宝宝贝贝宠物有限公司，着力于宠物美容、宠物用品、宠物医院、宠物繁殖、宠物店连锁，在南通、南京、苏州、北京、上海、常州等地设立有 100 多家连锁分支机构，拥有 100 多余名的宠物专家队伍，包括专业的动医队伍、国际认证的宠物美容师团队、20 余年部队驯养经验的驯犬师。宝宝贝贝宠物有限公司以善于学习和严谨的管理而著称于宠物行业。宝宝贝贝成立了宠物大学，对员工实现不断的在职培养，使员工的企业认同度和工作技能得到不断地提升。宝宝贝贝学习了美国麦肯锡的一整套员工关键业绩考核体系和薪酬制度，实现了员工对企业的高度忠诚和全面发展。宝宝贝贝成功的学习了中国移动，客户预存一定费用即可获赠宠物，实现了客户的忠诚度管理，保持了公司的长期盈利能力。宝宝贝贝成功的学习了戴尔电脑，实现了零库存的货品管理模式，首先在业内实现公司和店堂均不设仓库，有效降低了公司库存和运营风险。良好的学习能力，使宝宝贝贝宠物有限公司快速成长，形成了独特的文化和企业特点。

3. 派多格宠物

派多格宠物于 2006 年在北京创立，致力于中国宠物行业的开拓与发展，现已成为中国宠物行业中最具规模和影响力的多元化企业。派多格宠物自创建以来，秉承“和谐谋发展、锐利拓市场、诚信达双赢”的企业理念，从无到有，从小到大，成长为中国宠物行业中的佼佼者。企业现已形成以六大产业为支柱的战略格局，六大产业象征六驾马车，正引领着派多格宠物向国际化、多元化、集团化方向迈进。

集团旗下拥有派多格、麦顿、美狗岛、爱妙猫屋、宠小宝等知名品牌，业务覆盖宠物店连锁加盟、宠物教育技术培训、宠物用品研发与销售、宠物行业信息化建设等业务板块。历经多年沉淀，目前派多格已在国内拥有超 6 000 家宠物连锁店，遍布全国 300 多个城市；并创办国内较大的宠物技术教育培训机构——派多格宠物技术专修学校，累计向行业培训和输送

50 000 名专业技术人才。

4. 贵宾之家

广州贵宾之家企业管理有限公司(简称贵宾之家)——专注纯种犬文化传播,着眼于宠物美容潮流,定位高端,国内专业的宠物美容连锁品牌。自 2000 年起,贵宾之家宠物店顺应国际宠物经济发展趋势,洞悉国内宠物经济的方兴未艾,伴随着宠物美容概念进入中国市场,率先在中国开展纯种犬文化的传播,开通国内单犬种网站,在世界畜犬联盟(FCI)认可的中国犬业俱乐部(CKU)注册桔子犬舍(后改为玖玖犬舍),斥巨资分别从韩国引进大量成年犬只,繁殖纯种幼犬,并向国际名师学习展示级别的美容、造型修剪,开设贵宾之家宠物美容会所,成为国内纯种犬文化传播机构。

经过多年的快速发展,贵宾之家已经成为涵盖宠物美容店连锁、宠物用品开发、宠物美容培训三大业务版块的综合性宠物美容开发机构。贵宾之家专注于研究宠粮科学生产、营养配比,集合国内外的食品、营养专家对宠粮的自有工艺、制作工艺以及狗和猫的进食习惯进行深入研究,提出了宠粮"纯绿色材料、现做现卖、营养科学、不含任何防腐剂"的新颖理念。开设"宠物美容、缓解、学历提升、宠物店面运营"等课程的宠物专业技术培训学校。

贵宾之家拥有专业的连锁管理团队、成熟的研发技术团队、专业的市场营销团队,致力于为投资创业者提供服务及实现财富梦想。贵宾之家一直秉承"用心做好产品,提供最优质的服务"的宗旨,做到让消费者满意,顺心,暖心。公司目前正处于快速发展阶段,立志将自身打造成为行业内知名品牌,树立行业先锋典范,真正成为行业之目标而共同努力、奋斗。

5. 牧和邻宠物

牧和邻宠物连锁,成立于北京,是国内著名的新型宠物企业。从 2006 年开始,牧和邻建立了中国第一家集宠物用品、宠物洗澡美容、宠物寄养、宠物婚配、宠物训练、宠物航空托运、宠物美容师培训等于一体的一条龙宠物服务公司。

在北京,牧和邻的宠物会员已达到 20 000 多只,牧和邻大力地推动了宠物这个新兴行业的发展,是北京市政府扶持的创新项目。

牧和邻创立的《宠物店老板培训课程》PMBA,从 2006 年开始,本着"实用为本、实战解读"的理念先后为上百家宠物店老板做过培训,学员遍布全国各地,课程实用性深受业界好评,协助了上百家宠物店实现可观价值。

牧和邻拥有多年直营店连锁经验,全国加盟店 500 家以上,遍布国内 100 多个城市,并通过专业服务,得到加盟商的信赖,成为宠物行业专业的品牌。

7. 圣宠宠物

圣宠宠物隶属于北京旺时代宠物用品有限公司,旗下拥有注册商标:圣宠(圣宠宠物连锁、圣宠宠物美容培训学校),哈皮狗(宠物用品商城、线上线下一体化服务)、FAVOR(产品系列)。涵盖线下实体连锁店铺、专业技术培训支持体系、线上商城线下店铺一体化及产品渠道延伸的多元化宠物品牌机构。

圣宠创立于北京,肩负着"传承人和动物的和谐,延续地球平衡"的使命、怀揣着"造福宠物、爱满人间"的愿景,遵循"爱它、宠它、家"的理念,励志"做最优质的宠物店给最爱的它"。

8. 巴米哥

巴米哥宠物店，2008 年创立于北京，以“让宠物舒心，让您放心”为客户服务宗旨，以建设“宠物的第二个家”为运营准则，依托高标准的宠粮生产基地，已经开创出一套全新的集宠物衣、食、住、行于一体的宠物市场运营管理体系。

目前巴米哥宠物在全国的连锁加盟店已遍布祖国大江南北，在全国为成千上万的宠物爱好者服务。然而，巴米哥宠物不满足于现状，随着巴米哥宠物在新市场的广告投放和全国多个省市的稳扎稳打，未来巴米哥宠物将在全国范围内迅速提升公司实力和品牌影响力。

巴米哥品牌之所以能吸引众多创业者的加盟，除了宠物行业广阔的市场前景之外，还跟总部坚实的服务支持分不开。在公司发展进程中，把好服务关是十分重要的环节，服务质量不仅事关加盟商的利益，也关系到巴米哥宠物品牌的知名度和美誉度。因此，如何帮助加盟商一起打好服务战，是巴米哥宠物一直在研究和不断突破的课题。

凭借多年来的管理运营经验，巴米哥宠物将宠物服务标准化，引进宠物行业的人才和先进的设备，严格控制宠物人才的服务品质，对所有加盟商都施行了严格的管理和指导。对于经营管理相对不成熟的加盟店，巴米哥总部会派出运营专员及时跟进和指导，传授较新的宠物美容技术和宠物养护经验，实现加盟巴米哥的加盟商都稳定获益。巴米哥宠物的宗旨就是，积极引导加盟商为顾客提供更为好的服务，满足并迎合消费者的需求和胃口，只有消费者的利益实现了，加盟商和巴米哥的价值才能够体现。

巴米哥深知周到服务是打出强势服务牌的基础。在加盟商加盟初期的店面选址，巴米哥就针对周边的终端消费者进行需求调查和分析，根据实际调查结果，制定相应的服务方案。为了让消费者到巴米哥宠物店里能够体会到细致贴心的服务，巴米哥宠物在培训时注重对加盟人员及加盟店工作人员的细节培训，注重对培训人员与消费者的沟通方式及技巧的培训。加强与消费者进行语言、肢体、眼神交流，提倡以服务赢得信任，用专业打造品牌！

9. 狗迷会

狗迷会，是广州爱狗创志企业管理顾问有限公司旗下品牌，是“华南地区优质宠物服务品牌”“华南地区规模较大的宠物连锁品牌”。

2005 年，“狗迷”爱狗创志前身——华南第一家港式宠物服务专门店“A-PET ”，在广州正式创立。

2006 年初，因为 A-Pet 宠物店的新式服务导致的火爆生意，受媒体表彰为“广州市宠物店特色服务第一家”。配合国内前所未有的新式宠物店环境装修概念，同年 A-Pet 第二家直营店一举成为“广州市高端宠物服务店第一家”。

2007 年，“A-Pet”转变成为 “狗迷”品牌，开始运营狗迷旗下“狗狗生活宠物连锁”，基于广州市天河区的繁华地段开业的“狗狗生活宠物连锁”第一间大型旗舰店，“狗狗生活宠物连锁”的三星连环预示了这个经典品牌的经营之路。

该品牌在华南地区已有中、高端的宠物连锁店 200 多家，成为“华南地区很大规模的宠物连锁品牌”，同时也成为“华南宠物服务先进品牌”。

作为一种重要的扶持，爱狗创志不但拥有国内较好的人才团队，还拥有广东省宠物人才培训学校“广州爱狗创志宠物美容培训学校”，学校至今已经培养了 1 200 多名宠物美容师，开设全国先进高等宠物店长班，已培育了500多位宠物店店长。源源不断地为华南地区输送人才，为华南宠物事业创造了良好的市场环境。这也为狗迷会的成功发展创造了良好的基础条件，成了狗迷会发展的重要扶持。

狗迷会自成立以来，始终专注致力于宠物门店经营，提供好的顾客服务体验，为狗迷会赢得了合格的市场口碑，多年来狗迷会也一直在用实际行动改变宠物行业准入门槛较低的事实。致力打造高端宠物服务品牌，建立先进的宠物零售服务经营模式，为创业者提供多方位的扶持与帮助。狗迷会也在用实际行动联手更多的创业者打开宠物市场新局面。

10. 小佩宠物

小佩网络科技(上海)有限公司成立于2015年，从智能硬件切入宠物行业，拥有自主研发、设计、服务、医疗团队，致力于为用户打造一站式消费平台。经过多年发展，已成为一家集用品、食品、服务、医疗于一体的集团公司。

小佩的产品和解决方案涵盖“喂食、饮水、睡眠、户外、清洁、玩具”等六大领域，致力于提供宠物全链条融合解决方案，使用户在任何时间、地点都可以通过任何终端享受一致的养宠体验，丰富人们与宠物的沟通。以科技提升宠物生活品质为产品设计理念，致力于为宠物创造各种高端智能产品。截至目前，产品已覆盖全球三十多个国家，多年蝉联国内宠物智能用品销售冠军，成为宠物行业智能用品头部品牌，所设计生产的产品屡次获得国际红点及设计大奖。

拓展二　宠物行业的创业趋势

随着宠物行业热度的提升，越来越多的人希望投身宠物行业。在开始宠物行业创业之前，要想好从哪些方面着手。下面简单介绍10个创业方向供参考。

1. 宠物上门看护

宠物上门看护是一项很受欢迎的业务，成本较低。宠物保姆每天都要到客户家中为宠物提供日常的护理，如喂食、喂药、遛狗、清理垃圾等。

当客户基数够大之后，可以选择自己创业，雇佣员工提供上门服务，还可以把宠物护理和其他服务结合起来。

2. 驯犬师

驯犬师需受过正规的培训，必须持有驯犬师专业证书。驯犬师可以在不同的环境中驯犬，包括家里、宠物店、宠物宾馆、宠物学校，可以提供私人或团体课程，也可以专攻特定领域的训练(如敏捷、服从或口令)。

3. 宠物寄养

宠物寄养业务的从业成本比其他业务成本要高，因为必须要有可以让宠物住宿的场地，但这项业务潜力较大，且利润可观。

小型的宠物寄养店可以由1～2个人经营，如果想做大一些的宠物寄养服务，则需要雇佣员工或兼职人员帮助。宠物寄养服务应从笼子到豪华的“宠物酒店”的配置应有尽有，有些单间中还包括床和电视。

4. 宠物日托服务

过去几年,宠物日托服务非常流行,它的优势在于营业时间是正常工作日,不涉及宠物过夜及周末照看服务。这对于那些希望晚上及周末享受家庭的宠物行业从业者来说,是一个极好的福利。日托门店里包含宠物游戏区和 Wi-Fi 视频监控。商业区仅允许较小规模的宠物日托,类似家庭日托,其他类型都在商业区外经营。

5. 宠物美容服务

在有些人眼里,宠物美容师是一个了不起的职业,他们可以成功完成各种宠物的美容造型。移动式宠物美容服务,特别是经过特殊改装的货车,越来越受欢迎。当然宠物美容也可以以门店形式经营(需要支付门店租金)。

6. 宠物出租车

宠物出租车服务在宠物商业领域是一个相对较新的项目,且它的从业成本较低。仅需要一辆可靠的车,几个不同尺寸的宠物旅行箱,以及一部手机即可。对于那些喜欢弹性工作时间的人来说,这是一项非常好的工作。

7. 宠物粪便清理

清理宠物粪便不是每个人都能做的,但如果你可以,它将使你获得不错的收益。清理粪便服务的需求近几年呈现增长趋势,要开展这项业务,需要的装备包括铲子、垃圾箱、车辆以及洽谈好可以处理这些粪便的垃圾场。提供清理宠物粪便服务的工作地点可能是客户住宅、宠物诊所、寄宿学校及宠物乐园等。

8. 遛狗服务

遛狗服务一直是比较流行的宠物服务之一。它的从业成本较低,所需要的开销仅限于交通费和广告费。对于喜欢锻炼的人来说,这是宠物服务业务中最好的一个项目,但必须在不同的气温和不断变化的天气条件下工作。

9. 自制宠物零食

自制宠物零食可以通过实体店零售或线上销售。宠物对美食的需求是非常强烈的,所以在当地投资零售店是一个有潜力的项目。

在投资一家昂贵的零售店之前,这项业务可以试着先在家里开始。宠物零食店的热门产品包括礼品篮、宠物生日蛋糕,以及个性化的小吃。

10. 宠物店

单独的宠物店无法和全国连锁零售商店竞争,但是可以在当地宠物市场做一家特色服务店。不同于全国连锁零售商店的服务,这是另一个可以通过实体店零售或线上销售的业务。最终是什么样的形式,要取决于预计投入资金的多少。而许多成功的宠物店,都会给客户提供定制产品服务,如宠物床上用品、宠物身份识别牌和礼品篮等。

考核评价

1. 你认为一个合格的收银员的基本素质有哪些？
2. 谈谈你对现金管理重要性的看法。
3. 你认为宠物店财务管理的必要性有哪些？
4. 宠物店财务管理的内容有哪些？
5. 为什么说成本控制在宠物店经营中有重要的作用？
6. 宠物店成本控制的方法有哪些？

项目七
宠物店推广

学习目标

知识目标：掌握宠物店线下推广方法、线上推广方法等基本知识。
能力目标：熟练运用线上、线下推广方法等技能，提高宠物店经营管理能力。
素质目标：养成热爱劳动、艰苦奋斗、爱岗敬业的素养。

学习任务

任务一　宠物店线下推广方法

线下推广是一种针对性较强的推广方式，它不但可以更加准确定位目标客户，还可以让客户更加全面地了解产品与服务的优势。宠物店在经营过程中要推广自己的店铺，让更多的客户认同，使店铺获得更多宠物店铺线下的利润。

一、宠物店线下推广的作用

宠物店在经营管理过程中，需要不断地去推广自己的店铺。那么宠物店的推广有哪些作用呢？

（1）在“互联网＋”的新生态环境下，营销活动越来越受宠物店的喜爱，利用移动互联网大环境的影响力，可以做各种策划，线下推广效果直接决定整个营销方案的最终实际效果。

（2）线下的推广活动使网站真正成为发布信息的平台，真正成为方便快捷地沟通信息与情感的工具。

（3）举办一个成功的线下活动可以形成多种效应，在短时期内聚集起用户群，网友与网站、网友与网友之间实现进一步交流与接触，同时随着推介活动的扩大，还可以用媒体跟踪报道来扩大舆论的影响，持续地提高活动的主题与网站人气，增大扩散性营销通路。

总之，线下推广不仅能够提升网站的直接流量，更是宠物店品牌的一种宣传方式。只有线下和线上推广相结合，才能发挥宠物店广告宣传的最大优势。

二、宠物店线下推广的方法

（一）广告宣传推广

广告宣传推广即以海报的形式进行推广，出现在公共场所、交通工具上等，主要有以下3个作用。

1. 宣传作用

可以让消费者更为直观地了解商家的意图、产品的性能，以及该产品给消费者带来的便利性。

2. 美观作用

海报中所展出的效果都是经过艺术处理过的理想效果，更容易让广大消费者接受。

3. 便捷作用

海报的宣传推广具有成本低、收益大、覆盖面广、方便快捷等优势。

（二）活动宣传

线下活动推广，通过举办一些活动进行宣传推广宠物店，如新店开业、“宠物义诊”进社区、“关爱流浪宠物”等活动。

（三）名片推广

还可以利用名片来宣传店铺，让更多的人了解店铺，从而扩大店铺的影响力。

（四）宣传单推广

宣传单推广，就是通过发放宣传单的形式推广。

(1)宣传单可以直接有效地建立起大众与产品的联系，从而激发人们的购买欲望。

(2)信息容量大、内容丰富、图文并茂，能讲透、讲深。

(3)覆盖面广，几乎涉及所有人群。

(4)投递速度快，市场启动快。

(5)可信度越高，宣传越普遍，传播效果越好。

(6)信息折损率低，信息损耗率小。

(7)比其他宣传方式更经济。

(8)可控性强，可直接产生作用。

（五）赠品推广

赠品推广，就是通过在赠品上印刷品牌信息，然后寄给客户进行推广。通过这种方式，顾客可以直接了解店铺及产品信息。

(六)二维码推广

1. 增加广告内容,丰富广告形式

一个二维码可以承载丰富的内容,用户扫码之后,就会展示出较多的文字和图片,甚至清晰的声音和动画。宣传推广不再受到版面限制,可以使宠物店达到增加广告内容的目的,节约宠物店运营成本。

2. 客户收集渠道多

利用移动店铺积累会员,增加人脉,进行精准、高效的互动营销,对客户开展精准、高效、互动的移动营销,传播促销信息,派发优惠券,开展会员积分回报,进行客户购物抽奖,保持与客户经常互动,让客户随时了解最新产品。

3. 同行竞争差异化

想要吸引客户的眼球,一定要创新,对于一个展会来说,可以在宣传册、名片上都印一个二维码,客户扫码之后体验有趣的互动活动,在引起客户好奇心的同时也使其了解产品本身,从而提高产品的购买率,这样做会让宠物店减少更多的成本,更好地加强宠物店产品品牌的推广,让宠物店更好地经营下去。

4. 便于广告效果的跟踪与调整

通过每个二维码的访问数据比较,可以轻松判断出性价比最高的推广方式和推广手段,帮助宠物店把钱花在刀刃上。

任务二　宠物店线上推广方法

线上推广就是利用互联网推广,利用互联网推广具有得天独厚的优势,是实施现代营销媒体战略的重要组成部分。

一、宠物店线上推广的作用

线上推广的独特优势,可以大致概括如下。

1. 传播范围广

线上推广的传播范围极其广泛,不受时间和空间的限制,可以通过互联网把广告信息24 h不间断地传播到世界各地。只要具备上网条件,任何人在任何地点都可以随时随意浏览广告信息。

2. 交互性强

线上推广的受众是广大客户,当其对某一产品产生兴趣时,可以通过点击进入该产品的主页,详细了解产品的信息,而厂商也可以随时得到宝贵的用户反馈信息。

3. 针对性明确

由于点阅广告信息者即为有兴趣者，所以可以直接对接有可能用户，并可以为不同的受众推出不同的广告内容。尤其是宠物用品官方网站，浏览用户大都是宠物店界人士，网上广告就更具针对性。

4. 受众数量可准确统计

利用传统媒体做广告，很难准确地知道有多少人接受广告信息，而在互联网上可以通过权威公正的访客流量统计系统，精确统计出每个客户的广告被多少个用户看过，以及这些用户查阅的时间分布和地域分布。这样借助分析工具，成效明显，客户群体清晰易辨，广告行为收益也能准确计量，有助于客商正确评估广告效果，制定广告投放策略，对广告目标更有把握。

5. 灵活、成本低

在传统媒体上做广告，发布后很难更改，即使可改动，往往也要付出很大的经济代价。而在互联网上做广告能按照需要及时变更广告内容，当然包括改正错误。这就使经营决策的变化可以及时地实施和推广。作为新兴媒体，网络媒体的收费也远低于传统媒体，若能直接利用网上推广进行产品销售，则可节省更多销售成本。

6. 感官性强

网上推广的载体基本上是多媒体、超文本格式文件，可以使消费者能亲身体验产品、服务与品牌。这种以图、文、声、像结合的形式，传送多感官的信息，让顾客身临其境般感受商品或服务。

7. 便利性

宠物店可以通过互联网来推广自己的产品，既方便又实惠，随着网络的普及，网络推广也更加具有便利性。

二、宠物店线上推广的方法

1. 搜索引擎线上推广

搜索引擎线上推广主要针对搜索引擎产品做相应的关键词及外链推广，推广内容以原创内容为主，在内容中植入宣传信息。

2. 社交网站及论坛线上推广

社交网站及论坛线上推广必须保持更新频率，对于自己的主题帖保证足够的跟帖频率，始终保持在第一位。

3. 微信、微博、QQ 群线上推广

微信主要是微信群和微信朋友圈；微博活跃度低，现在多是忠实粉丝在使用；QQ 群则是依靠 QQ 群推广使用。

4. 博客线上推广

博客线上推广首先需要持续更新，其次是需要原创内容，吸引顾客的眼球，提高阅读量，才能起到推广的作用。

短视频是一个供年轻人使用的高流量社交软件。宠物店可以根据自己产品的情况拍摄短视频，通过抖音、快手等宣传，同时留下店铺信息和联系方式。

5. 公众号推广

公众号的低成本、高回报的方式推广产品所带来的盈利吸引着无数广告主，所以宠物店可以选择此种方式进行自身的推广。宠物店在做自身推广时，公众号的选择是重要的环节之一，同时还要辨别粉丝的真实性；在公众号上要定期地发布推广的相关知识。

知识拓展

拓展一　识别特许加盟陷阱

1. 总部至少成立3年

总部至少成立一段时间之后，各项工作、营运模式才能建立。如果还在试验期间便将不成熟的加盟模式推出，受害的一定是加盟者。若一切尚未文字化、标准化、系统化，则无法将所有技巧、精华和经验传递给加盟者。如果总部本身管理机制尚不健全，则没有能力支持加盟者，更不必谈控制力和推动力了。

2. 来者不拒者一定有诈

如果存心不良，一心只是想赚钱，不管加盟店成败，只是把加盟当作一种工具或手段。表现出来者不拒，没有明确的资格标准，没有商圈评估报告，没有投资报酬率分析，没有书面记录，不必参加教育培训，那么，须十分注意。这是非常典型的加盟陷阱！

3. 不要过于相信招商广告

一般而言，历史悠久、有相当发展基础的特许企业，都有很完善的制度，选择加盟者也很严格，不会随便接受不合格的加盟者。

但有不少投机分子，利用投资者对行业情况不了解，往往鼓其如簧之舌，夸大特许经营利润高、收益大、见效快的特点，来吸引加盟者，使不少不了解内情的人士“掉入”陷阱中，损失惨重。在选择时一定要小心谨慎，千万不要轻信传言及一些不实的招商广告。

4. 小心发展太快的特许企业

一家特许经营企业如果在成立之初，根基尚未扎稳，便突然膨胀，大肆炒作，四处招商，希望在一时之间建成一个遍布全国的经营网络，加入这样的特许体系，加盟者恐怕是“凶多吉少”。

5. 签订加盟合同注意事项

加盟者在签订加盟合同之前，一定要深入了解合同内容，以确保自身权益。不要以为加盟合同都是总部制式的范本不可修改，其实合同应是通过双方彼此协商之后做成的。换句话说，加盟者不仅要看清内容，更有权利要求修改内容。

在签订加盟合同时需要注意的事项，如图 7-1 所示。

图 7-1　签订加盟合同注意事项

(1)查看相关手续。所谓加盟，就是总部将品牌授权给加盟店使用，换句话说，总部必须要先拥有这个品牌，才能授权给加盟店。加盟者在加盟前，务必确认总部的确拥有此品牌，才能放心加盟。

(2)了解加盟费用。一般而言，总部会向加盟者收取三种费用，分别是加盟金、权利金及保证金。具体如图 7-2 所示。

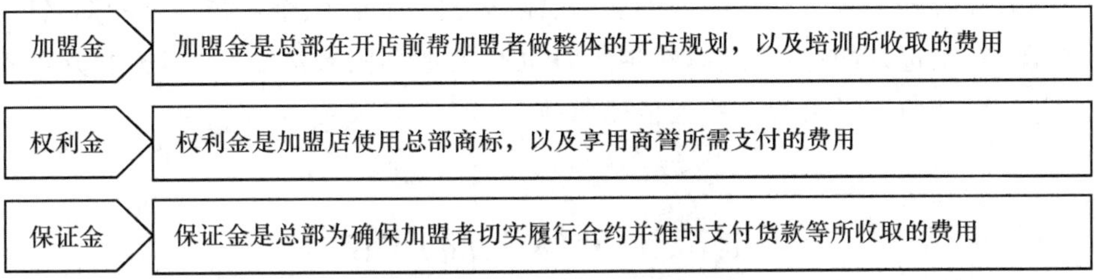

图 7-2　加盟费用的种类

权利金是一种持续性的收费，只要加盟店持续使用总部的商标，就必须定期交费。支付期限可能是一年一次，也可能是按季或按月支付。

(3)商圈保障问题。通常加盟总部为确保加盟店的营运利益，都会设有商圈保障，也就是在某个商圈之内不再开设第二家分店。因此，加盟者对保障商圈的范围必须十分清楚。

(4)竞业禁止条款。所谓竞业禁止，就是总部为保护经营技术及智慧财产，不因开放加盟而外流，要求加盟者在合约存续期间，或结束后一定时间内，不得加盟与原加盟店相同行业的规定。

(5)管理规章问题。一般的加盟合约内容少则十几条，多则上百条，不过通常都会有这样一条规定："本合约未尽事宜，悉依总部管理规章办理。"如果加盟者遇到这样的情形，最好要求总部将管理规章附在合约后面，成为合约附件。

(6)关于违约罚则。由于加盟合约是由总部拟定的，所以会对总部较为有利。在违反合约的罚则上，通常只会列出针对加盟者的部分，而对总部违反合约部分则只字未提。加盟者对此可提出相应要求，明确总部违约时的罚则条款，尤其是关于总部应提供的服务项目及后勤支援方面，并要求总部切实达成。

(7)关于纠纷处理。一般的加盟合约上都会明列管辖的法院，而且通常是以总部所在地的地方法院为管辖法院，为的是万一将来必要时，总部人员来往附近法院比较方便。曾有某加盟总部在合约中规定，加盟者欲向法院提出诉讼前，需先经过总部的调解委员会调解，遇此状况时，应先了解调解委员会的组成成员，如果全是总部的人员，那么调解的结果当然会偏袒总部，而不利于加盟者。碍于合约，加盟者又无法忽略调解委员会而直接向法院诉讼，因此加盟者在遇到类似的条款时，应要求删除。

（8）合约终止处理。当合约终止时，对加盟者而言，最重要的就是要取回保证金。此时，总部会检视加盟者是否违反合约或积欠货款，同时，总部可能会要求加盟者自行将招牌拆下，如果一切顺利且无积欠货款，总部即退还保证金。但若是发生争议时，是否要拆卸招牌往往成为双方角力的重点。某些总部甚至会自行雇工拆卸招牌，加盟者遇此情况，需视招牌原先是由谁出资而定。若由加盟者出资的话，那么招牌的所有权就应归加盟者所有，总部虽然拥有商标所有权，但不能擅自拆除。若真想拆卸，必须通过法院强制执行，如果总部自行拆除，即触犯了毁损罪。

（9）双方各执一份。曾经有某宠物用品加盟连锁公司与加盟者签约之后，总部留两份合约，并未留一份给加盟者，后来被状告到公平交易委员会才改正。所以加盟者切记自己保留一份，清楚了解合约内容，确保自身权益。

总之，加盟前必须了解清楚该品牌的实力、能够提供的帮助、企业与产品的知名度、加盟条件与费用等，就算是选好的连锁品牌，在签约时也必须把合同看清楚，了解透彻方可签字。否则日后出了问题，就免不了引起一些无谓的争执。

拓展二　个体工商户常识

个体工商户是指公民个人或家庭依法经核准登记，以个体财产或家庭财产为经营资本，在法定范围内从事工商业经营的一种特殊民事主体。在我国，个体工商户是作为公民的一种特殊形式存在的，其实际上享受权利、承担义务的仍然是公民（自然人），但此时的公民作为民事主体是以户的特殊形式出现的，法律地位比较特殊。个体工商户有个人经营、家庭经营与个人合伙经营三种组织形式。

1. 法律地位

在依法核准登记的范围内，个体工商户享有从事个体工商业经营的民事权利能力和民事行为能力。个体工商户的正当经营活动受法律保护，对其经营的资产和合法收益，个体工商户享有所有权。个体工商户可以在银行开设账户，向银行申请贷款，有权申请商标专用权，有权签订劳动合同及请帮工、带学徒，还享有起字号、刻印章的权利。

个体工商户从事生产经营活动必须遵守国家的法律，应照章纳税，服从工商行政管理。个体工商户从事违法经营的，必须承担民事责任和其他法律责任。

2. 法律特征

（1）个体工商户的主体是个体劳动者，是个体经济的一种法律形式。

（2）个体工商户必须在法律允许的范围内从事经营活动。

（3）个体工商户必须依法核准登记。

（4）个体工商户作为民事主体的一种形式，享有人身权和与人身权有关的财产权。

3. 法律责任

个体工商户作为从事经营的主体，若违反与工商业经营相关的法律法规的规定，应该承担相应的法律责任，这种责任是由于个体经营身份引起的，是以个体经营者为责任主体的特别责任。

在个体工商户的经营中，与之有最密切关系的法律主要有《个体工商户条例》《中华人民共和国民法典》《中华人民共和国产品质量法》《中华人民共和国消费者权益保护法》《中华人民共和国反不正当竞争法》《中华人民共和国广告法》《中华人民共和国商标法》《中华人民共和国专利法》《中华人民共和国著作权法》《中华人民共和国食品安全法》《中华人民共和国药品管理法》《中华人民共和国标准化法》《中华人民共和国计量法》《中华人民共和国环境保护法》《中华人民共和国刑法》以及《中华人民共和国行政处罚法》等。

考核评价

1. 宠物店线上推广的方式有哪些？
2. 宠物店线下推广的优点有哪些？
3. 宠物店线下推广的方式有哪些？

参 考 文 献

[1] 田其真，蔡丙严．宠物用品店铺管理及经营［M］．北京：中国农业出版社，2020．

[2] 刘雅慧，夏兆飞．动物医院运营与管理［M］．北京：中国农业大学出版社，2019．

[3] 吴孝杰，李和国．宠物美容与护理［M］．北京：中国农业大学出版社，2021．

[4] 蒋小龙．连锁企业门店营运与管理［M］．北京：化学工业出版社，2016．

附　录

附录1　全价宠物食品　犬粮

1　范围

本标准规定了全价宠物食品犬粮的术语和定义、要求、试验方法、检验规则、标签以及包装、运输、贮存和保质期。

本标准适用于经工业化加工、制作的全价宠物食品犬粮，但处方犬粮除外。

2　规范性引用文件

下列文件对于本文件的应用是必不可少的。凡是注日期的引用文件，仅注日期的版本适用于本文件。凡是不注日期的引用文件，其最新版本(包括所有修改单)适用于本文件。

GB 4789.26　食品安全国家标准　食品微生物学检验　商业无菌检验

GB/T 6432　饲料中粗蛋白测定方法

GB/T 6433　饲料中粗脂肪的测定

GB/T 6434　饲料中粗纤维的含量测定　过滤法

GB/T 6435　饲料中水分和其他挥发性物质含量的测定

GB/T 6436　饲料中钙的测定

GB/T 6437　饲料中总磷的测定　分光光度法

GB/T 6438　饲料中粗灰分的测定

GB/T 6439　饲料中水溶性氯化物的测定

GB/T 13079—2006　饲料中总砷的测定

GB/T 13080　饲料中铅的测定　原子吸收光谱法

GB/T 13081　饲料中汞的测定

GB/T 13082　饲料中镉的测定方法

GB/T 13083　饲料中氟的测定　离子选择性电极法

GB/T 13091　饲料中沙门氏菌的检测方法

GB/T 13093　饲料中细菌总数的测定

GB/T 18246　饲料中氨基酸的测定

GB/T 23372　食品中无机砷的测定　液相色谱-电感耦合等离子体质谱法

NY/T 2071　饲料中黄曲霉毒素，玉米赤霉烯酮和 T-2 毒素的测定　液相色谱-串联质谱法

SN/T 3561　国境口岸卫生监督食品采样、送样规程

饲料添加剂品种目录(2013)(农业部公告第 2045 号)

饲料原料目录(农业部公告第 1773 号)

3 术语和定义

下列术语和定义适用于本文件。

3.1 宠物 pet

家庭饲养的作为伴侣动物的犬和猫，或工作用途的犬。

3.2 宠物食品 pet food

经工业化加工、制作的用以饲喂宠物的食品，包括全价宠物食品和补充性宠物食品；根据水分含量又分为干（性）宠物食品、半湿（性）宠物食品和湿（性）宠物食品。

3.3 全价宠物食品 complete pet food

除水分以外，所含营养素和能量能够满足宠物每日营养需要的宠物食品。

3.4 补充性宠物食品 complementary pet food

由两种或两种以上宠物食品原料混合而成的宠物食品，但由于其营养不全面，需和其他宠物食品配合使用才能满足宠物每日营养需要。

3.5 干（性）宠物食品 dry pet food

水分含量低于14%的宠物食品。

3.6 半湿（性）宠物食品 semi-moist pet food

水分含量不低于14%且低于60%的宠物食品。

3.7 湿（性）宠物食品 wet pet food

水分含量不低于60%的宠物食品。

3.8 处方宠物食品 prescription diet, therapeutic diet, veterinary diet

针对宠物健康问题而进行特殊营养设计的宠物食品，需要在执业兽医师指导下使用，包括全价处方宠物食品和补充性处方宠物食品。

4 幼年期和成年期划分

犬的幼年期和成年期按表1划分。

表1 犬的幼年期和成年期划分

成年时体重/kg	幼年期/月龄	成年期/月龄
≤5	<9	≥9
5～20	<12	≥12
20～40	<18	≥18
≥40	<21	≥21

5 要求

5.1 原料要求

生产宠物食品所用的原材料添加剂应符合《饲料原料目录》和《饲料添加剂品种目录(2013)》以及相应的卫生标准的要求。

5.2 感官指标

无霉变和结块。

5.3 理化指标

应符合表 2 和表 3 的规定。

表 2　主要理化指标

项目	指标(以干物质计)/%		试验方式
	幼(年)犬粮、妊娠期犬粮，哺乳期犬粮	成(年)犬粮	
粗质白质	≥22.9	≥18.9	GB/T 6432
粗脂肪	≥8.0	≥5.0	GB/T 6433
粗灰分	≤10.0	≤10.0	GB/T 6438
粗纤维	≤9.0	≤9.0	GB/T 6434
钙	≥1.0	≥0.6	GB/T 6436
总磷	≥0.8	≥0.5	GB/T 6437
水溶性氯化物(以 CT 计)	≥0.45	≥0.09	GB/T 6439
赖氨酸	≥0.77	≥0.63	GB/T 18246

表 3　水分

产品种类	指标(x)/%	试验方法
干(性)犬粮	$x<14.0$	
半湿(性)犬粮	$14.0\leqslant x<60.0$	
湿(性)犬粮	$x\geqslant60.0$	GB/T 6435

5.4　卫生指标

应符合表 4 的规定。

表 4　卫生指标[a]

项　目	指　标	试验方法
氟/(mg/kg)	≤150	GB/T 13083
镉/(mg/kg)	≤2	GB/T 13082
汞/(mg/kg)	≤0.3	GB/T 13081—2006 (原子荧光光谱分析法)
铅/(mg/kg)	≤5	GB/T 13080
总砷(以 As 计)/(mg/kg)	≤10[b]/(其中无机砷含量不超过 2 mg/kg)	总砷:GB/T 13079—2006(银盐法) 无机砷:GB/T 23372
	≤2[k]	
黄曲霉毒素 B_1/(μg/kg)	≤10	NY/T 2071
细菌总数/(CFU/g)	<1×10[cd]	GB/T 13093

续表 4

项　目	指　标	试验方法
沙门氏菌(25 g 中)	不得检出	GB/T 13091
微生物	符合商业无菌要求[e]	GB 4789.26

a. 表中所列允许量,除特别注明外均以干物质含量 88%计(微生物污染物指标除外)。
b. 含有水生动物及其制品或藻类及其制品的全价宠物食品犬粮。
c. 其他全价宠物食品犬粮。
d. 水分达到或超过 60%的全价宠物食品犬粮除外。
e. 水分达到或超过 60%的全价宠物食品犬粮。

6　检测规则

6.1　组批

以相同材料、相同工艺、同一班次生产的产品为一批。

6.2　采样

按 SN/T 3561 规定执行。

6.3　出厂检验

每一批产品出厂前均应进行出厂检验,合格产品方能出厂。出厂检验项目为感官指标、粗蛋白质、粗脂肪、粗灰分、钙、总磷、水分。

6.4　型式检验

有下列情况之一时,进行型式检验:

a)产品投产时;

b)工艺、配方或原料来源有较大改变,可能影响产品质量时;

c)正常生产时,每年至少一次;

d)长期停产后恢复生产时;

e)出厂检验结果与上次型式检验有较大差异时;

f)国家饲料管理部门提出进行型式检验的要求时。

6.5　判定规则

检验中如出现不合格项目,允许重新自同批产品中两倍量的包装中抽样进行复验;如果复验结果中仍有不合格项,则判该批次产品为不合格品。

微生物指标检验结果中有一项不合格,即判定为不合格,不得复检。

7　标签

包装物上应附有标签,标明产品名称,原料组成,产品成分分析保证值、净重或者净含量、贮存条件、使用说明、注意事项、生产日期、保质期、生产企业名称以及地址、许可证明文件编号和产品质量标准编号等。

8　包装、运输、贮存和保质期

8.1　包装

包装应密封,防潮、防水、不易破损。包装材料应无毒、无害。

8.2　运输

运输工具应清洁、干燥，并有防雨、防污染措施。不得与有毒、有害物品混装、混运。

8.3　贮存

产品应贮存于阴凉、通风、干燥处，注意防水、防霉、防鼠、防虫害，不得与有毒、有害物品混贮。

8.4　保质期

产品保质期应根据产品特性确定，保质期内的产品应符合产品质量标准的要求。

附录 2　全价宠物食品　猫粮

1　范围

本标准规定了全价宠物食品猫粮的术语和定义、要求、试验方法、检验规则、标签以及包装、运输、贮存和保质期。

本标准适用于经工业化加工、制作的全价宠物食品猫粮，但处方猫粮除外。

2　规范性引用文件

下列文件对于本文件的应用是必不可少的。凡是注日期的引用文件，仅注日期的版本适用于本文件。凡是不注日期的引用文件，其最新版本（包括所有修改单）适用于本文件。

GB 4789.26　食品安全国家标准　食品微生物学检验　商业无菌检验

GB/T 6432　饲料中粗蛋折测定方法

GB/T 6433　饲料中粗脂肪的测定

GB/T 6434　饲料中粗纤维的含量测定　过滤法

GB/T 6435　饲料中水分和其他挥发性物质含量的测定

GB/T 6436　饲料中钙的测定

GB/T 6437　饲料中总磷的测定　分光光度法

GB/T 6438　饲料中粗灰分的测定

GB/T 6439　饲料中水溶性氯化物的测定

GB/T 13079—2006　饲料中总砷的测定

GB/T 13081　饲料中汞的测定

GB/T 13082　饲料中镉的测定方法

GB/T 13083　饲料中氟的测定　离子选择性电极法

GB/T 13091　饲料中沙门氏菌的检测方法

GB/T 13093　饲料中细菌总数的测定

GB/T 18246　饲料中氨基酸的测定

GB/T 23372　食品中无机砷的测定　液相色谱-电感耦合等离子体质谱法

NY/T 2071　饲料中黄曲霉毒素、玉米赤霉烯酮和 T-2 毒素的测定　液相色谱-串联质谱法

SN/T 3561　国境口岸卫生监督食品采样、送样规程

饲料添加剂品种目录(2013)(农业部公告第 2045 号)

饲料原料目录(农业部公告第 1773 号)

3　术语和定义

下列术语和定义适用于本文件。

3.1　宠物　pet

家庭饲养的作为伴侣动物的犬和猫，或工作用途的犬。

3.2　宠物食品　pet food

经工业化加工、制作的用于饲料的用于饲喂宠物的食品，包括全价宠物食品和补充性宠物食品；根据水分含量又分为干(性)宠物食品、半湿(性)宠物食品和湿(性)宠物食品。

3.3　全价宠物食品　complete pet food

除水分以外，所含营养素和能量能够满足宠物每日营养需要的宠物食品。

3.4　补充性宠物食品　complementary pet food

由两种或两种以上宠物食品原料混合而成的宠物食品，但由于其营养不全面，需和其他宠物食品配合使用才能满足宠物每日营养需要。

3.5　干(性)宠物食品　dry pet food

水分含量低于14%的宠物食品。

3.6　半湿(性)宠物食品　semi-moist pet food

水分含量不低于14%且低于60%的宠物食品。

3.7　湿(性)宠物食品　wet pet food

水分含量不低于60%的宠物食品。

3.8　处方宠物食品　prescription diet, or therapeutic diet, or veterinary diet

针对宠物健康问题而进行特殊营养设计的宠物食品，需要在执业兽医师指导下使用，包括全价处方宠物食品和补充性处方宠物食品。

3.9　幼(年)猫　kitten

12月龄以下的猫。

3.10　成(年)猫　adult cat

12月龄以上的猫，但妊娠期和哺乳期除外。

4　要求

4.1　原料要求

生产宠物食品所用原料和添加剂应符合《饲料原料目录》和《饲料添加剂品种目录(2013)》以及相应的卫生标准的要求。

4.2　感官指标

无霉变和结块。

4.3　理化指标

应符合表1和表2的规定。

表 1　主要理化指标

项目	指标(以干物质计)/%		试验方法
	幼(年)猫粮,妊娠期猫粮、哺乳期猫粮	成(年)猫粮	
粗蛋白质	≥28.0	≥25.0	GB/T 6432
粗脂肪	≥9.0	≥9.0	GB/T 6433
粗灰分	≤10.0	≤10.0	GB/T 6438
粗纤维	≤9.0	≤9.0	GB/T 6434
钙	≥1.0	≥0.6	GB/T 6436
总磷	≥0.8	≥0.5	GB/T 6437
水溶性氯化物(以 Cl^- 计)≥0.3	≥0.3	GB/T 6439	
牛磺酸	≥0.1	≥0.1	GB/T 18246
	≥0.2(湿粮)	≥0.2(湿粮)	

表 2　水分

产品种类	指标(x)/%	试验方法
干(性)猫粮	$x<14.0$	GB/T 6435
半湿(性)猫粮	$14.0\leqslant x<60.0$	
湿(性)猫粮	$x\geqslant 60.0$	

4.4　卫生指标

应符合表 3 的规定。

表 3　卫生指标[a]

项　目	指　标	试验方法
氟/(mg/kg)	≤150	GB/T 13083
镉/(mg/kg)	≤2	GB/T 13082
汞/(mg/kg)	≤0.3	GB/T 13081—2006(原子荧光光谱分析法)
铅/(mg/kg)	≤5	GB/T 13080
总砷(以 As 计)/(mg/kg)	≤10[b](其中无机砷含量不超过 2 mg/kg)	总砷,GB/T 13079—2006(银盐法)无机砷,GB/T 23372
	≤2[c]	
黄曲霉毒素 B_1/(μg/kg)	≤10	NY/T 2071
细菌总数/(CFU/g)	<1×10[d]	GB/T 13093
沙门氏菌(25 g 中)	不得检出	GB/T 13091
微生物	符合商业无菌要求[e]　GB 4789.26	

a. 表中所列允许量,除特别注明外均以干物质含量 88%计(微生物污染物指标除外)。
b. 含有水生动物及其制品或江东藻类及其制品的全价宠物食品猫粮。
c. 其他全价宠物食品猫粮。
d. 水分达到或超过 60%的全价宠物食品猫粮除外。
e. 水分达到或超过 60%的全价宠物食品猫粮。

5 检验规则

5.1 组批

以相同材料、相同工艺、同一班次生产的产品为一批。

5.2 采样

按 SN/T 3561 规定执行。

5.3 出厂检验

每一批产品出厂前均应进行出厂检验,合格产品方能出厂。出厂检验项目为感官指标、粗蛋白质、粗脂肪、粗灰分、粗纤维、钙、总磷、水分。

5.4 型式检验

有下列情况之一时,进行型式检验:

a)产品投产时;

b)工艺、配方或原料来源有较大改变,可能影响产品质量时;

c)正常生产时,每年至少一次;

d)长期停产后恢复生产时;

e)出厂检验结果与上次型式检验有较大差异时;

f)国家饲料管理部门提出进行型式检验的要求时。

5.5 判定规则

检验中如出现不合格项目,允许重新自同批产品中两倍量的包装中抽样进行复验;如果复验结果中仍有不合格项,则判该批次产品为不合格品。

微生物指标检验结果中有一项不合格,即判定为不合格,不得复检。

6 标签

包装物上应附有标签,标明产品名称、原料组成、产品成分分析保证值、净重或者净含量、贮存条件、使用说明、注意事项、生产日期、保质期、生产企业名称以及地址、许可证明文件编号和产品质量标准编号等。

7 包装、运输、贮存和保质期

7.1 包装

包装应密封、防潮、防水、不易破损、包装材料应无毒、无害。

7.2 运输

运输工具应清洁、干燥,并有防雨、防污染措施。不得与有毒、有害物品混装、混运。

7.3 贮存

产品应贮存于阴凉、通风、干燥处,注意防水、防霉、防鼠、防虫害,不得与有毒、有害物品混贮。

7.4 保质期

产品保质期应根据产品物性确定,保质期内的产品应符合产品质量标准的要求。

附录3 宠物美容师国家职业标准

（2023年版）

1 职业概况

1.1 职业名称

宠物美容师

1.2 职业编码

4-10-07-03

1.3 职业定义

从事宠物清洁养护、毛发修剪、造型设计、装饰装扮工作的人员。

1.4 职业技能等级

本职业共设五个等级，分别为：五级/初级工、四级/中级工、三级/高级工、二级/技师、一级/高级技师。

1.5 职业环境条件

室内，常温。

1.6 职业能力特征

具有一定的判断、语言表达能力，身心健康，色、嗅、触感官灵敏，喜欢动物，热爱宠物行业，具备宠物品种造型设计、修剪、毛发染色能力。

1.7 普通受教育程度

初中毕业。

1.8 职业培训要求

1.8.1 培训参考时长

五级/初级工不少于180标准学时；四级/中级工不少于150标 准学时；三级/高级工不少于120标准学时；二级/技师不少于90标 准学时；一级/高级技师不少于90标准学时。

1.8.2 培训教师

培训五级/初级工、四级/中级工的教师应具有本职业三级/高级 工及以上职业资格（职业技能等级）证书或相关专业中级及以上专 业技术职务任职资格；培训三级/高级工的教师应具有本职业二级/ 技师及以上职业资格（职业技能等级）证书或相关专业中级及以上 专业技术职务任职资格；培训二级/技师的教师应具有本职业一级/ 高级技师职业资格（职业技能等级）证书或相关专业高级专业技术 职务任职资格；培训一级/高级技师的教师应具有本职业一级/高级 技师职业资格（职业技能等级）证书2年以上或相关专业高级专业 技术职务任职资格2年以上。

1.8.3 培训场所设备

理论知识培训在标准教室进行；操作技能培训在具有美容台、吹风机等设施、设备，通风条件良好，光线充足和安全措施完善的 场所进行。

1.9 职业技能评价要求

1.9.1 申报条件

具备以下条件之一者，可申报五级/初级工

(1)年满 16 周岁，拟从事本职业或相关职业[1]工作。

(2)年满 16 周岁，从事本职业或相关职业工作。

具备以下条件之一者，可申报四级/中级工。

(1)累计从事本职业或相关职业工作满 5 年。

(2)取得本职业或相关职业五级/初级工职业资格(职业技能等 级)证书后，累计从事本职业或相关职业工作满 3 年。

(3)取得本专业或相关专业[2]的技工院校或中等及以上职业院 校、专科及以上普通高等学校毕业证书(含在读应届毕业生)。

具备以下条件之一者，可申报三级/高级工：

(1)累计从事本职业或相关职业工作满 10 年。

(2)取得本职业或相关职业四级/中级工职业资格(职业技能等 级)证书后，累计从事本职业或相关职业工作满 4 年。

(3)取得符合专业对应关系的初级职称(专业技术人员职业资 格)后，累计从事本职业或相关职业工作满 1 年。

(4)取得本专业或相关专业的技工院校高级工班及以上毕业证 书(含在读应届毕业生)。

(5)取得本职业或相关职业四级/中级工职业资格(职业技能等级)证书，并取得高等职业学校、专科及以上普通高等学校本专业 或相关专业毕业证书(含在读应届毕业生)。

(6)取得经评估论证的高等职业学校、专科及以上普通高等学 校本专业或相关专业的毕业证书(含在读应届毕业生)。

具备以下条件之一者，可申报二级/技师：

(1)取得本职业或相关职业三级/高级工职业资格(职业技能等 级)证书后，累计从事本职业或相关职业工作满 5 年。

(2)取得符合专业对应关系的初级职称(专业技术人员职业资 格)后，累计从事本职业或相关职业工作满 5 年，并在取得本职业 或相关职业三级/高级工职业资格(职业技能等级)证书后，从事本 职业或相关职业工作满 1 年。

(3)取得符合专业对应关系的中级职称(专业技术人员职业资 格)后，累计从事本职业或相关职业工作满 1 年。

(4)取得本职业或相关职业三级/高级工职业资格(职业技能等 级)证书的高级技工学校、技师学院毕业生，累计从事本职业或相 关职业工作满 2 年。

(5)取得本职业或相关职业三级/高级工职业资格(职业技能等 级)证书满 2 年的技师学院预备技师班、技师班学生。

具备以下条件之一者，可申报一级/高级技师：

(1)取得本职业或相关职业二级/技师职业资格(职业技能等 级)证书后，累计从事本职业或相关职业工作满 5 年。

---

[1] 相关职业：兽医、宠物健康护理员、宠物驯导师、宠物医生、动物检验检疫员、动物疫病防治员、家畜繁殖员、家畜饲养员、家禽繁殖员、家禽饲养员、美容师、美发师，下同。

[2] 本专业或相关专业：动物医学、动物药学、畜牧兽医、中兽医、宠物医疗技术、宠物临床诊疗技术、动物防疫与检疫、畜禽智能化养殖、畜牧工程技术、特种动物养殖技术、实验动物技术、特种动物养殖、宠物养护与驯导、饲料与动物营养、动物营养与饲料、畜禽生产技术、畜禽生产与疾病防治、宠物养护与经营、宠物医疗、现代畜牧、动物科学、美容美发与造型(美发)、美容美发与造型(美容)、美容美发与造型(化妆)等，下同。

(2)取得符合专业对应关系的中级职称后，累计从事本职业或 相关职业工作满 5 年，并在取得本职业或相关职业二级/技师职业资 格(职业技能等级)证书后，从事本职业或相关职业工作满 1 年。

(3)取得符合专业对应关系的高级职称(专业技术人员职业资 格)后，累计从事本职业或相关职业工作满 1 年。

1.9.2 评价方式

分为理论知识考试、操作技能考核以及综合评审。理论知识考 试以笔试、机考等方式为主，主要考核从业人员从事本职业应掌握 的基本要求和相关知识要求；操作技能考核主要采用现场操作、模 拟操作等方式进行，主要考核从业人员从事本职业应具备的技能水 平；综合评审针对二级/技师和一级/高级技师，通常采取审阅申报 材料、答辩等方式进行全面评议和审查。

理论知识考试、操作技能考核和综合评审均实行百分制，成绩皆达 60 分(含)以上为合格。

1.9.3 监考人员、考评人员与考生配比

理论知识考试监考人员与考生配比不低于 1∶15，且每个考场不 少于 2 名监考人员；操作技能考核考评人员与考生配比不低于 1∶9，且考评人员为 3 人(含)以上单数；综合评审委员为 3 人(含)以 上单数。

1.9.4 评价时长

理论知识考试时间不少于 90 min，操作技能考核时间不少于 120 min，综合评审时间不少于 30 min。

1.9.5 评价场所设备

理论知识考试在标准教室进行；操作技能考核在具有美容台、吹风机等设施、设备，通风条件良好，光线充足和安全措施完善的 场所进行；综合评审在配备多媒体设备的室内或工作现场进行。

2 基本要求

2.1 职业道德

2.1.1 职业道德基本知识

2.1.2 职业守则

(1)遵纪守法，文明礼貌，爱岗敬业。

(2)和谐友善，尊重宠物自然行为。

(3)弘扬工匠精神，创新技艺，保障宠物福利。

(4)优化服务，安全生产。

2.2 基础知识

2.2.1 宠物基础知识

(1)宠物发展史。

(2)宠物分类、品种识别相关知识。

(3)宠物心理与行为相关知识。

(4)宠物常见病及其防治相关知识。

2.2.2 宠物美容专业知识

(1)宠物日常护理相关知识。

(2)宠物美容作业要求。

(3)宠物造型修剪相关知识。

2.2.3　经营管理知识

(1)宠物日常饲养与管理方法。

(2)宠物商品学相关知识。

(3)营销学相关知识。

2.2.4　相关法律、法规知识

(1)《中华人民共和国民法典》相关知识。

(2)《中华人民共和国劳动法》相关知识。

(3)《中华人民共和国安全生产法》相关知识。

(4)《中华人民共和国进出境动植物检疫法》相关知识。

(5)《中华人民共和国动物防疫法》相关知识。

(6)《中华人民共和国野生动物保护法》相关知识。

(7)《中华人民共和国消费者权益保护法》相关知识。

(8)《公共场所卫生管理条例》相关知识。

3　工作要求

本标准对五级/初级工、四级/中级工、三级/高级工、二级/技师、一级/高级技师的技能要求和相关知识依次递进,高级别涵盖低级别的要求。

3.1　五级/初级工

职业功能	工作内容	技能要求	相关知识要求
1.工作准备	1.1　行为管理	1.1.1　能对宠物品种进行识别 1.1.2　能记录和汇报宠物外观状态 1.1.3　能识别宠物行为信息,并保定宠物	1.1.1　宠物品种识别方法 1.1.2　宠物外观记录和汇报方法 1.1.3　宠物保定方法
	1.2　设施环境管理	1.2.1　能准备并核对工具 1.2.2　能对操作间的工具、环境等进行清洁	1.2.1　准备、核对工具数量及内容的方法 1.2.2　操作间清洁方法
2.洗护	2.1　清洁	2.1.1　能对宠物的五官部位进行清洁 2.1.2　能对宠物进行整体清洗	2.1.1　宠物五官清洁方法 2.1.2　宠物清洗技巧
	2.2　干燥	2.2.1　能去除宠物体表水分 2.2.2　能吹干宠物毛发	2.2.1　宠物体表水分去除方法 2.2.2　宠物毛发吹干技巧
3.修剪	3.1　工具选用	3.1.1　能选取手动修剪工具 3.1.2　能选取电动修剪工具	3.1.1　手动工具选取技巧 3.1.2　电动工具选取技巧
	3.2　基础修剪	3.2.1　能识别宠物体表多余角质 3.2.2　能剔除宠物脚底毛	3.2.1　宠物体表角质识别方法 3.2.2　宠物脚底毛剔除技巧

3.2 四级/中级工

职业功能	工作内容	技能要求	相关知识要求
1. 工作准备	1.1 行为管理	1.1.1 能对宠物年龄进行识别 1.1.2 能对宠物外观状态进行判定 1.1.3 能评价宠物行为，并安抚宠物	1.1.1 宠物年龄识别方法 1.1.2 宠物外观状态判定技巧 1.1.3 宠物行为评价与安抚技巧
	1.2 设施环境管理	1.2.1 能使用及维护工具 1.2.2 能对操作间的工具与环境进行消杀	1.2.1 工具使用及维护方法 1.2.2 工具与环境消杀方法
2. 洗护	2.1 清洁	2.1.1 能对宠物四肢进行清洁 2.1.2 能对宠物进行整体洗护	2.1.1 宠物四肢清洁方法 2.1.2 宠物洗护技巧
	2.2 干燥	2.2.1 能对宠物体表进行烘干 2.2.2 能拉直宠物毛发	2.2.1 宠物体表烘干方法 2.2.2 宠物毛发拉直技巧
3. 修剪	3.1 基础修剪	3.1.1 能去除宠物体表多余角质 3.1.2 能根据宠物身体结构修剪毛发	3.1.1 宠物体表角质去除方法 3.1.2 宠物各部位修剪技巧
	3.2 基础造型	3.2.1 能使用剪刀对宠物全身毛发进行造型修剪 3.2.2 能使用电剪对宠物全身毛发进行造型推剪	3.2.1 剪刀使用技巧 3.2.2 电剪使用技巧

3.3 三级/高级工

职业功能	工作内容	技能要求	相关知识要求
1. 工作准备	1.1 行为管控	1.1.1 能对宠物健康状况进行判断 1.1.2 能管控宠物行为	1.1.1 宠物健康状况判断原则与方法 1.1.2 宠物行为管控技巧
	1.2 设施环境管理	1.2.1 能使用及维护设备 1.2.2 能制定设施环境清洁和消杀方案	1.2.1 设备使用及维护方法 1.2.2 清洁和消杀方案制定方法
2. 洗护	2.1 护理	2.1.1 能对 3 种以上宠物进行护理 2.1.2 能对宠物特殊部位进行护理	2.1.1 各种宠物护理方法 2.1.2 宠物特殊部位护理技巧
	2.2 养护	2.2.1 能对宠物进行整体养护 2.2.2 能对宠物进行按摩保养	2.2.1 宠物养护技巧 2.2.2 宠物按摩技巧

续表

职业功能	工作内容	技能要求	相关知识要求
3. 修剪	3.1 造型设计	3.1.1 能进行宠物造型设计绘图 3.1.2 能对宠物进行配饰造型搭配设计	3.1.1 造型设计绘图方法 3.1.2 配饰造型搭配技巧
	3.2 造型修剪	3.2.1 能根据宠物品种及样式要求进行修剪 3.2.2 能对宠物特定部位进行修饰处理 3.2.3 能对宠物毛发进行染色	3.2.1 修剪样式制定原则与方法 3.2.2 宠物特定部位修饰技巧 3.2.3 宠物毛发染色技巧

3.4 二级/技师

职业功能	工作内容	技能要求	相关知识要求
1. 工作准备	1.1 洗护方案制定	1.1.1 能制定宠物清洁方案 1.1.2 能制定宠物养护方案	1.1.1 宠物清洁方案制定方法 1.1.2 宠物养护方案制定方法
	1.2 造型方案制定	1.2.1 能制定宠物造型设计方案 1.2.2 能制定宠物造型修剪方案	1.2.1 造型设计方案制定方法 1.2.2 造型修剪方案制定方法
2. 技术管理	2.1 安全管理	2.1.1 能制定作业安全管理规定 2.1.2 能制定环境安全管理规定	2.1.1 作业安全管理规定制定方法 2.1.2 环境安全管理规定制定方法
	2.2 专业管理	2.2.1 能制定宠物美容技术流程 2.2.2 能根据教学大纲编写培训讲义	2.2.1 美容技术流程制定方法 2.2.2 培训讲义编写方法
3. 培训指导	3.1 培训	3.1.1 能制订培训计划 3.1.2 能讲授专业基础知识和技能要求	3.1.1 培训计划制订方法 3.1.2 授课技巧
	3.2 指导	3.2.1 能指导三级/高级工及以下级别人员工作 3.2.2 能制定培训指导规范	3.2.1 技术指导方法 3.2.2 培训指导规范制定方法

3.5 一级/高级技师

职业功能	工作内容	技能要求	相关知识要求
1. 工作准备	1.1 洗护方案评估及修订	1.1.1 能评估及修订宠物清洁方案 1.1.2 能评估及修订宠物养护方案	1.1.1 清洁方案评估及修订方法 1.1.2 养护方案评估及修订方法
	1.2 造型方案评估及修订	1.2.1 能评估及修订宠物造型设计方案 1.2.2 能评估及修订宠物造型修剪方案	1.2.1 宠物造型设计方案评估及修订方法 1.2.2 宠物造型修剪方案评估及修订方法
2. 技术管理	2.1 安全管理	2.1.1 能评估及审定作业安全管理规定 2.1.2 能评估及审订环境安全管理规定	2.1.1 作业安全管理规定评估及审定方法 2.1.2 环境安全管理规定评估及审定方法
	2.2 专业管理	2.2.1 能评估及审定宠物美容技术流程 2.2.2 能编写教学大纲	2.2.1 美容技术流程评估及审定方法 2.2.2 教学大纲编写方法
3. 培训指导	3.1 培训	3.1.1 能组织开展培训教学工作 3.1.2 能建立培训考评体系	3.1.1 培训教学组织方法 3.1.2 培训考评体系建立方法
	3.2 指导	3.2.1 能指导二级/技师及以下级别人员工作 3.2.2 能评估培训效果	3.2.1 专业技能指导考评方法 3.2.2 培训效果评估方法

4 权重表

4.1 理论知识权重表

项目 \ 技能等级		五级/初级工（%）	四级/中级工（%）	三级/高级工（%）	二级/技师（%）	一级/高级技师（%）
基本要求	职业道德	5	5	5	5	5
	基础知识	35	25	10	5	5
相关知识要求	工作准备	10	10	10	—	—
	洗护	30	20	30	—	—
	修剪	20	40	45	—	—
	方案管理	—	—	—	40	30
	技术管理	—	—	—	30	20
	培训指导	—	—	—	20	40
合计		100	100	100	100	100

4.2　技能要求权重表

项目 \ 技能等级		五级/初级工（%）	四级/中级工（%）	三级/高级工（%）	二级/技师（%）	一级/高级技师（%）
技能要求	工作准备	20	20	10	—	—
	洗护	40	40	30	—	—
	修剪	40	40	60	—	—
	方案管理	—	—	—	40	30
	技术管理	—	—	—	40	30
	培训指导	—	—	—	20	40
合计	100	100	100	100	100	